Alain de Botton

中英双语插图本

旅行的艺术

The Art of Travel

〔英〕阿兰·德波顿 著　南治国 彭俊豪 何世原 译

上海译文出版社

旅行的艺术

〔英〕阿兰·德波顿　著

南治国　彭俊豪　何世原　译

我的作品在中国

Alain de Botton 阿兰·德波顿

我很清楚地记得我的首度中国之行。抵达北京时是2004年5月的一个清晨,我的几位中国编辑亲自前往机场迎接,随身带着我所有作品的中文版。从机场前往市区的路上,我的编辑向我解释,对于将我的作品引进中国市场她真是既充满期待又有些担心。她说,要想让中国读者接受一个全新的欧洲作家的作品真的很难,除非是那些教你如何取得商业成功或是如何操作电脑软件的书。不过,我的中国编辑也充满信心。因为中国读书界自有一群严肃的读者,他们渴望读到内容深刻、发人深省的优秀作品。结果,我的中国之行就演变成一连串的图书推广活动:接受采访、在媒体上露面以及在书店里朗读和签售。虽说大家事先都有过各式各样的疑虑,不过好消息还是接踵而至:我的作品确实在中国卖出去了。《拥抱逝水年华》——一本描写以晦涩著称的法国作家普鲁斯特的书竟然卖了两万册!

写书的人可以分成两种:一种人搞不懂为什么他的大著地球人没有人手一册;另一种人则不敢相信自己的好运:竟然有人肯巴巴地花钱买他的书而且认真读过。我属于后一个阵营,所以对于我的书竟然能在中国赢得这么多读者,我深怀感激。我有个网站(www.alaindebotton.com),我每天都能看到中国读者的留言,他们想跟我交流几句,想表达他们对我作品的喜爱。写作是桩难上加难的营生,可是拥有这么热心的中国读者,感觉确实容易了很多。

反观我已经出版的几本书,我有时仍不免有些犯嘀咕:我到底属于哪一类作家——究竟是什么将这些只言片语连缀到一起,成为一本完整的书。从一开始写作,我就缺乏一个明确的定位。在明确知道我想成为哪一类作家之前我只知道我不可能成为哪一类作家。我知道我不是诗人,我也知道我不是个真正的小说家(我讲不来故事,我"发明"不了人物)。而且我知道我也做不来学者,因为我不想墨守那一整套学术规范。

后来，我终于发现了自觉正好适合自己的定位：随笔作家。据我个人的理解，所谓随笔作家，就是既能抓住人类生存的各种重大主题，又能以如话家常的亲切方式对这些主题进行讨论的作家。如果一位随笔作家来写一本有关爱的书，他也许会对爱的历史和心理稍作探究，不过他最终必须得用一种个人化的调子来写，使读者读起来就像跟朋友娓娓谈心。这种朋友般的阅读感受对我而言非常重要：我希望我的书读起来就像跟朋友谈心，不想拿大学问的帽子来充门面、唬人。

初习写作，我还认识到我喜欢写得尽可能简单朴素。这当然也挺冒险的，因为虽说你是刻意写得朴素，可难免也会冒乏味和幼稚之讥。不过我在自己的学习过程中发现，要想附庸风雅、假充聪明实在是再简单不过的事儿了，你只需故作高深，让人弄不懂你就成。如果有本书我看不懂，也许就意味着作者比我更聪明——这是我们作为读者都未能免俗的一种普遍的受虐欲心理。我则宁肯抵挡住这种诱惑，用日常生活中的语言来写作，因为我讨论的主题本身就是跟每个人息息相关的：恋爱、旅行、身份焦虑、美与丑以及分离与死亡的经验等等。

除了要写让人看得懂的书之外，我还立志要写在某些方面能对人有所助益的书。有一种观念认为好书就不该(没义务)对人有任何用处,为艺术而艺术嘛——并非为了实际的进步或是事业的成功而艺术。在一定程度上我也认同这种观念。为了完全改变自己而去啃那些严肃的书籍确实愚不可及,不过,我也认为,抱定为了更好地理解自己以及自己所处环境的目的去读书,是至关重要的。最好的书能清楚地阐明你长久以来一直心有所感,却从来没办法明白表达出来的那些东西。

恋爱和阅读之间或许真有某种重要的关联,两者提供的乐趣差堪比拟,我们感到的某种关联感或许就是基于这个根源。有些书跟我们交流的方式与我们的爱人同等热烈,而且更加诚实可靠。这些书能有效地防止我们因自觉并不完全属于人类大家族而滋生的伤感情绪:我们觉得孑然孤立,谁都不理解我们。我们身上那些更加隐秘的侧面——诸如我们的困惑、我们的愠怒,我们的罪恶感——有时竟然在某一书页上跟我们撞个正着,一种自我认同感于是油然而生。那位作者用确切的文字描述了一种我们原以为只有我们自己才有所会心的情境,一时间,我们就像两个早早地去赴约吃饭的爱人,兴奋不已地发现两人间竟有这么多的共同点(陶醉之下,只能嚼几口眼前的开胃小食,哪有心思再去吃什么正餐），我们也会把书暂时放下，带点乖张地微笑着盯着书脊不放，仿佛在说，“何等幸运，邂逅此君。”

马塞尔·普鲁斯特曾表达过类似的意思，他说，“事实上，每个读者只能读到已然存在于他内心的东西。书籍只不过是一种光学仪器，作者将其提供给读者，以便于他发现如果没有这本书的帮助他就发现不了的东西。”不过，书的价值还不止于描绘我们在自己的生活中习见的那些情感和人物，好书对我们各种感情的描绘远胜过我们自己的体会，它处理的感知和认识虽确属我们所有，却又是我们根本无力予以明确表达的：它比我们更了解我们自己。

我读书时总抱着非常个人的理由：为了帮我更好地生活而读书。我十五六岁时开始认真地读书，当时最喜欢读的就是爱情故事。我把书中的人物都想象成我的生活中真实存在的活人：我读得如饥似渴，又感同身受。这足可以解释文学何以能够为失恋的人儿带来舒解和慰藉。在文艺作品中认出我们自己，可以使我们换一种达观的态度看待我们自身的困境，因为我们可以学着站在普世的高度看问题，这正是作家们为了创作而采取的立场。

学着读书——写作又何尝不是——也就等于接受这样

一个现实：我们的个性并非如我们乐于想象的那般密不透风，我们自以为只归我们独有的很多东西其实根本没那么私密——当然并不是说它们就是客观超然的，像你在快餐店里招呼侍应生那么不带感情色彩，而是说它们其实都是人类所共有的东西。我们在发现自己并非如此孤立的同时也要付点代价：我们也并非如我们想象的那般与众不同。

我自己在读书时总是很自私：我不想只是为了读书而读书。我读书是为了学习，是为了成为一个更好、更有自知之明、更多才多艺的人。我几乎从来都不为了"取乐"而读书。

我希望这能有助于解释我为什么写了这些书——写这些书是期望它们能有助于我们更好地理解我们人类的处境。中国竟然也有些读者愿意跟随我探索的旅程，幸何如哉！

2008 年 10 月于伦敦

（冯涛　译）

目 录

推荐序

余秋雨

I

这本书，读得我满心喜悦。

旅人不同于常人，有一种独特的心境，他们在荒漠相遇，在街市邂逅，一抬眼就能彼此沟通。读这本书也是这样，才翻几页就知道遇上了同道，因为我也称得上是一个老资格的旅行者。

同时我也立即明白，为什么这本书在短短的半年时间内就能在英语世界销售40万册。世上同道不少。

为此我要郑重地把这本书推荐给中国读者，因为他们中有很多人已经是旅行者，或者准备做旅行者。

这本书就是阿兰·德波顿的《旅行的艺术》。

Ⅱ

与一般中国读者的预期不同，这本书不是游记散文，不是导游手册，也不是论述旅行历史和意义的常识读本。我们读到的，很像是用小说笔法写出来的人物传记片断。但是，这些人物是那么重要，我们曾经在文学、艺术、科学领域里仰望过他们的光辉；这些片断又是那么感性，没有记录他们的专业成就，而是留下了他们面对远行的地图、陌生的城市、异国的街道所产生的惊讶、抵拒、喜悦和深思。

这简直是一部纯粹的文学读物，怎么会起了这个书名呢？

其实正是这本书，划分出了旅行的等级。

旅行是万众的权利，每人都可以选择适合自己的方式。但是，不同的文化程度和人生基调，会使同样的旅途迈出不一样的脚步。我国新兴的旅游事业是改革开放之后才出现的，时间不长，规模很大，整体水平也在逐年提高，但即便是已经达到的较高水平，也与国际认知有很大距离。

例如，旅行的等级并不是由所选路线和所付经费来决定的，这一点明白的人就不太多；有些人自以为明白了，追求旅行的文化含量，把文化古迹当作主要目标，结果不仅把旅行窄化了，也把文化曲解了。

《旅行的艺术》展示了一种有关生命和环境厮磨的精神层面，因此也让我们看到了旅行的至高等级。任何杰出的生命都会不断地寻找环境载体，而这种寻找也就是冲撞。冲撞之处未必著名，更不必有古迹，因为既然已经有古人冲撞过，有万人冲撞过，也就很难再发生只属于自己的冲撞。但是，这种独特的冲撞仍然必须包含一定的普遍性，这也是冲撞者通向杰出和伟大的道路。因此，《旅行的艺术》撷取了这些高贵灵魂与自己所遇环境的种种对话，特别是这些对话中徘徊于自己和社会、个人和大众、景物和精神之间的思考。

Ⅲ

因此，正是这些高贵灵魂与自己所遇环境的种种对话，揭示了旅行的深层意义。

这本书认为，对旅行的研究可以加深人们对幸福的体验，而这种幸福，就是古希腊哲学家所说的"由理性支配的积极生活所带来的幸福"。

何谓理性支配？首先是人对自己无法离开自然与环境而封闭生存的确认；其次是人对自己和群体所处环境的了解，以及对未知环境的向往；其三是人对外部美的发现和寻找，并从中获得自我体验。

何谓积极生活？首先是踏访已知环境的热忱；其次是探测未知环境的勇敢；其三是从自己和环境的斡旋中找到乐趣。

我想，旅行确实能够全方位地满足这种幸福感，而反过来，也只有包含着理性支配和积极生活的态度，旅行本身才能抵达完满。

随着时代的发展，旅行的意义已超越了古希腊哲学家所论述的幸福，原因是，不旅行的危害越来越显现。初一看，旅行者未免孤独、沉默，因为他们疏离了社会，但被他们疏离的社会又是什么样子呢？竟然是越来越走向保守、僵硬、冷漠、自私。于是，反倒是踏遍千山的脚步，看尽万象的眼睛，保留着对人类生态的整体了解，因此也保留了足够的视野、体察和同情。他们成了冷漠社会中一股窜动的暖流，一种宏观的公平。这就使现代旅行者比古代同行更具有了担负大道的宗教情怀。旅行，成了克服现代社会自闭症的一条命脉。

本书引述雷蒙德·威廉斯的话来说明这个道理：

18 世纪以来，人类的同情和了解不再源自于社群活动，而是来自于人们的漂泊经验。因此一种基本的疏离、沉默和孤独已成为人性和社群的载体，对抗着普通社会阶层的苛严僵固、冷漠无情和自私自利的闲适。

但是，这里所说的漂泊经验对于普通社会的对抗，并不一定是社会改革的呼吁，更多的还是一种主体感受。感受的拓展和审美的产生，就已经形成对抗，而当这种感受通过文学方式、艺术方式或科学方式表达出来，对抗也就成了一个凯旋式的传播。

《旅行的艺术》中引述的一个个主角，都完成了这种凯旋式的传播，而这本书本身，正是这种传播的延续。

Ⅳ

我非常喜欢这本书的语言方式。

质感、细腻、随意，尽量把大感觉化解成小感觉，把理性结论隐藏在几乎看不见的地方，因此也可能根本没有这种结论。这样的文字，有一种感性的征服力。

绝不追求那种经过洗涤的纯美。深信很多艺术写生和游记笔墨都因过度的省略而走向了虚假，因此在感性的谈吐中不避真实生活的芜杂。

这两个特点，来自于旅行生活的本真。真正的旅行视角是感性的，而且不作过度省略，这就从方法论上补充了古希腊哲学家所说的“理性支配”。

这样的文字，也能调整我们在旅行中的心理习惯。我们总是太多概念、太多预设、太多追随、太多知识、太多传闻，而舍弃了本来最值得珍惜的耳目直觉和具体细节，结果，哪儿都走到了，却走得那么空洞，那么亦步亦趋、人云亦云。

因此，我劝拿到这本书的读者不要性急，静下心来细细品味这些与自己所到景点未必有关，而且显得有点啰嗦的描述。这种从容的语气、优雅的叙述，真应该校正我们过于浮躁的步履。

多少年后，如果我们的旅行队伍中少了很多扬旗吹哨的团队、匆匆追赶的人群，多了一些慢吞吞地关注各地大量零星风味、琐屑世情的陶醉者和凝思者，从而大大提升了旅行的整体品质，那么，追根溯源，也许应该感谢这本书在上海的出版。

译者序

文人与旅行的缘分,从来就是难解难分。

在中国,古人作诗为文,除了要求读万卷书,还讲求行万里路,不少文人在少年时代就开始壮游,所以有李白的"五岳寻仙不辞远,一生好入名山游"的豪兴,有陆游"君诗妙处吾能识,正在山程水驿中"的体悟,有诗界"诗思在灞桥风雪中驴子背上"的格言。在西方,作家同时也是旅行家(writer as traveler)也是广得认同的说法。毛姆一生酷爱旅行,足迹所至遍及印度、缅甸、马来西亚、中国及南太平洋中的一些岛屿,他还去过俄国和美洲。他的很多小说都和他的旅行经历相关,典型的,如《颤叶集》(*The Trembling of the Leaf*,1921)中的8个短篇都是根据他在太平洋和远东地区的漫游和见闻而写成的。D·H·劳伦斯一生中大多数时间是在旅行中度过，在英国、德国、意大利、锡兰（今斯里兰卡）、澳大利亚、美国、墨西哥、法国等等国家都能找到他漫游的足迹，他的小说《迷途的姑娘》、《亚伦的藜杖》、《袋鼠》、《羽蛇》等小说就是他在国外游历的产物。其他的许多作家，如康拉德、吉卜林、奥威尔等等，在小说创作中都带有强烈的个人游历色彩。游历对作家的写作，诚有刘勰所谓的"江山之助"也。

文人与旅行的缘分，更多地体现在文人创作的游记作品。举凡稍有影响的作家，鲜有不写游记的。在中国，不仅有众多千姿百态的山水诗赋，也有缤纷粲然的山水游记。现代文人的游记，如沈从文的《湘行散记》、巴金的《海行杂记》、朱自清的《伦敦杂记》、王统照的《欧游散记》、郑振铎的《山中杂记》、《欧行日记》等等，无一不是旅行时留下的心迹。

闲扯了这么多，现在该归入正题了。

阿兰·德波顿（Alain de Botton），这本《旅行的艺术》（*The Art of Travel*）的作者，无疑是文人，而且是当今英国文坛上正迅速上升的年轻新秀。生于1969年，已有3部小说、3本哲理性散文集行世。这本《旅行的艺术》创作于2002年，毫无疑问，它记录的也正是作为现代文人的德波顿的旅行，他在旅行中的沉思默想，以及这种沉思默想中升华出的关于旅行的智慧与机智。

《旅行的艺术》自问世以来，已经引起了读者和评论界的广泛关注。在欧洲、美国和澳洲，它一直摆在畅销书柜，在大约半年的时间里就卖出了四十多万册。在《时代周刊》(*The Times*)、《文学评论》(*The Literary Review*)等欧美报刊上可以读到二十多篇关于此书的评论。现今社会，各种旅行指南、各种关于旅行的感想充斥于书肆报摊，而德波顿的《旅行的艺术》一书却能博得读者此般青睐，原因何在呢？

首先，我们得承认，德波顿是一个知识渊厚且富有逻辑思辨能力的作者。他曾经是大学的哲学讲师，有着深厚的哲学素养，从苏格拉底、洪堡，到爱默生、尼采，他都有过系统的阅读。此外，对西方文学和艺术作品，他也有广泛的涉猎。因此，在论及"旅行"这一近乎陈词滥调的题材时，他不仅时时表现出理性的悟觉，而且还能结合福楼拜、波德莱尔等文学家的创作，参照凡·高、爱德华·霍珀等画家的作品，多方位地观照"旅行"、剖析"旅行"。我们不难发现，德波顿的旅程，以及他所探讨的旅程，更多的是一种哲性的思绪之旅，是一种穿越时空的文化之旅。他关注的主要是旅行者内心的世界，而不是外在的行程。正如他在书中指出：

> 旅行能催人思索。很少地方比在行进中的飞机、轮船和火车上更容易让人倾听到内心的声音。我们眼前的景观同我们脑子里可能产生的想法之间几乎存在着某种奇妙的关联:宏阔的思考常常需要有壮阔的景观,而新的观点往往也产生于陌生的所在。

德波顿倾听的是旅程中旅行者内心的声音,关注的是陌生场域里可能生发的奇思异想,或者是日常场景中的独到而用心的感悟。正因为如此,他认为,如果我们在加油站,还有汽车旅馆等地方发现了生活的诗意,如果我们为机场和火车车厢所吸引,其原因也许是我们明确地感觉到这些偏僻孤立的地方,尽管它们在设计上是如何的不完美、不舒适,在色彩上是如何的不含蓄,在灯光上是如何的不柔和,但它们给我们提供了一种实实在在的场景,使我们能暂时摆脱因循僵滞的日常生活中难以改易的种种自私的安逸、种种陋习和拘囿。他对飞机场的感悟、对霍珀的《自动贩卖店》中女主人公的孤独和哀婉的体认,还有他在马德里街头深得三昧的踯躅,等等,都能看出他飞扬的哲思、渊博的学识,也能看出他运笔时的匠心和敏悟。

总之，旅行，从出发时的期待和回返时的结果来看，情形可能非常吊诡，但真正的旅行，就德波顿而言，必须是哲理和文化层面上旅者的心灵与旅行地之间的共通和默契。

其次，德波顿也是一个非常感性的旅人。

谈及《旅行的艺术》一书的创作意图，德波顿曾明确表示，此书并非是一本旅行指南，他也无意涉及旅行的各个方面或者着意于探讨旅行之深义。他说，他只是想记下他对不同地方的不同感受，因此，对读者质疑《旅行的艺术》一书没有包括出发之前的“整装待发”的环节非常恼火，因为，他的真实意图并不在于为读者设计一个完整的行程，而是在于营造一种情绪，藉其流动或跳跃，铺展开来，为全书提供整体感。情绪的飘忽和绵续才是德波顿追求的极致。

在这一点上，德波顿是非常成功的。他的敏感不仅体现在对文学和艺术作品与旅行地之间的奇妙关联的感悟上，如凡·高的画作与普罗旺斯，福楼拜的创作与东方情调等，而且他从不漠视旅行中许许多多司空见惯的细小环节。如他对旅程中飞行的感性表述：

> 飞机的起飞为我们的心灵带来愉悦，因为飞机迅疾的上升是实现人生转机的极佳象征。飞机展呈的力量能激励

我们联想到人生中类似的、决定性的转机；它让我们想象自己终有一天能奋力攀升，摆脱现实中赫然迫近的人生困厄。

云朵带来的是一种宁静。在我们的下面，是我们恐惧和悲伤之所，那里有我们的敌人和同仁，而现在，他们都在地面上，微不足道，也无足轻重。也许我们早已参透了这样的真谛，但现在，我们倚着飞机冰凉的舷窗，这种感觉变得从未有过的真切——我们乘坐的飞机是一位渊博的哲学老师，是听从波德莱尔的召唤的信使：

列车，让我和你同行！轮船，带我离开这里！

带我走，到远方。此地，土俱是泪！

富有哲思，同时又非常感性，并辅之以洗炼的语言，沉蕴却不失机智的笔调，这就是《旅行的艺术》的最突出的特点。

旅行是什么，德波顿并不想急于提供答案；旅行为什么，德波顿似乎也不热心去考求。但是，释卷之后，我相信每个读者都会得到一种答案——这答案，既是思辨的，也是感性的；既酣畅淋漓，又难以言说，因为，它更像是一种情绪，令人沉醉而不自知……

翻开这本书，你踏上的将是一次异乎寻常的阅读旅程。

我深信,德波顿无处不在的智慧和机智将影响甚至改变你对旅行的看法,并有可能改变你日后的旅行心态和旅行方式。

南治国于星洲华岗

出发

DEPARTURE

I　对旅行的期待

On Anticipation

地点　伦敦汉默史密斯　巴巴多斯

向导　于斯曼

1.

时序之入冬,一如人之将老,徐缓渐近,每日变化细微,殊难确察,日日累叠,终成严冬,因此,要具体地说出冬天来临之日,并非易事。先是晚间温度微降,接着连日阴雨,伴随来自大西洋捉摸不定的阵风、潮湿的空气、纷落的树叶,白昼亦见短促。其间也许会有短暂的风雨间歇,天气晴好,万里无云,人们不穿大衣便可一早出门。但这些都只是一种假象,是病入膏肓者临终前的"回光返照",于事无补。到了12月,冬日已森然盘踞,整座城市每天为铁灰色的天空所笼罩,给人以不祥之兆,极类曼特尼亚①或韦罗内塞②的绘画作品中晦暗的天空,是基督耶稣遇难图的绝佳背景,也是在家赖床的好天气。邻近的公园在雨夜的路灯下,满眼泥泞和积水,甚是荒凉。有一晚,大雨滂沱,我从公园走过,忽地记起刚刚逝去的夏日,在酷暑中,我曾如何躺在草地上,伸展四肢,任光脚从鞋中溜出,轻抚嫩草;我还记起那种和大地的直接接触如何让我觉得自由舒展:夏日里没有惯常

---

① Mantegna, Andrea(1431? —1506),意大利文艺复兴时期的艺术家。——译者

② Veronese, Paolo(1528—1588),16世纪威尼斯画派的主要画家和著名的色彩大师。——译者

威廉·霍奇斯:《重游塔希提岛》,1776 年

的室内、户外之别，置身大自然时，我有如在卧室里一般自在。

但现在,眼前的公园再次变得陌生,连绵的阴雨中,草地已无从涉足。此时,任何的哀愁,任何得不到快乐和理解的担忧,似乎都能在那些暗红砖石外墙、浸得透湿的建筑,以及城市街灯映照下略泛橙色的低沉的夜空中找到佐证。

这样的天气,以及这个时节发生的一系列的事件(似乎应验了詹佛①的名言,一个人每天早晨都得吞食一只癞蛤

① Chamfort, Sebastien-Roch Nicolas(1940? —1994),法国剧作家。——译者

螟,这样才能保证他在日间不会遇上更恶心的事),使我很自然地想起了一件事:一天下午,几近黄昏,我意外地收到了一大本色彩亮丽、名为《冬日艳阳》的画册。画册的封面是一大片的沙滩,还可以看见沙滩边缘湛蓝的海。沙滩另一边,是一排棕榈树,多数斜立着,再往后,是画面中作为背景的群山;我能想象那山中有瀑布,想象得出山中飘香果树下的荫凉,体会从酷热中解脱的惬意。画册里的摄影图片让我不禁想起描绘塔希提岛的油画——那是威廉·霍吉斯和库克船长一起旅行时创作的作品,画面中,夜色轻柔,热带礁湖边,土著少女在繁茂的簇叶中无忧无虑地(赤脚)欢跳。1776年严冬,霍奇斯首次在伦敦皇家学院展出这些油画,引起了人们对美景的好奇和向往,而且,从那以后,这类图景一直都是热带风情画的范本;自然,这本《冬日艳阳》也不例外。

那些设计和制作这份画册的人也许还不知道画册的读者是多么容易为那些摄影图片所俘虏,因为这些亮彩的图片,如棕榈树、蓝天和银色沙滩等,有一种力量,使读者理解力受挫,并完全丧失其自由意志。在生活中别的场合,他们原本谨慎,敢于质疑,但在阅读这些图片时,他们却不假思索,变得异常的天真和乐观。这本画册所引发出的令人感动,同时让人伤感的向往便是一个例子,它说明了人生中许许多多的事件(甚至是整个人生)是如何为一些最简单、最经不起推敲的快乐图景所影响;而一次开销巨大,超出经济承受能力的旅程的起因又如何可能仅仅只是因为瞥见了一张摄影图片:图片里,一棵棕榈树在热带微风中轻摇曼舞。

我决定到巴巴多斯岛旅行。

2.

如果生活的要义在于追求幸福,那么,除却旅行,很少有别的行为能呈现这一追求过程中的热情和矛盾。不论是多么的不明晰,旅行仍能表达出紧张工作和辛苦谋生之外的另一种生活意义。尽管如此,旅行还是很少迫使人去考虑一些超越实际、需要深层思索的哲学层面的问题。我们经常得到应该到何处旅行的劝告,但很少有人告诉我们为什么要到那个地方,又如何到达那个地方,尽管旅行的艺术会涉及一些既不简单,也非细小的问题,而且,对旅行的艺术的研究可能在一定意义上(也许是微不足道的)帮助人们理解希腊哲人所谓的“由理性支配的积极生活所带来的幸福”(eudaimonia)或人类昌盛。

3.

在对旅行的期望和旅行的现实的关系上总会出现一个问题。我碰巧读到于斯曼①的小说《逆流》。小说发表于1884年,主人公德埃桑迪斯公爵是一个衰朽厌世的贵族,正筹算一趟伦敦之旅,他百般思索,分析了对一个地方的想象和实际情形之间令人极度沮丧的差异。

在于斯曼的小说中,德埃桑迪斯独自住在巴黎市郊的一处宽敞的别墅。他几乎足不出户,因为这样,可以使他避免看见他所以为的人之丑陋和愚蠢。他还年轻时,一天下午,冒险到附近的村子去了几个小时,结果发现他对他人的憎恶更甚。从那以后,他决意一个人躺在书房里的床上,阅读文学经典,同时构想自己对人类的一些尖酸刻薄的想法。但有一天清早,德埃桑迪斯突然有一种强烈的意愿,想到伦敦旅行。这变化,连他自己都觉得吃惊。在到伦敦旅行的意念萌生之时,他正坐在火炉边读一本狄更斯的小说。这小说引发了他对英国人的生活情形的种种想象。事实上,对此他之前已冥思良久,只是现在,他热切地盼望能亲眼一

---

① Huysmans, Joris-Karl(1848—1907),法国作家,此处提到的《逆流》一书是他的代表作。——译者

睹。兴奋已让他难以自持,所以,他差使仆人打点好行装,他自己呢,则身着灰色花呢套装,脚蹬一双系带短靴,头戴一顶圆顶礼帽,还披了件蓝色亚麻长斗篷,搭乘最早的一趟火车去了巴黎。离开往伦敦的火车正式出发还有些时间,他走进了丽弗里街的加里尼涅英文书店,买了一本贝德克尔的《伦敦旅行指南》。书中对伦敦名胜的简练描述让他觉得美不胜收。接着,他走到附近的一间英国人常来光顾的酒吧。酒吧里的氛围活脱脱是狄更斯小说中的场景:他想起了小杜丽,朵拉·科波菲尔和汤姆·品奇的妹妹露丝坐在和这酒吧间相似的温馨明亮的小屋里的情形。酒吧里的一位顾客有着威克费尔德先生一般的白发和红润肤色,而其分明的面部轮廓、木然的表情和无精打采的眼神又让人想起塔金霍恩先生。

德埃桑迪斯觉得有些饿,便到了隔壁的一家英式小餐馆。餐馆在阿姆斯特丹街,靠近圣拉扎尔火车站。餐馆里光线昏暗,烟雾弥漫,柜台上摆着一长排啤酒,还摊着小提琴般褐色的火腿,以及番茄酱般红色的大龙虾。一些小木餐桌旁,坐着健硕的英国女人。她们的长相很男性化,露出硕大的牙齿,有如调色刀;她们手脚粗长,脸颊像苹果般红通通的。德埃桑迪斯找了一个桌子坐下,点了牛尾汤,烟熏鳕鱼,还要了一份烤牛肉和土豆,一些艾尔啤酒和一大块斯提耳顿干酪。

随着火车离站时刻的迫近,德埃桑迪斯对伦敦的梦想行将变为现实,但就在这个时刻,他忽地变得疲乏和厌倦起来。他开始想象自己若真的去伦敦该是如何的无聊和乏味:他得赶到火车站,抢个脚夫来搬行李,上了车,得睡在陌生的床上,之后还得排队下车,在贝德克尔已有精到描述的伦敦街景里拖着自己疲惫的身子瑟瑟前行……想及这些,他的伦敦之梦顿时黯然失色:"既然一个人能坐在椅子上优哉游哉捧书漫游,又何苦要真的出行?难道他不已置身伦敦了吗?伦敦的气味、天气、市民、食物,甚至伦敦餐馆里的刀叉餐具不都已在自己的周遭吗?如果真到了伦敦,除了新的失望,还能期待什么?"仍然是坐在椅子上,他开始了自我反省:"我竟然不肯相信我忠实可信的想象力,而且居然像老笨蛋一样相信到国外旅行是必要、有趣和有益的,我一定是有些精神异常了。"

结果自然是,德埃桑迪斯付了账单,离开餐馆,依旧是搭上最早的一趟火车回到了他的别墅。一起回家的当然还有他的行李箱、他的旅行包、他的旅行毛毯、他的雨伞和他的拐杖。自那以后,他再也没有离开过他的家。

4.

实地的旅行同我们对它的期待是有差异的，对此观点，我们并不陌生。对旅行持悲观态度的人——德埃桑迪斯应该是一个极佳的典范——因此认为现实总是让人失望。也许，承认实地的旅行和期待中的旅行之间的基本“差异”，这样才会更接近真实，也更有益。

经历了两个月的期待，在2月的一个晴朗的下午，我和我的同伴抵达了巴巴多斯的格兰特利·亚当斯机场。从下飞机到低矮机场大厅间的距离很短，但却足以让我感到气候的剧烈转变。才几个小时，我就从我所居住的地方来到了一个闷热潮湿的所在，这种天气，在我所居住的地方，五个月后方会来临，而且，闷热潮湿的程度也不会如此难耐。

一切都和想象相异——相形于我的想象，这里的一切简直就让我吃惊。在这之前的几周里，只要想到巴巴多斯岛，萦绕脑际的不外乎是三种恒定的意象，它们是我在阅读一本相关的宣传册和航空时刻表时开始构想并凝固成型的：其一是夕阳下挺立着棕榈树的海滩；其二是一处别墅式的酒店，从落地窗看过去，是铺着木质地板、有着洁白的亚麻床罩的房间；其三呢，则是湛蓝无云的天空。

如果有人要问，我自然会承认岛上还有别的东西，只是我无需它们来构建我对巴巴多斯岛的印象。我的行为就像是经常到剧院看演出的观众，仅从背景画布上的一棵橡树或一根陶立克式的柱子便能自然地想象剧台上的一切都发生在舍伍德森林或古罗马。

然而，一踏上巴巴多斯岛，我就意识到“巴巴多斯”这一词还应包含太多的内涵。譬如说，一个巨型的储油设施，上面印着英国石油公司的黄绿两色的标志；穿着一尘不染的褐色制服的移民局工作人员坐在用夹板钉起来的箱子上，带着一点好奇，漫不经心地翻阅入境游客的护照（有如一个学者在翻阅图书馆闭架书库里的手稿），而等候入境的游客队伍已排出机场大厅之外，延伸到飞机跑道的边缘；在行李传送带上方印着朗姆酒的广告，在海关的过道上挂着总理像，在迎宾大厅有外币兑换处，在机场大厅之外是成群的出租车司机和导游……如此繁复的景象扑面而来，如果说它们可能对我产生什么影响，那就是它们奇怪地让我更难看到我本想来此一睹的巴巴多斯岛。

在我的预期中，机场与饭店之间是一段空白。从行程安排表的最后一行（很押韵的一句“15 点 35 抵达巴巴多斯 2155”）到酒店房间之间本应空无一物。我的脑子里本来空空的，可现在心里却涌起对一些景象的不满，如塑料垫已破烂的行李传送带，堆满烟灰的烟缸上两只翻飞的苍蝇，迎宾厅里转动着的巨型电扇，仪表板有假豹皮镶边的白色出租车，机场外大片荒地上一只无家可归的狗，环形交叉路口立着的“豪华公寓”的广告，一个叫“巴达克电子公司”的工厂，一排用红、绿色铁皮做屋顶的建筑，一辆车子前后车窗间立柱的橡皮上写着的小小的“大众汽车公司，沃尔夫斯堡”的字样，一处不知名的色彩艳丽的灌木丛，一个酒店的接待前台，显示着 6 个不同地方的时间，墙上还用图钉固定着一张写有“圣诞快乐”的贺卡，而圣诞节已过去了两个月……到达几个小时后，我才慢慢将自己和想象中的酒店房间联系起来，只是我先前没有想到房间里的空调机是如此庞大，也没有料到洗手间只是用塑料贴面板分隔而成，上面还贴着告示，正告客人节约用水。

如果说我们往往乐于忘却生活中还有众多的我们期待以外的东西，那么，艺术作品恐怕难逃其咎，因为同我们的想象一样，艺术作品在构型的过程中也有简单化和选择的过程。艺术描述带有极强的简括性，而现实生活中，我们还必须承受那些为艺术所忽略的环节。一本游记，譬如说，可能会告诉我们叙述者“旅行”了一个下午赶到了山城 X，而后在山城里的一座建于中世纪的修道院里住了一宿，醒来时已是迷雾中的拂晓。事实上，我们从不可能“旅行”一个下午。我们坐在火车上，腹中刚吃过的午餐在翻腾。座位的罩布颜色发灰。我们看着车窗外的田野，然后又回视车厢内。一种焦虑在我们的意识里盘旋。我们注意到对面座位的行李架上一个行李箱上的标签。我们用一个手指轻轻地敲打窗沿。食指的指甲开裂处勾住了一个线头。天开始下雨了。一颗雨滴沿着蒙满灰尘的车窗玻璃滑下，留下一道泥痕。我们在寻思车票放在哪里。我们又看着窗外的田野。雨还在下。火车终于启动了。火车经过了一座铁桥，然后不明缘故地停了下来。车窗上停着一只苍蝇……所有这些，可能还只不过是“他‘旅行’了一个下午”这一意蕴繁杂却让人误解的句子中的“下午”的第一分钟里发生的一些事件。

如果要求一个讲故事的人给我们提供如此琐屑的细节，他必定很快恼怒不已。遗憾的是，现实生活就像是用这种方式讲故事，用一些重复、不着边际的强调和没有条理的情节惹我们厌烦。它坚持要向我们展示巴达克电子公司，向我们展示车厢里的安全扶杆、无家可归的狗、圣诞卡，还有那只先是停在那个堆满烟灰的烟灰缸边缘，进而停落在烟灰之中的苍蝇。

知晓了这些事实,我们便不难解释此种怪现状了,那就是在艺术作品和期待中找寻有价值的因素远比从现实生活中找寻来得容易。期待和艺术的想象省略、压缩,甚至切割掉生活中无聊的时段,把我们的注意力直接导向生活中的精彩时分而毋须润饰或造假,结果是,它们所展现的生活气韵生动、井然有序。这种气韵和秩序是我们纷扰错乱的现实生活所不能呈现的。

在加勒比海海岛上的第一个晚上,我躺在床上不能入眠,开始回顾自己的旅程(在房间外的小树丛里有蟋蟀的鸣叫,还有虫子活动时发出的声音),现时的纷扰迷乱居然已经开始淡逝,而有些事件则变得明晰起来:原来,在这种意义上,回忆和期待一样,是一种简化和剪辑现实的工具。

现时的生活正像是缠绕在一起的长长的胶卷,我们的回忆和期待只不过是选择其中的精彩图片。在我飞往巴巴多斯岛长达九个半小时的旅程中,保存下来的记忆只不过六七个静止的画面。今天仍然留存的画面,便是飞行过程中支在座位上的小餐板。我在机场所有的经历,记忆中留存下来的也不过是手持护照等候审查入关的长长的队伍。我的各种经历已经压缩成一种清晰无误的叙述:我成了一位从伦敦飞来此岛并入住岛上酒店的旅客。

我早早地酣然入睡了，醒来时已是我在加勒比海边的第一个清晨——当然，在这简括的词句背后肯定会有许许多多并不简括的事实。

5.

德埃桑迪斯曾试图到英国旅行，在这之前的许多年，他还想过到另一个国家旅行，这个国家就是荷兰。在动身前，他把荷兰想象成特尼尔斯①、扬·斯丁②、伦勃朗③、奥斯塔德④的画作所描绘的地方。他期待那里有简单的家族生活，同时不乏肆意的狂欢；有宁静的小庭院，地上铺的是砖石，还可以看见脸色苍白的女仆倒牛奶。因此，他到哈勒姆和阿姆斯特丹旅行了一趟，结果当然是大失所望。尽管如此，那些画作并没有骗人，荷兰人的生活确有其简单和狂欢的一面，也有铺着砖石的漂亮庭院，能看到一些女佣在倒牛

---

① Teniers, David(1582—1649)，佛兰德斯巴罗克时期画家。——译者

② Steen, Jan(约1626—1679)，荷兰画家。——译者

③ Rembrandt, Harmenszoon van Rijn(1606—1669)，荷兰绘画大师。——译者

④ Ostade, Isack van(1621—1649)，荷兰巴罗克时期风俗画和风景画家。——译者

雅各布·冯·雷斯达尔:《阿尔克马尔风景》,1670—1675 年

奶,然而,这些珍宝都混杂在一大堆乏味的日常影像中(如餐馆、办公楼、毫无特色的房屋、少有生机的田野等),只不过荷兰的画家们从不在他们的作品中展现这些普通的事物而已。旅行时,置身于真实的荷兰,我们的体验也因此奇怪而平淡,全然不及在罗浮宫的荷兰画作展厅里浏览一个下午来得兴奋,因为在这几间展室里,收藏有荷兰和荷兰人生活中最美好的方面。

有些荒谬的是,旅程结束后,德埃桑迪斯发现在博物馆里欣赏荷兰画作更能让他体验到他所热爱的荷兰文化的方方面面,而这种体验,是他带着 16 件行李和两个仆从到荷兰旅行时所没有的。

6.

在岛上的第一天早上，我醒得很早。披上酒店提供的睡袍，我走到阳台上。东方出现了第一线曙光，天色是浅淡的灰蓝。一晚喧嚣过后，一切的生灵，甚至于风都似乎在沉睡，是在图书馆里的那种寂静。酒店房间往外，绵亘着的，是宽阔的海滩。视野里首先出现的是一些椰子树，而后是宽阔的沙滩和无垠的大海。我越过阳台的低栏杆，穿行在沙滩上。大自然在这里充分展示她的柔情。似乎是要着意补偿她在别的地方的粗鲁狂暴，大自然在这里留下了一个小小的马蹄形海湾，并决意在且只在这里展呈她的慷慨和仁爱。椰子树提供阴凉和奶汁，沙滩上布满贝壳，沙子细腻润滑，是骄阳下饱满成熟的麦穗般金黄的颜色，还有那空气，即便在树阴下，也暖润十足，全然不同于北欧空气中的热度，脆弱不常，甚至在盛夏，空气中的温暖也总可能消失，取而代之的是其固执和特有的寒意。

在海边，我找了一把躺椅躺下。耳旁涛声絮语，像是一个友善的巨怪小心地从高脚酒杯里汲水时发出的声音。几只早起的海鸟带着黎明时的兴奋，在海空中疾飞。身后，从

树的间隔看去，是度假房的椰纤屋顶。而呈现在眼前的是平缓的海滩，舒展着温柔的曲线，一直延伸到海湾尽头，再往后则是热带林木葱茏的群山。视野里的第一排椰子树朝着蔚蓝的大海不规则地倾斜，似乎故意伸长脖子，以更佳的角度迎向太阳，此情此景，正是我在画册上看到的情形。

然而，上面的描述并没有真切地体现我在那天早上的心境，因为我当时的心情不仅困惑，而且沮丧，全然没有当时的“此情此景”可能传寓的轻松。我也许注意到了几只海鸟带着黎明时的兴奋在海空中疾飞，但我当时的注意力为别的一些事件所分散，它们同“此情此景”既不相关也不协调，其中有在飞行途中开始发作的喉痛，担心同事可能没收到我将外出的通知，两个太阳穴发胀，以及越来越强烈的便意等等。直到那时，我才第一次意识到一个先前被忽视的重大事实:在不经意中,我已经到了这个岛上。

我们专注于一个地方的图片和文字描述时,往往容易忘记自我。在家时,我的眼睛反复盯住巴巴多斯岛的每一张摄影图片,并没有想到眼睛其实是和身体,以及在旅行中相伴相随的我们的心智密不可分的;而且在很多情形下,由于它们的在场,我们眼之所见便部分、甚至全部地失去了意义。在家中,我可以专注于酒店房间、海滩或天空的图片而忽略跟它们密切相关的复杂环境,而这些图片所反映的只不过是更宽广、更繁杂的生活的一小部分。

我的身体和心灵是难缠的旅伴,难以欣赏这趟旅行之美。身体觉得在岛上难以入眠,抱怨天气太热、抱怨这里的苍蝇以及酒店里难以下咽的饭菜;心智呢,则感到焦虑、厌倦,还有无名的伤感,以及经济上的恐慌。

我们曾期望持久的满足感,但实际情形并非如此,处在一个地方所得的幸福感和同一个地方联系在一起的幸福感似乎一定只能是短暂的。对于敏感的心智而言,这种幸福感显然是一种偶然的现象——只是在那么一个短暂的时刻,我们将过去和未来的一些美好的思绪凝合在一起,所有焦虑顿然释解;我们沉浸于周围世界,真切地感受它们。遗憾的是,这种状况很少能持续 10 分钟,在我们的意识里,新的焦虑总在生成，一如爱尔兰岛西岸的寒湿气流，每隔几天总要登岛一次。过去的胜利不再辉煌，将来的情形显得复杂不定，影响到眼前的美景，它们也变得像总在我们周围的其他景观一样，让人视而不见。

我开始发现了一种我所未曾料想到的事实：那个呆在家里郁郁寡欢的我和现在这个正在巴巴多斯岛的我之间是连续的，并无二致；而与这种连续性相对应的是风景和气候上的非连续性——在岛上，甚至这里的空气似乎都是用一种甜润的、全然不同的物质生成的。

第一天的上午 10 点左右，我和 M 躺在我们的沙滩小屋外的躺椅上。海湾的上空飘着一片似带羞涩的云朵。M 戴上耳机，开始细读埃米尔·涂尔干的《论自杀》。我则环顾四周。对旁观者而言，“我”就在我躺着的地方。但实际上，“我”，这里指的是思绪中的我，已确切地离开了躯体，正焦虑着未来，特别是担心午餐费用是否已含在房费之内。两小时后，我们坐在酒店餐厅一角的餐桌旁享用着木瓜（午餐和当地消费税都包含在房费之内），那个曾离开躺椅上我的躯体的“我”又开始游离身外了，而且离开了巴巴多斯岛，到了一个在接下来的一年里我将要面对的问题工程的现场。

似乎早在几个世纪前，对于那些一直担忧未来事态的人们来说，其身上便有了一种非常重要的进化优势。这些先辈们也许未曾很好地享受他们的经历，但至少他们生存下来了，并塑就了他们后人的性格。反观他们的兄弟，那些当初纵情和只关注当下处境的人，却落得惨死野牛角下的下场。

遗憾的是，我们很难回想起我们对未来近乎永恒的焦虑，因为当我们从一个地方旅行归来，最先从记忆中消失的便很可能是我们在刚刚过去的时间里对"将来"（即现在）是如何的焦虑，以及我们的思绪曾如何频繁地游离于旅行地之外。对一个地方的记忆图景和对它的期待图景中都有一种纯正性：是这一地方本身让自己凸现出来。

如果在家里我还对巴巴多斯岛念念不忘，那也许是因为我从未认真仔细且长时间地阅览巴巴多斯岛的图片。假使我在桌上摆一张巴巴多斯岛的图片，强迫自己盯着它看上 25 分钟，我的心智和身体也自然会游移，为许多外在于巴巴多斯岛的焦虑所纠缠；我也许会因此更真切地体验到我们所身处的地方对我们心智的旅行的影响是如何之小。

这里出现了另一矛盾情形，只有当我们不必亲临某地去面对额外的挑战，我们方能最自如地置身其中，对此，德埃桑迪斯一定会感同身受。

7.

在我们动身离开的前几天，我和 M 打算在岛上四处走走。我们租借了一辆小型越野车，开着它往北，到一处叫苏格兰的崎岖陡峭的山地，那是 17 世纪奥利佛·克伦威尔①流放英国天主教徒的地方。在巴巴多斯岛的最北端，我们参观了动物花洞(Animal Flower Cave)，那是海浪冲击石崖，在崖表留下的许许多多的洞穴。洞穴里住满了巨大的海葵，在坑坑洼洼的石崖上铺蔓开来，当它们伸出触角时，看上去像是黄、绿色的花簇。

中午时分，我们开始往南，到达圣约翰的教区，在那里的一个林木葱茏的小山上，我们找到了一个餐馆，它位于一栋古老的殖民时期留下的建筑物的长廊内。餐馆的花园里长着炮弹树，还有开满花的非洲郁金香树，满树的花朵就像是倒悬的喇叭。从一页介绍词上我们获知这建筑和花园都是 1745 年安东尼·哈钦森爵士在此统治时建造的，造价显然非常高昂，耗费了 10 万磅食糖贸易之所得。沿着走廊，摆放着十张餐桌，正对着花园和大海。我和 M 在走廊的尽头

---

① Crownwell, Oliver(1599—1658)，英格兰军人和政治家，曾任英格兰、苏格兰、爱尔兰共和政体护国公。——译者

找了一张桌子坐下，桌旁是开着叶子花的灌木丛。M点了一大份甜辣酱虾，我要了红酒海鱼片，里面放有洋葱和香草。我们谈论着殖民制度，还有在这里防晒霜（即便是最好的防晒霜）的不可思议的低效用。至于甜点，我们要了两份焦糖布丁。

甜点上来了，M的那份较大，但看上去像是曾经掉在厨房地板上然后再捡起来那样不成形状；我的一份则较小，但精致成形。餐馆服务员一走开，M便起身把她的盘子和我的盘子对换了一下。“别偷走我的甜点，”我有些生气地说。“我还以为你想要大的一份，”她回答道，一点也不给我情面。“你是想拿好的那份！”“我并不是像你那样想的，我只是想对你好而已！别这样多疑好吗？”“得了，对我好，把我的一份给我就行了！”

就这一会儿，我和M都感到了难堪，因为在那孩子气的口角背后，我们都感觉到了彼此不合、相互不信任的恐惧。

M极不友善地退回了我的甜点，只尝了两勺她的甜点，然后将盘子推到了桌子的一边。我们再也没有言语。付完账，我们便开车回酒店，车子引擎的声音掩盖了我们之间的强烈怨愤。我们不在时，酒店服务员整理了房间，床上换了干净的床单，矮柜上还摆放了花束，浴室里也放着新的大浴巾。我从浴室的毛巾架上掀了一条浴巾，走出房间坐在阳台上，狠狠地带上落地窗门。椰子树投下舒适的阴凉，在下午的微风里，它们交叉在一起的叶子不时地重新组合，变着样式。但是，虽有如此美景，我们却无快乐可言。几小时前的甜点之争，使我对任何实际的事物和任何美的景致都不能产生快感。舒适的浴巾、花朵和迷人的风景都变得与我无涉。我的情绪无法借助美好的外在事物而变得高昂起来；相反，如此完美的天气，还有晚上即将进行的海滩烧烤，让我觉得是一种羞辱。

那天下午，空气中搀杂着眼泪、防晒霜和空调冷气的味道，我们心境凄然；它提醒我们：人类情绪受制于一种僵硬和不宽容的逻辑，若我们想象眼前的美景可以带给我们快乐，而忽略这种逻辑，那我们就错了。无论是赏心悦目的事物，还是实实在在的东西，我们从中获取幸福的关键似乎取决于这样一个事实，那就是我们必须首先满足自己情感或心理上的一些更为重要的需求，诸如对理解、爱、宣泄和尊重的需求。我和M突然发现彼此承诺的恋情中充满了沟通障碍和怨愤，我们将不会，也不可能会安然享用华丽的热带花园和迷人的海滩木屋。

仅仅是一次发怒，居然让我们不再能够享受整个酒店的所有迷人之处。如果我们对这怒气的威力感到惊讶,那是因为我们曾经误解了影响我们情绪的关键因素。在家时,我们情绪低落,诅咒气候的恶劣,抱怨建筑物的丑陋,然而,到了热带岛屿上,在湛蓝天空下有着椰纤屋顶的小木屋里,一场争论过后我们明白的却是这样一个道理——天空的状态和我们所居住的建筑物的外表决不能凭它们自身的力量保证让我们畅享快乐,或倍感凄然。

我们所进行的一些巨大的工程,诸如酒店的建造和海湾的疏浚等,同我们的一些细微和基本、却能消解这些宏伟工程留给我们的印象的心理情结形成了反差。人类文明的一切优势,竟然在我们遭遇这一次小小的争吵之后如此迅速地荡然无存!这些心理情结之难以应付,正说明了一些古代哲人的朴素且具讽刺意味的智慧:他们主动抛却浮华和俗世纠缠,住进小泥屋,甚至木桶里,并坚持认为构成幸福的关键因素并非是物质的或审美的,而永远是心理上的。薄暮时分,在海滩烧烤的火光所映照不到的暗处,我和M言归于好,这时,丰盛的烧烤晚宴相对我们当时的幸福而言,已经太不重要了!这也许再真切不过地印证了上述古代哲人的睿智。

8.

除了荷兰之行和未成行的英国之旅，德埃桑迪斯再也没有打算过到国外旅行。他就呆在他的小别墅里，让自己置身于各式各样的事物之中，这些东西让他很容易就享受旅行的精髓。他在墙上挂着各种彩色图片，上面标示着外国的城市、博物馆、酒店和开往瓦尔帕莱索或普赖特河的班轮，俨然是旅行社的宣传橱窗。在他卧室的墙上，贴满了框框条条，都是大的船运公司的班轮时刻表。他在一个水缸里养了些水草，还买来一只小帆船，一些船用的索具以及小的海员模型……藉着它们，他能体验到远航的最大乐趣，却免去了航海中可能出现的任何不适。德埃桑迪斯用于斯曼的话表述自己的结论："想象能使我们平凡的现实生活变得远比其本身丰富多彩。"在任何地方，实际的经历往往是，我们所**想见到的**总是在我们所**能见到的**现实场景中变得平庸和黯淡，因为我们焦虑将来而不能专注于现在，而且我们对美的欣赏还受制于复杂的物质需要和心理欲求。

我还是抛开了德埃桑迪斯的干扰而出外旅行。尽管如此，有时候，我也和他一样，觉得最好的旅行莫过于呆在家里，一边悠闲地翻着英国航空公司用圣经纸印刷的世界航班时刻表，一边在想象的国度里飞翔、遨游。

Ⅱ 旅行中的特定场所

On Travelling Places

地点	高速公路加油站	机场	飞机	火车
向导	波德莱尔	霍珀		

1.

在伦敦通往曼彻斯特的高速公路旁，有一家用红砖搭建的加油站。加油站只有一层高，有玻璃橱窗，从那里可以俯瞰下方的高速公路，以及路旁单调的平坦无垠的原野。加油站的前院悬着一幅巨大的塑胶广告旗帜。上面的内容是一只煎鸡蛋、两根香肠和成堆的烤菜豆。它招揽来过路的司机，也吸引了邻近田野里的一群羊。

我是在傍晚时分到达这家加油站的。西边，天空正布满红霞。加油站的一边是一排景观树，在过往车辆持续低闷的噪音里，还能听到树丛里的鸟鸣。我已经在路上颠簸了两个小时，孤独地看车窗外天边的云起云聚；看路旁草坡外市镇里的灯火闪烁，看公路大桥和车窗外超前的大车小车的匆促背影……车厢里的空调机制冷时，总发出连续不断的噼哒声，像是有回形针不停地落在引擎罩上。下车时，我已觉昏眩。我的感官也需要调整，重新适应脚下坚实的土地，习惯拂面的微风和夜即将来临时似有若无的天籁。

餐馆里灯火通明，有些太过暖热。墙上挂着咖啡杯、糕点和汉堡包的巨幅照片。一位女招待在给自动饮料售卖机添加饮料。我拿了一只托盘，沿着金属台面滑过去，买了一块巧克力和一份橙汁，在餐馆全是玻璃窗的那一边找了位子坐下来。大块的窗玻璃被带状的米色油灰所固定，油灰湿湿的、粘粘的，我都禁不住想用指甲去抠它。窗外，草坡往下，一直伸延到高速公路边。隔着窗玻璃看过去，6 个车道的高速公路上车辆无声疾驰，车流优雅而对称，在渐浓的夜色里，每辆车的车型和颜色已不可辨，只能看见由红、白两色钻石般闪亮的车灯串成的彩带朝着相反的方向，伸展到无尽远处。

加油站里的顾客并不多。一位女士正悠闲地转动茶杯里的茶叶袋。一位男士和两个小女孩在吃汉堡包。一位年纪稍长蓄着胡须的男人在做填字游戏。没有人交谈。整个的氛围让人易于冥想，也会略觉伤感——只有隐隐约约的吹奏管乐的轻快节奏和柜台上一张照片里正要张口咬一块熏肉三明治的女人靓丽的微笑，让人稍觉轻松。餐厅正中央的天花板下悬着一只纸板箱，伴着空调出风口送出的微风不安分地晃动。纸板箱上写着餐馆的促销广告——买任何一种热狗即可获得免费的葱油圈。纸板箱形状奇怪，还倒置着，看来这并非完全是餐厅主管所设想的形状，一如罗马帝国偏远国土上的那些里程碑石，其形状背离了帝国中心标准的设计规范。

从建筑学的角度看，加油站的建构很糟糕。整个餐厅里都能闻到一股燃油味，还有地板清洁剂中柠檬香精的气味。餐厅提供的食物油腻腻的，餐桌上有星星点点已发干的番茄酱，这是早已离开的旅客留下的纪念。尽管如此，在我看来，这远离喧嚣、孑然独立在高速公路一旁高地上的加油站，还是有些诗意的。它的情状让我联想到别的一些同样能让人意外地发现诗意的地方，如机场大楼、港口、火车站和小旅馆等等；它也使我联想到一位 19 世纪作家和一位 20 世纪的画家的作品，这位 19 世纪的作家对人类较少注意到的旅行地点有着不同寻常的感知能力，受其启发，那位 20 世纪的画家找到了自己的创作灵感。

2.

查尔斯·波德莱尔①于 1821 年生于巴黎。很小的时候，他就不愿呆在家里。5 岁时，父亲死了。1 年后，他母亲再度结婚，对于继父波德莱尔没有好感。他被送到多所寄宿学校读书。由于不守校规，他一再地被这些寄宿学校逐出校门。长大后，他发现自己和中产阶层的生活格格不入。

① Baudelaire, Charles(1821—1867)，法国诗人。——译者

他和母亲、继父争吵，穿剧台上才使用的黑色斗篷，在自己的卧室里挂满德拉克洛瓦[1]的名画《哈姆莱特》的平版复制品。在日记中，他抱怨自己深受折磨，其根源之一是“一种可怕的病魔——对家的恐惧”，其次则是“幼年便有的孤独感。尽管有家人，特别是有学校里的朋友，一种注定终生孤独的宿命感总也挥之不去”。

他梦想着能到法国以外的地方，一个很远很远的地方，在另一个大陆上，让他彻底忘却“平常的生活”——这是一个让他发怵的字眼。他梦想到一个更温暖的地方去，到《旅行的邀约》中的对偶诗句描述的神奇之所去，那里一切充满“秩序、美丽/华贵，静谧和活色生香”。然而，他明白这不是一件容易的事情。他曾经告别北部法国的阴沉的天空，结果是沮丧而归。他动身离开法国，其目的地是印度。在海上航行了 3 个月后，他乘坐的船遭遇了海上风暴的打击，停靠毛里求斯检修。毛里求斯岛林木葱翠，环岛都是热带棕榈树，这正是波德莱尔曾经梦想一游的地方。但糟糕的是，他始终不能摆脱一种伤感和无精打采的状态，因而对未竟之旅产生怀疑，认为即便是到了印度，情形也不会更好。于

① Delacroix, Eugene(1798—1863)，法国浪漫主义画家。——译者

是置船长的一再劝说于不顾，他坚持返航回到法国。

这段旅行使他终其一生对旅行又爱又恨。在《旅程》中，他充满讽刺意味地想象从远方归来的旅行者的叙述：

> 我们看见星星，
> 波涛；我们也看到了沙滩；
> 尽管有许多麻烦和突如其来的灾难，
> 就像在这里，我们总觉厌烦。

尽管如此，他还是盼着能出外旅行，也觉察到旅行对自己强烈而持久的吸引力。结束毛里求斯之旅回巴黎后不久，他便梦想着再到另外一个地方旅行："现实的生活就像是一家医院，每个人都疲于更换自己的病床。有人喜欢靠近暖气片的病床，有人喜欢靠窗。"好在他并不因为自己是这众多病人中的一个而感羞愧："对我而言，我总是希望自己在一个我目前所居地以外的地方，因而到另一地方去永远是我满心欢喜的事情。"波德莱尔有时梦想着旅行到里斯本，那里气候温暖，他会像蜥蜴一样，躺在太阳下便能获得力量。里斯本是个水、大理石及光的都市，让人自在从容，敏于思索。然而，对葡萄牙的幻想还未及完结，他又想，也许在荷兰，他会更快乐。接下来，他马上又想为什么不是去爪哇，波罗的海？甚至为什么不是北极，在那里，他可以在极夜的黑暗里观察彗星是如何划过北极的天空！目的地其实并不重要，他真正的愿望其实是想离开现在的地方，正如他最后总结的那样："任何地方！任何地方！只要它在我现在的世界之外！"

波德莱尔看重对旅行的幻想，认为这是一种标记，代表高贵的追索者的灵魂，对此类追索者，他称之为"诗人"：他们从不满足于故乡的所见所闻，尽管他们清楚他乡也并非尽善尽美；他们情绪多变，时而希望满怀，看待世界如孩童般理想；时而绝望无从，愤世悲观。像朝圣的基督徒，诗人注定生活在一个陷落了的世界里，但同时，他们又不肯认同一种变通的、较少妥协的世界。

同这些观点相反，在波德莱尔的传记中，我们可以发现一个明显的事实：终其一生，他都为港口、码头、火车站、火车、轮船以及酒店房间所吸引；那些旅程中不断变换的场所让他觉得比家里更自在。一旦感受到巴黎的压抑，觉得巴黎的生活似乎"单调狭窄"，他就会离开，"因为想离开而离开"，旅行到一个港口或火车站，在那里，他能听到内心的呐喊：

列车，让我和你同行！轮船，带我离开这里！

带我走，到远方。此地，土俱是泪！

在一篇关于波德莱尔的论文中，T·S·艾略特指出波德莱尔是19世纪展示现代旅游地和现代交通工具之美感的第一位艺术家。艾略特写道："波德莱尔……创造了一种新型的浪漫乡愁。"这包括："告别之诗和候车室之诗。"或许，我们还可以加上"加油站之诗"和"机场"之诗。

3.

在家不开心的时候，我常搭上去希思罗机场的火车或机场巴士。在机场2号大楼的观光走廊上，或者从机场北面跑道一侧的万丽酒店的顶楼，我观看飞机连续不断地在机场起降，十分畅意。

1859年对波德莱尔是艰难的一年，在经历了《恶之花》的审判过后，他和情人詹妮·杜瓦尔的关系又宣告破裂。他于是到母亲的家乡——翁弗勒尔看望她。他在翁弗勒尔待了两个月，常在码头边找一个椅子坐下，看各种船只停靠、起航。"那些高大壮观的轮船，平稳地停在止水上；还有那些看似充满梦幻和闲适的轮船，它们难道不是在对我们无声耳语：我们什么时候开始快乐之旅？”

从机场的09L/27R区（就是飞行员所熟悉的北跑道）附近的停车场看去，天空中的波音747飞机起初只是一个耀眼的白色光点，似流星坠向地球。波音747已在空中飞行了12小时。它是拂晓时分从新加坡起飞，飞越了孟加拉湾、德里、阿富汗沙漠和里海，接着，它飞越罗马尼亚、捷克、德国南部，然后开始平缓降落。降落过程非常平缓，以致很少有乘客感觉到在飞越荷兰附近灰棕色、波浪翻滚的海面上空时飞机引擎细微的变化。接着飞机沿着泰晤士河飞过伦敦上空，再往北，到哈默史密斯附近，飞机机翼上的阻力板开始展开。飞机开始在阿克斯布里奇上空盘旋，最后在斯劳的上空，调直方向，对准跑道。从地面看去，白点慢慢变大，成了一个两层楼高的庞然大物，巨大的机翼下悬着的四只引擎像是它的耳环。在细雨中，飞机缓缓而近乎庄严地迫近机场，机身后成团的雨雾凝结，像是它拖曳的面纱。飞机的下方便是斯劳的郊区。时间是下午3时。在独立的别墅里，有人正在给水壶灌水。客厅里，电视机正开着，但声音关掉了。墙上有红色和绿色的光影移动。这就是平常的生活。而在其上方，是一架几小时前还在飞越里海的飞机。

从里海到斯劳，飞机是尘世的一种象征，带着它飞越过所有地方的风尘；它永不停歇的飞行给人们以想象的力量，藉此消解心中的沉滞和幽闭感。还是在早晨，飞机在马来半岛——一个让人联想到番石榴和檀香木的气息的地方——的上空飞行，而现在，在如此长时间地脱离地面之后，在离地仅数米的上空，飞机似乎已趋静止，它的鼻子向上，像是在稍作歇息，然后，它的16个后轮接触到柏油跑道，掀起一阵烟尘，充分显示了其速度和重量。

在一条平行的跑道上，一架A340正起飞开往纽约。在斯泰恩斯水库的上空，飞机收起了阻力板和机底的轮子，因为在接下来的8小时穿云越海的飞行时间、3000英里的飞行距离里，飞机用不上它们，直到飞行至长滩一排排白色长条板平房的上方，飞机准备降落时才再度用得上它们。从飞机涡轮风扇发动机排出的热雾里，可以看见别的整装待发的飞机。放眼整个机场，到处可见正在移动的飞机，在灰色的地平线的陪衬下，它们多彩的后翼如同帆船赛场上林立的船帆。

机场3号候机厅的背面，沿着其由玻璃和钢架结构建成的外墙，停着4架巨型客机。从机身上的标志判断，可知它们来自不同的地方：加拿大、巴西、巴基斯坦和韩国。在起飞前的几个小时里，它们机翼的间隔才不过几米，但随后，它们将开始各自的旅程，迎着平流层的风飞向各自的目的地。同船泊靠码头时的情形相似，飞机降落后，一场优美的舞蹈也就开始了。卡车溜到机腹下方；黑色的油管牢牢地接到机翼上；机场舷梯的方形橡胶接口连到机舱出口；货舱门打开了，卸下有些磨损的铝制货箱，货箱里装载的可能是几天前还悬挂在热带果树枝头的水果，或者是几天前还生长在高原峡谷里的蔬菜；两个穿制服的工作人员在飞机的一个引擎旁架好了梯子，他们打开引擎罩，里面全是复杂的电线和钢管；毛毯和枕头从前舱卸下了飞机；乘客们开始走下飞机，对他们而言，这个普通的英国的下午将会有些超自然的意味。

在机场，最引人注目的东西莫过于机场大厅天花板下悬着的一排排电视屏，上面显示着进出港的飞机航班的情况;这些显示屏,不曾有美感上的考量,放在整齐划一的罩盒里,屏上显示的文字版式呆滞乏味,却能使人兴奋,触发想象力。东京、阿姆斯特丹、伊斯坦布尔;华沙、西雅图、里约热内卢。这些显示屏能引发人们诗意的共鸣,一如詹姆斯·乔伊斯①的《尤利西斯》的最后一行:"的里雅斯特、苏黎世、巴黎。"不仅明晰地记录了小说《尤利西斯》的写作地点,同样重要的是,它揭示了隐藏在这一行文字背后大都会精神的象征。源于这些显示屏的,是持续不断的召唤,有时还伴随有电视屏上光标不安分的闪烁,似乎在昭示,我们既有的生活多么容易被改变:假设我们走过一条通道,登上飞机,那么数小时后,我们将置身于一个全然陌生的地方,在那里,没有人知道我们的名字。下午3点,正是我们困乏和绝望之际,如果我们能摆脱困乏和绝望的掌控,并坚信总会有一架飞机带着我们飞向某一个地方,就像是波德莱尔所谓的"任何地方!任何地方!",或者是的里雅斯特、苏黎世、巴黎,那该是多么快意的事情!

---

① Joyce, James(1882—1941),爱尔兰小说家,《尤利西斯》是其意识流小说的代表作。——译者

4.

波德莱尔羡慕的不仅是旅程的起点或终点，如车站、码头、机场等地方，他也羡慕那些交通工具，特别是海上行驶的轮船。他曾写道："凝视一艘船，你会发现它散发出深邃、神秘的魅力。"他到巴黎的圣尼古拉斯港观看平底船，到鲁昂和诺曼底的港口观看更大的船只。他惊讶于和这些船只相关联的科技成就，它们竟能使如此笨重复杂的船体协调合作，优美地穿行海上。一艘巨轮让他想起"一个庞大、复杂却又灵活机敏的动物，它充满活力，承载着人类所有的嗟叹和梦想"。

在观看一架较大型的飞机时也会有同样的感想：飞机也是一个很"庞大"很"复杂"的动物，尽管机身庞大，尽管低层大气一片混沌，它却仍能找准自己的航向，穿越苍穹。一架飞机停靠在一个登机口，相形之下，它周围的行李车和检修工是如此的渺小。看见如此场景，人们会抛开所有的科学解释发出惊叹：如此庞大的飞机如何能移动，哪怕只是移动几米，遑论飞到日本！楼房，也算是人类所能建造的少数可与之相比的庞然大物之一，但地球的轻微震动便可能使它们四分五裂，它们透风渗水，强风下，还会遭受损坏，比不得飞机的灵活和泰然。

生活中很少有什么时刻能像飞机起飞升空时那样让人释然。飞机先是静静地停在机场跑道的一头，从机舱的玻璃窗看出去，是一长串熟悉的景观：公路、储油罐、草地和有着古铜色窗户的酒店；还有我们早已熟知的大地，在地上，即便是借助小汽车，我们的行进仍然缓慢；在地上，人和汽车正费力向山顶爬行；在地面上，每隔半英里左右，总会有一排树或建筑挡住我们的视线……而现在，随着飞机引擎的正常轰鸣（走廊的玻璃只有点轻微的颤动），我们突然平稳地升上了天空，眼前展现的是直视无碍的广阔视野。在陆地上我们得花上整个下午才能走完的旅程，在飞机上，只要眼珠微微转动便可一扫而过：我们可以穿过伯克郡，参观梅登黑德，在布拉克内尔兜圈子，俯视 M4 高速公路。

飞机的起飞为我们的心灵带来愉悦，因为飞机迅疾的上升是实现人生转机的极佳象征。飞机展呈的力量能激励我们联想到人生中类似的、决定性的转机；它让我们想象自己终有一天能奋力攀升，摆脱现实中赫然迫近的人生困厄。

这种视野上新的优势使陆地上的景观整饬有序，一目了然：公路弯曲，绕过山头；河流延伸，通向湖泊；电缆塔从发电厂一直架设到各个城镇；那些在陆地上看上去布局混乱的街道，现在看来似乎是精心规划的条格布局。我们的眼睛试图把此刻所见与先前的认知连结在一起，像是用一种新的语言来解读一本熟悉的书。那些灯火所在之处一定是纽伯里，那条道路一定是 A33，因为它是从 M4 高速公路分出来的。照此思路，我们的生活是如此狭隘，就像井底之蛙：我们生活在那个世界里，但我们几乎从未像老鹰和上帝那样睹其全貌。

飞机引擎似乎毫不费力便将我们带到高空。悬在高空，周围是难以想象的寒冷，这些飞机引擎用一种我们看不到的方式持久地驱动飞机，在它们内侧表层上，用红色字母印出的是它们惟一的请求，要求我们不要在引擎上行走，要求我们只给它们添加 D50TFI – S4 号油，这些请求是给四千英里外还在睡梦中的一帮穿着工作服的人的信息。

身处高空，可以看见很多的云，但对此人们似乎谈论不多。在某处海洋的上空，我们飞过一大片像是棉花糖似的白色云岛，对此，没有人觉得这值得大惊小怪，尽管在弗兰西斯卡①的绘画作品中，这云岛可以是天使，甚至是上帝的一个绝佳的座位。机舱内，没有人起身煞有其事地宣布说，从窗户看出去，我们正在云海上飞行；而对达·芬奇②、普桑③、克劳德·洛兰④和康斯特布尔⑤等人而言，这景致恐怕会让他们留恋。

飞机上的食物，如果是坐在厨房里享用，可以说是毫无特色，甚至让人倒胃，但现在，因为面对的是云海，这些食品却有了不同的滋味和情趣（一如坐在海边峭壁之巅，一边看惊涛拍岸，一边野炊，这时吃哪怕是普通的面包和奶酪也会让人神采高扬）。仅依赖飞行中的小餐板，在原本毫无家的

---

① Francesca, Piero della（约 1420—1492），意大利文艺复兴时期重要画家。——译者
② Da Vinci, Leonardo（1452—1519），伟大的佛罗伦萨艺术家兼科学家。——译者
③ Poussin, Nicolas（1594—1665），法国画家。——译者
④ Claude Lorrain（1600—1682），法国风景画家。——译者
⑤ Constable, John（1776—1837），英国 19 世纪风景画家。——译者

情趣的机舱内我们感觉到了如家的自在：我们吃的是冷面包卷和一小盘土豆色拉，赏的是星际美景。

细看之下，我们发觉机舱外陪伴着我们的云朵并非是我们想象中的情形。在一些油画作品中，或者是从地面上看去，这些云朵看上去是平平的椭圆体，但从飞机上看去，它们像是由剃须泡沫层层堆砌而成的巨型方尖塔。它们和水气的关联是显而易见的，但它们更容易散发，更加变幻无常，因而更像是刚刚爆炸的东西所产生的尘雾，仍然在变异之中。人们至今还在困惑，为什么不可以坐在一团云上。

波德莱尔清楚如何表达对这些云朵的喜爱。

陌生人

告诉我，你这个神秘的人，你说说你最爱谁呢？父亲还是母亲？姐妹还是兄弟？

哦……我没有父亲也没有母亲，没有姐妹也没有兄弟。

那朋友呢？

这……您说出了一个我至今还一无所知的词儿。

祖国呢？

我不知道这个地方在哪。

美人呢？

如果她真的美若天仙，长生不老，我会很爱她，全心全意。

金钱呢？

我恨它，就像你恨上帝一样。

那么，你究竟爱什么呀？你这个不同寻常的陌生人！

我爱云……过往的浮云……那边……那边……美妙的云！

云朵带来的是一种宁静。在我们的下面，是我们恐惧和悲伤之所，那里有我们的敌人和同仁，而现在，他们都在地面上，微不足道，也无足轻重。也许我们早已参透了这样的真谛，但现在，我们倚着飞机冰凉的舷窗，这种感觉变得从未有过的真切——我们乘坐的飞机是一位渊博的哲学老

师,是听从波德莱尔的召唤的信徒:

列车,让我和你同行！轮船,带我离开这里！
带我走,到远方。此地,土俱是泪！

5.

除了高速公路,没有任何别的道路能通到加油站,连步行的小径也没有。加油站孑然独立,它似乎不属于城市,也不属于乡间,而是属于一种第三空间,即旅行者的领地,就像是独立于海角的灯塔。

地理意义上的孤立给餐厅以孤单疏离的氛围。灯光有些冷漠，衬出苍白和斑斑渍迹。桌椅颜色鲜艳得予人优雅的感觉，像是假笑的脸上强挤出的欢欣。餐厅里无人交谈，无人表现出丝毫的好奇，无人回应你的感受。无论是在吧台，还是在离开并走进黑暗时，我们彼此擦肩而过，投向对方的都是空洞无神的一瞥。我们坐在那里，视他者若岩石。

我坐在餐厅一隅，吃着巧克力条，偶尔喝一口橙汁。孤独，是我此时的心境，然而，这一次，孤单是如此的温柔，竟然让我欣悦，因为此时的孤独不是那种置身于欢笑和群闹中，让我意识到心境和环境之反差并觉得痛苦的那种孤独；它源于陌生的人群，在这里大家都明白，沟通的障碍客观存在，对爱的渴求也难以实现，而这里的建筑和灯光无疑也凸现了此时孤独的氛围。

这种孤独的心境让我想到爱德华·霍珀①的画作：这些画作描绘的景物苍凉，但画作本身看上去却不显苍凉，而是让观者感受到他们内心的忧伤，引发共鸣，因而减轻内心之苦痛，摆脱烦恼的纠缠。也许，心境悲伤时，最好的解药便

---

① Hopper, Edward(1882—1967)，美国现实主义画家，20 世纪 60—70 年代的波普艺术和新现实主义画家都受他的影响。——译者

是阅读伤感的书籍，而当我们觉得周遭无爱可系无情相牵的时候，我们最应当驱车前行的地方便是某一个偏远独立的加油站。

1906年，霍珀24岁，他前往巴黎，并在巴黎发现了波德莱尔的诗歌。从那以后，波德莱尔的诗作便成了他终生诵读的对象。我们不难理解他对波德莱尔的迷恋：他们对孤独、都市生活、现代社会，以及他们对夜的宁静和旅行过的地方持有相同的看法。1925年，霍珀买了一辆二手道奇车，这是他一生中买的第一辆车，然后，从他在纽约的家一直开到新墨西哥。这之后，他每年都有几个月的时间在外旅行，不管是在路途中、旅店房间里、汽车后座上，还是在户外和餐厅里，他都留下了大量素描或油画作品。1941至1955年间，他5次穿越美国。他住过西佳、戴尔·哈文、阿拉莫·普拉扎和蓝顶等旅店或汽车旅馆。路边写有“空房，配电视、有独立洗澡间”的霓虹广告牌一闪一烁，常常会吸引他；铺有薄床垫和干爽床单的床，正对着停车场或一块块修剪平整的草地的大窗台；很晚入住却又一大早离开的旅客留下的一丝神秘，接待柜台摆放的当地景点的宣传册子，以及停放在静静的过道上堆满物品的酒店房间整理车等等，这一切都吸引着他。至于每日饭食，霍珀常在各种牛排、热狗快餐店解决。经过有美孚、标准石油、海湾、蓝太阳等标志的加油站时,他也会给车子加油。

而且,霍珀往往在这些人们忽略甚至不屑一顾的地方发现了诗意,如汽车旅馆之诗和公路旁小餐馆之诗。他的画作(以及和作品内容相一致的标题)表明他对旅行中的五种地方有着持久的兴趣:

1. 旅馆

旅馆房间,1931

旅馆大堂,1943

旅客休息室,1945

铁路旁的旅馆,1952

旅馆的窗户,1956

西部汽车旅馆,1957

2. 公路和加油站

缅因州的公路,1914

加油站,1940

东哈姆,第六大道,1941

荒僻之地,1944

四车道公路,1956

3. 小餐馆和自助餐厅

自动贩卖店,1927

自助餐厅里的阳光,1958

4. 从火车上看到的景观

铁道旁的房子,1925

纽约、纽黑文和哈特福德,1931

铁路路堤,1932

驶向波士顿,1936

驶近一座城市,1946

公路和树,1962

5. 火车内和全部车辆的景观

在电动火车上的一夜,1920

火车头,1925

293 号车厢 C 舱,1938

宾夕法尼亚的拂晓,1942

豪华列车,1965

所有这些作品中，孤独是最常出现的主题。霍珀作品中的人物通常看起来都远离家乡；他们孤单地坐着或站着，在旅店床边上读着一封信，或在酒吧独饮；他们在行驶的列车上凝视窗外，或在旅店大堂捧书默读。看上去他们多愁善感，若有所思。他们也许刚刚离开了某个人，或是刚被某人所离弃；他们漂泊四方，居无定所，寻找工作、性和友伴。往往是在夜晚，窗外漆黑一片，人们可以感觉到他们置身开阔的乡村原野或面对一个陌生城市时的恐惧。

在《自动贩卖店》中，一位女士独坐，喝着一杯咖啡。夜深了，从她头上的帽子和身上的大衣看，外面很冷。用餐室看起来很大，空而亮。餐室的布置都比较实用，摆着石面餐桌，结实耐用的黑木椅子，墙壁刷得很白。画中的女士看上去并不习惯一个人坐在一个公共场合，显得有些不自在，还略带不安，似乎有什么事情不对劲。观者会在不知不觉中想象关于她的故事，故事可能同背叛和失落相关。她把咖啡杯送到唇边，尽量不让自己的手颤抖。这也许是美国北部某个大城市，时间大约是2月的某个晚上，11点。

《自动贩卖店》这幅作品所要表现的是一种淡淡的哀愁——但它并不是一幅悲情画。同伟大而伤感的音乐作品一样,《自动贩卖店》有其感人的力量。尽管这家店陈设简单,但它本身似乎并没有让人觉得不舒服。餐室里也许还有别的人,不管是男性还是女性,他们

爱德华·霍珀:《自动贩卖店》,1927 年

都独坐,喝着咖啡,陷入沉思,和画中的女士一样,同自己所在的社会保持着距离:这是一种常见的隔阂感,对任何独处者,这种感觉有助于减轻他们在孤独状态中的压抑感。在公路旁的小餐馆、午夜时分的自助餐厅、旅店的大堂和火车站的咖啡馆,我们可能不太能感觉到那种在偏僻的公共场所油然而生的孤独和疏离感,反倒重新发现一种同周围人群的强烈认同。家庭气息的缺失、明亮的灯光和毫无特色的陈设把我们从种种所谓家的舒适中解脱出来。同家里挂着相框和贴着墙纸的客厅相比,在这些地方,我们更容易摆脱心中的感伤——这种近乎避难所的装饰更能让我们放松。

霍珀试图让我们同画中独品孤独的女士产生共鸣。她看上去高贵大方,但也许太容易相信别人,过于天真,她似乎在生活中着着实实地碰了一次壁。霍珀让我们将心比

心，设想她的处境。霍珀作品中的人物并不反感家本身，只是家似乎以各种各样不容辩驳的方式背叛了他们，这才迫使他们离家出走，步入夜的孤独或漂泊在路上。对那些因为高尚的原因而不能在现实世界里寻找到家园的人，以及那些波德莱尔可能冠以“诗人”称号的人来说，全天候开放的小餐馆、火车站的候车室和汽车旅馆便是他们的避难所。

6.

黄昏时分，汽车沿着盘旋的公路穿行于大片森林之中。车头灯的强光，不时射在路旁大片的草地和路旁的树干上，以至于每块树皮和每根草茎的形貌都清晰可辨。在森林里，车灯的光线惨白、强烈，似乎更适用于医院病房。汽车绕过弯，车灯照在似在昏睡的路面上，这些草地和树干又没入一片黑暗中。

一路上很少见到别的车辆，偶尔碰到的，也是迎面来的，亮着车灯，像是在逃离其身后夜的黑暗。车内昏暗，仪表板发出紫色的光。突然，在前方一块空阔地上出现一片亮光——是一个加油站。这是这条公路驶入这最茂密也是最大的一片森林之前的最后一个加油站，再往前方，一切都将落入黑夜的掌心——这就是油画《加油站》所表现的场景。加油站的管理员离开了房间，在油泵前检查汽油存量。房间内温暖明亮，灯光强烈，一如正午的煦阳正撒满室外的大院。室内也许还有一只收音机在开着。管理室靠墙处，除了有糖点、杂志、地图和车用窗帘，也许还整齐地摆着一排油桶。

爱德华·霍珀:《加油站》,1940 年

和 13 年前创作的《自动贩卖店》一样，《加油站》表现的也是一种孤独：一座加油站独立于越来越浓的暮色中。在霍珀的画笔下，这种孤独同样呈现得强烈深刻且令人神往。画布右边像雾一样开始蔓延的黑暗同加油站形成鲜明对照，黑暗是恐惧的信使，而加油站是安全的象征。夜幕降临之际，在这处在原始森林边缘的人类最后的一个驻足点，应该比白天的城市更容易让人生出亲近的感觉。咖啡机和杂志，作为人类小小的欲望和虚荣的象征，对应着加油站外宽阔无垠的非人类的世界和绵亘数英里的森林，而在这森林里，不时还可以听见熊和狐狸脚下树枝的断裂声。画作给人的暗示可谓意味深长：在一份杂志的封面上，用鲜亮的粉红色突出着今年夏天流行紫色指甲油的信息；咖啡机对我们发出无声的呼唤:正在播散新鲜烘焙的咖啡豆的芳香。在这公路即将进入无边森林的最后一站,我们会发现自己同他人之间的共通性远远超出差异性。

7.

霍珀对火车也有兴趣。他很喜欢坐在人很少的车厢里驶过原野的那种感觉:车厢里一片沉寂,只听见车轮有节奏地敲打铁轨的声音;这有节奏的敲击声和窗外飘逝的风景把人带入一种梦幻之中,我们似乎出离了自己的身体而深入一种常态下我们不可能涉及的地带,在那里,各种思绪和诸般记忆错杂纠缠。油画《293 号车厢 C 舱》中的女士正在读着她手中的书,时而打量车舱内的布置,时而观看车窗外的风景,她现在的思绪大概就处于上面所说及的那种梦幻般的状态。

旅行能催人思索。很少地方比在行进中的飞机、轮船和火车上更容易让人倾听到内心的声音。我们眼前的景观同我们脑子里可能产生的想法之间存在着某种奇妙的关联:宏阔的思考常常需要有壮阔的景观,而新的观点往往也产生于陌生的所在。在流动景观的刺激下,那些原本容易停顿的内心求索可以不断深进。我们倘若被迫去讲出一个笑话或模仿一种口音,效果往往差强人意;同理,如果只是为思考而思考，我们的脑子可能不愿去好好思考。当我们脑子在思索的同时还有别的驱遣，如听音乐或让目光追随一排林木的时候，我们的思考其实是得到了改善。当我们注意到意识已遭遇困境，这种困境又会阻碍各种记忆、渴望、内省或创见的出现，并希望我们的思索程式化、客观化，我们脑子中的那些紧张、挑剔和讲求实际的想法就可能迫使我们中止思考。而这时，我们听到的音乐或看见的风景便正好能够分散我们脑子里紧张、挑剔和讲求实际的想法，让思考继续和深入。

爱德华·霍珀：《293 号车厢 C 舱》，1938 年

在各种交通方式中，火车也许最益于思考：同轮船和飞机比较，坐在火车上，我们决不会担心窗外的风景可能会单调乏味；其速度适中，既不会太慢而让我们失去耐性，也不会太快而让我们无法辨认窗外的景观。在行进过程中，火车能让我们瞥见一些私人空间，譬如说，我们可能刚刚看见

一位女士正从厨房的餐台上拿起杯子，紧接着看见一个露台，露台上正睡着一位先生，再接下来，看见公园里一个小孩正在接一只球，至于抛球的人我们却看不见……这些私人空间，虽是短短的一瞥，却给人遐思。

在一次旅行中，火车行进在平坦的原野上，我的思绪差不多完全放松下来。我想到了父亲的死，想到了我正在写作的关于司汤达的论文，还想起了两个朋友间的猜忌。每次只要我的思考遇上死结，脑海一片空白，我就会把目光转移到车窗之外，让视线锁住一个目标，然后跟住它一会儿，直至新的想法开始成形，并能在没有压力的情形下将思绪厘清。

在长时间的火车梦幻的最后阶段，我们会感觉自己返归本真——亦即开始清楚那些对我们真正重要的情感和观念。我们并非一定得在家里才最有可能接近真实的自我。在家时，家庭装饰会阻挠我们的改变，因为它们并没有改变；家居生活的模式也让我们维持着日常形象，而这形象，可能并非我们的本我形象。

旅馆的房间同样为我们提供了摆脱定势思维的机会。躺在旅馆的床上，室内极静，偶尔听到酒店内电梯快速上下所发出的声响，此时此刻，我们可以忘却到达之前的一切劳顿，任思绪驰骋，品味自己曾拥有的辉煌和曾遭遇过的落寞。面盆边用纸包着的小肥皂，小吧台上陈列的小瓶包装的酒，承诺整晚提供送餐服务的菜单，以及25楼下平静而又有些骚动的陌生城市的夜景等等，这全然陌生的环境能促使我们从一个新的高度来省察我们的生活。这高度，是我们在家中，为日常琐事所烦扰时所不能达到的。

夜半，旅馆的便条纸成了接受灵光乍现的思想的工具。早餐的菜单（“请在凌晨3点前挂到房门外”）正搁在房间的地上，尚未填写，一起在地上的还有一张问候卡，上面记录着接下来一天的天气情况以及旅馆管理层的晚安祝福。

8.

雷蒙德·威廉斯[①]曾指出，旅行，或者那种漫无目的的漂泊的过程，其价值在于它们能让我们体验情感上的巨大转变，这种转变可以追溯到18世纪末期，那时候出现了一种现象，外来的旅行者似乎比当地人道德高尚：

> 18世纪以来，人类的同情和了解不再源自于社群活动，而是来自于人们的漂泊经验。因此一种基本的疏离、沉默和孤独已成为人性和社群的载体，对抗着普通社会阶层的

---

① Williams, Raymond（1921—1988），威尔士文化理论家。——译者

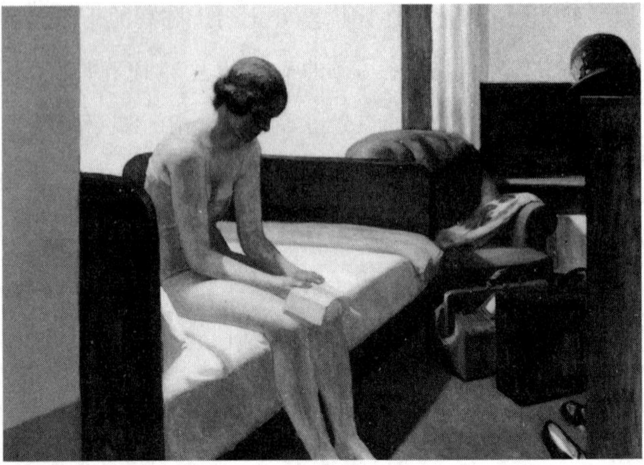

爱德华·霍珀:《旅馆房间》,1931 年

苛严僵固、冷漠无情和自私自利的闲适。

——雷蒙德·威廉斯:《乡村和城市》

如果我们在加油站,还有汽车旅馆等地方发现了生活的诗意,如果我们为机场和火车车厢所吸引,其原因也许是我们明确地感觉到这些偏僻孤立的地方给我们提供了一种实实在在的场景,使我们能暂时摆脱因循僵滞的日常生活中难以改易的种种自私的安逸、种种陋习和拘囿,不管它们在设计上是如何的不完美、不舒适,在色彩上是如何的不含蓄,在灯光上是如何的不柔和。

动机
MOTIVES

Ⅲ　异国情调

On the Exotic

地点　阿姆斯特丹

向导　福楼拜

1.

在阿姆斯特丹斯希普霍尔机场下飞机，进入航站才几步，我就被一块天花板下悬着的指示牌吸引住了。这是一个指明通往迎宾厅、出口和签转柜台的方向指示牌，鲜亮的黄颜色，长2米，高1米。指示牌设计也简单，铝制的箱框，镶着塑料的指示牌，通过小钢柱连接，从电缆线和空调管路密布的天花板挂下来。指示牌很简单，甚至太过普通，但它却让我快乐。用“异国情调”来形容这种快乐也许有些不同寻常，却是合宜的。指示牌上有好几处显出这种异国情调，如 Aankomst(荷兰文,迎宾厅)一词中的两个并置 a;Uitgang(荷兰文,出口)一词中字母 u 和 i 连在一起;除了荷兰文,指示牌上还标有英文副标:用 balies(荷兰文,柜台)来表述 desk(英文,柜台)的意思,还采用了一些实用新潮的字体,如 Frutiger 体或 Univers 体等。

这个指示牌之所以让我快乐,原因之一在于它是第一个肯定的见证,表明我已经到达了一个"别的地方"。它是异国的一个标志。也许对那些不太注意的人来说,这指示牌并不显眼,但在我的国家里,这类指示牌是决不会以此种形式出现的。首先,它的黄色不会如此鲜亮,上面的字体可能会柔顺些,并更多怀旧色彩;其次,它也不会考虑外国人是否会弄不清方向,不会加上其他语言的提示或副标,而且单从语言上看,指示牌上也不会出现并置的字母 a,这种特别的重复,说不清为什么,让我感觉到自己正置身于另一种历史和另一类民族心态之中。

一个电源插座,一只浴室水龙头,一个果酱瓶,或是一个指示牌传递出的一些信息,可能连它的设计者也没有想到,譬如说,它可能会表明其制造者的国籍。显然,制作斯希普霍尔机场指示牌的民族似乎同我的民族相距甚远。一个大胆的、具有民族性格和特色的考古学家也许会将指示牌上字体的影响追溯到20世纪早期的风格派运动①,从醒目的英文副标考求出荷兰人对外来影响的开放性,进而追溯到1602年东印度公司的建立;并从指示牌整体上简单的风格看出加尔文主义的审美情趣,这种审美情趣在16世纪尼德兰联邦②和西班牙交战期间就已成为荷兰国民性的一部分。

从一个指示牌便能看出两地间巨大的差异,这正可以作为一个简单却让人愉悦的想法的注脚:一旦跨越国界,脚下便是一个不同的国度,风俗人情和生活习惯亦必大异其趣。然而仅有差异,尚不足以引发快感,即便是有了快感,也不会长久。只有那些有助于我们自己国家自我完善的差异方可引发长久的快感。我认为斯希普霍尔机场的指示牌具有异国情调,是因为它隐约传达出了一种强烈的信息:制作这个指示牌的、就在uitgang之外的国度,有可能在相当程度上比我自己的国家更投合我的性情与兴趣。这指示牌预

---

① De Stijl movement:该运动的发展中心在荷兰,探讨开拓现代艺术与设计的新目标,以创造属于知识的而非个人的绘画和设计风格为主。——译者

② United Provinces of the Netherlands:由1568—1609年摆脱西班牙统治而独立的北尼德兰的7个省组成。疆域约相当于今天的荷兰王国。——译者

示着我在这个国度里的快乐。

2.

从传统意义上看，异国情调一词更多地是同耍蛇人、闺阁、光塔、骆驼、露天集市，以及由一个蓄着八字须的仆人从高处倒进托盘上小玻璃杯内的薄荷茶等等联系在一起，它们远比上面提及的荷兰指示牌丰富多彩。

19世纪上半叶，异国情调一词成了中东的代名词。1829年，维克多·雨果出版了他的组诗《东方集》。在诗序中，就有这样的表述："我们所有的人都比以前更为关注东方。东方已然是众多人魂萦梦绕的地方，也是本书作者向往之地。"

雨果的诗具有欧洲东方文学的基本题材，如海盗、帕夏①、苏丹、香料和托钵僧人等。诗中的人物用小玻璃杯喝薄荷茶。像《天方夜谭》、瓦尔特·司各特②的东方题材的小说以及拜伦③的《异教徒》等文学作品一样，他的诗作很快赢

---

① pasha：是古奥斯曼帝国和北非高官的称号。——译者

② Scott, Walter(1771—1832)，苏格兰小说家，诗人，被认为是历史小说的首创者和伟大的实践者。——译者

③ Byron, George Gordon Byron(1788—1824)，英国诗人，他的名字既是深刻的浪漫主义忧郁的象征，又是追求政治自由的象征。——译者

得了读者的喜爱。1832 年 1 月，尤金·德拉克洛瓦动身去北非，期冀其绘画创作能捕捉东方的异国情调。到丹吉尔后，未及 3 个月，他就穿起了当地的服饰，并在写给他弟弟的信尾署名为“你的:非洲人”。

更有甚者，欧洲的一些公共场所看上去也越来越具有东方情调。1833 年 9 月 14 日，鲁昂附近的塞纳河畔挤满了人群，他们在为法国军舰卢索赫号欢呼。该舰从埃及亚历山大港起航，正往巴黎方向逆水上行。军舰上有一座方尖碑，用专门的支架固定着。它来自底比斯神殿，人们把它吊运到船上，准备用它作协和广场前的交通岛。

在这群人中有一位心事重重的 12 岁男孩，他就是古斯塔夫·福楼拜①。福楼拜的最大梦想便是离开鲁昂，到埃及去赶骆驼，并在后宫中找到一位有着橄榄肤色，上唇带着一丝幽怨的女孩，并为她献出自己的童贞。

这个 12 岁的男孩对鲁昂——事实上，对整个法国——充满了轻蔑。他在写给学校时的朋友舍瓦利耶的信中表示，对这所谓的“优秀文明”他只有蔑视，尽管这个文明已经

---

① Flaubert, Gustave(1821—1880)，法国 19 世纪现实主义文学大师、小说家。——译者

制造出了“铁路、监狱、奶油馅饼、忠诚和断头台”，并以此自傲。他的生活“徒劳乏味，毫无新意，并充满艰辛”。他在日记中写道：“我常希望自己毙掉过路的行人。我太无聊了，实在是太太无聊了！”在创作中，他常常会涉及到在法国，特别是鲁昂生活的无聊。“今天我简直是无聊透顶了，”在一个糟透了的星期天行将结束时，他这样写道。“外省的景色是多么的迷人，生活在那里的人们又是多么的有趣。他们谈论的是税费、道路的修整……。‘邻居’是一个多么美妙的字眼。为了强调‘邻居’在社会生活中的重要性，它永远都应该是大写的‘邻居’（NEIGHBOUR）。”

就福楼拜而言，对东方的凝视能帮助他从自己的生活环境中解脱出来，暂时将那种富足却委琐的生活以及世俗的思维定势抛于脑后。对中东的描写充斥于他早期的创作和通信。1836 年,他才 15 岁(他还在学校学习,但一直幻想如何刺杀鲁昂市长),便创作了小说《愤怒与无助》。福楼拜通过小说的主人公欧姆林先生表现出了他对东方的幻想和渴望:"啊,东方!东方热辣的太阳,东方澄碧的蓝天,东方金色的光塔……还有那跋涉在沙漠之上的骆驼商旅;啊,东方!……东方有着棕褐橄榄般肤色的女人!"

1839 年(福楼拜当时正迷上拉伯雷[1]的作品,并想很大声地放屁,让整个鲁昂的人都能听见),他创作了另一部作品《一个愚者的回忆录》,小说带有自传色彩,其主人公在回顾年轻时对中东的向往时有这样的描述:"我梦想着穿越南方大片的土地,到遥远的地方旅行;在梦想中,我看见了东方,她有一望无垠的沙漠、宫殿,宫殿里满是挂着铜铃的骆驼……我还看见了蓝色的大海,碧澄的天,银色的细沙和有着棕褐色皮肤的女人,她们眼里射出热辣的火,她们和我交谈时有着天国美女的温柔。"

1841 年(福楼拜已经离开鲁昂,遵从父亲的意愿在巴黎学习法律),他又完成了小说《十一月》。小说的主人公成天将自己想象成东方的商人,无暇关注铁路、资产阶级的文明

---

① Rabelais, Francois(约1494—1553),法国作家和牧师。——译者

和律师:“啊!骑在驼背上!前方,是红艳的天空,棕褐色的沙漠;在燃烧的地平线上,是起伏的沙丘,延伸到无穷的远方……夜幕降临,人们搭起帐篷,给骆驼喝水,生起篝火以驱走胡狼,但耳边还是能够听到在沙漠深处胡狼凄厉的嗷叫;到了早上,人们在绿洲给葫芦灌满水。”

在福楼拜看来,幸福和东方是可以互换的两个词。有一段时期,学业的压力,失恋的打击,父母的期望,以及一直可以听到农民抱怨的糟糕透顶的天气(连续两周不停歇的雨水冲没了鲁昂附近的田地,还淹死了几头牛),这一切都让福楼拜感到绝望。他在写给舍瓦利耶的信中说:“尽管我梦想的生活是如此美好,充满诗意,是如此的广阔,为爱所包围,但现实中,我的生活将会和别人一样,单调,愚蠢,中规中矩。我将到法学院念书,然后取得律师资格,最终在外省的某个小镇,如伊沃托或迪耶普,当上一名受人尊敬的地区助理律师……可怜的快要发疯的年轻人,还在梦想着荣耀、爱情、桂冠、旅行和东方!”

那些生活在北非沿海地区、沙特阿拉伯、埃及、巴勒斯坦和叙利亚的人们可能不曾料到,他们栖身的土地,在一位年轻的法国人眼里竟然是一切美好事物的朦胧化身。这位年轻人惊叹道:“万岁,太阳!万岁,橘树、棕榈树、莲花!还有那铺着大理石的凉亭，凉亭里有用木板隔成的小间，专供坠入情网的年轻人谈情说爱！……我是否永远看不到那古城里的墓群，在那里，薄暮时分，有成群的骆驼靠着墓穴憩息，还能听到地底下墓穴里国王们的木乃伊旁狼狗的嚎叫?”

他能够实现他的梦想，因为25岁时，父亲突然辞世，留给他一笔财产，使他得以摆脱那似乎早已命定的小资产者的生活，从此不必听那些关于淹死的牛的无聊抱怨。他立即着手安排一次埃及之旅，参与他的计划的还有坎普，他的好友，也是同学，和他一样对东方充满激情，并愿意将此种激情付诸实践，踏上通向东方的旅程。

两位东方迷1849年10月底离开巴黎，从马赛上船，经历了海上惊涛骇浪的颠簸后，于11月中旬抵达亚历山大。“船再过两个小时就要到埃及的海岸了。我们随军需官到了船头，可以看见阿拔斯王朝帕夏的宫殿，从蔚蓝的地中海望去，它像是一个黑色的圆穹，”福楼拜在给母亲的信中写道。“太阳正从它的穹顶下落。我便是透过，或者说正是在这像是熔化在海面上的银色辉光里得获我对东方的第一眼印象。不久海岸变得清晰起来，最早看见的是岸上的两只骆驼，它们的主人牵着它们；随后，看见的是码头上一些安然垂钓的阿拉伯人。在一片震耳欲聋的喧嚣声中我们开始上岸了：你左右都能听到黑人男人的声音，黑人女人的声音，骆驼的叫声，缠着头巾的人的声音，棒喝的声音，还有粗嗄刺耳的喊叫声，总之，你能想象多闹便有多闹。还有那众多的色彩，我像大啖稻草的驴子般，狼吞虎咽着眼前的五光十色。”

3.

在阿姆斯特丹，我住在佐旦区的一个小旅馆。在一家快餐店吃过午饭后（夹着鲱鱼和葱头的全麦面包），我在城西各处散散步。在亚历山大，异域的色彩体现在骆驼、悠闲垂钓的阿拉伯人和粗嗄的叫喊声等方面。阿姆斯特丹同样有异域情调，只是表现在不同的方面：很多用淡粉色长形砖和奇怪的白色灰浆搭建成的房屋（同英国和北美以砖材为材料的建筑相比较，这里的建筑要规则得多；而从外观看，它们也不同于法国或德国的建筑）；很多排狭长的公寓楼，建于20世纪早期，底楼有宽大的窗户；每家或每幢门口都停着自行车（让人联想到大学城）；街道上的设施较陈旧，大众化；看不到华丽宏伟的建筑；街道笔直，点缀着一些小的公园，可以看出规划者试图建造社会主义花园城市的用心。有一条街，每幢公寓看来都一模一样，我在一户人家的红色大门口驻足，突然产生了一种强烈的愿望——希望自己能在那里度过余生。头顶上的2楼,是一间有3个大窗户的房间,窗户都没有窗帘。房间的内墙都刷成白色,墙上挂着一幅画,画面上只是许多小的蓝色和红色的点。靠着一边墙,摆着一张橡木书桌,房间里还有一个很大的书架,一张扶手椅。在这样的环境里的生活便是我梦寐以求的生活。我想有一辆自行车。我想每天晚上将自己的钥匙塞进这红色大门的锁孔里。我想在黄昏时分站在没有窗帘的窗前,看着对面一样没有窗帘的房间,在这铺有白色床单的白色调的房间里,在我躺到床上看书之前,我会吃点夜宵(一碗汤、培根和全麦面包)。

为什么会在异国被公寓前门这样微不足道的东西诱惑?为什么仅仅因为那里的有轨电车,因为那里的人们几乎不在家里装窗帘,我就深深地陷入对它的爱恋?不管这些由异国的细小(和无声)的事物所引发的强烈反应看上去是多么荒谬,这情形至少同我们的私人生活有相通之处。在个人生活中,我们也会因为一个人给面包抹黄油的方式而喜欢上他,也可能因为他对鞋子的品位而憎恶他。如果我们因注重这些细节的东西而自责,那么我们必将忽视生活中的细节本身所具有的丰富含义。

我对公寓房子情有独钟,因为这样的建筑让我感受到

节制之美。它舒适，但不招摇。从这种楼房可以看出，这是个在财富上偏好中庸的社会。在建筑设计方面，也透出一种淳朴来。在伦敦，建筑物的前门通常倾向于模仿古典庙宇的外观，但在阿姆斯特丹，人们坦然面对生活，他们避免在建筑中采用石柱和石膏，选择的是整齐且不加任何装饰的砖石。这里的建筑最好地体现了现代意识，予人以整饬，干净，明亮的感觉。

异国情调一词包含有一些更细微、更让人捉摸不定的意义，异域的魅力源发于新奇与变化，譬如在异域你看到的是骆驼，而在家乡，你看到的是马匹；在异域你看到的是不加粉饰的公寓房，而在家乡，你看到的是带有装饰性石柱的公寓房。但除此之外，这一切还可能为我们带来更深层次的快乐，因为我们看重这些域外特质，不仅仅是因为它们新奇，而且还因为它们更符合我们的个性，更能满足我们的心愿，相反，我们的故土并不能做到这一切。

我之所以对阿姆斯特丹表现出如此的热情，是和我对本国的不满相关的。在我自己的国家里，缺乏这种现代性，也没有这里素朴单纯的美感，有的只是对都市生活的抗拒和封闭保守的心态。

我们在异域发现的异国情调可能就是我们在本国苦求而不得的东西。

4.

先来考察一下福楼拜对法国的情感，这对我们更好地理解他为何能在埃及发现异国情调应该是不无帮助的。在埃及，那些让他既感新奇又觉得有意义的异国情调的方方面面，在法国则往往让他觉得极度的愤怒。让他们感觉愤怒的也就是法国小资产阶级的信仰和行为。早在拿破仑王朝倾覆之前，小资产阶级便已成为社会的主导力量——决定着法国新闻、政治、行为方式和公众生活的总体趋势。在福楼拜看来，法国小资产阶级是一个极端虚伪、势利、自鸣得意、虚夸和歧视其他种族的社会阶层。“奇怪的是，这些小资产阶级最陈腐的论调有时竟让我感到惊诧，”他强压愤怒，抱怨说，“这些小资产阶级让我觉得不可理解！我全然不能明白他们的一些手势、他们中一些人发出的声音，还有他们让我觉得眩晕的愚蠢论调……”尽管如此，他还是用了三十多年的时间来理解这一切，其努力体现在他的著作《成见词典》一书中。该词典带有强烈的讽刺意味，收录了法国资产阶级最明显的一些偏见。

这里只是按主题将词典中的一些词条进行归类，从中可以看出他对法国不满的方方面面，而这也正是他对埃及充满狂热的根本原因。

对艺术事业的怀疑

苦艾酒：剧毒液体，一杯下去，即可致命。记者写报道时常喜欢饮用。因它而死的士兵远比流浪汉多。

建筑师：都很弱智；总是忘记在建筑物内设计楼梯。

对异国（及其动物）的偏执和无知

英国女人：对她们能生育漂亮孩子表示惊讶。

骆驼：有双峰，而单峰驼只有一个驼峰；也许是骆驼只有单峰，而单峰驼有双峰——没有人能记得清楚孰单孰双。

大象：因其记性和对太阳的崇拜而著称。

法国人:世界上最伟大的民族。

酒店:只有瑞士才有第一流的酒店。

意大利人:都懂些音乐,都不可靠。

约翰牛:如果你不知道一个英国人的名字,叫他约翰牛。

古兰经:穆罕默德著述,全部内容都与女人相关。

黑人:对自己白色的唾液感到奇怪,并因自己能讲法语而诧异的人。

黑种女人:比白种女人更热辣的女人(请参见词条**“黑发黑肤女人”**和**“金发白肤女人”**)。

黑:前面总有“乌木般的”作为限定词。

绿洲:沙漠中的客栈。

共夫的女子:所有东方女人都是共夫的女子。

棕榈树:体现地方色彩。

男子气概,庄重

拳头:统治法国需要铁拳。

枪:在乡下切记带枪。

胡须:力量的象征;胡须过多会秃头;可以保护领结。

1846年8月,福楼拜写给路易斯·科莱的信中有这样的描述:我本质上是一个严肃的人,但是,我发觉自己非常荒谬,而且不是滑稽剧中的那类小的荒谬,我的荒谬几乎是人类生活中固有的,且体现在最简单的行为和最常见的手势之中,这使我觉得自己不是一个严肃的人。比如说,我修面时总要发笑,这看起来很傻,但实际情形就是这样,很难解释。

多愁善感

动物:"动物能够开口说话就好了,它们中一定会有一些比人更聪明。"

圣餐:第一次圣餐:人一生中最重要的一天。

(诗的)灵感:源肇于视野中的大海、爱情、女人,等等。

幻觉:装出曾经有过太多,并抱怨自己而今一无所有。

相信进步,夸耀科技

铁路:有人喜形于色地说道:"先生,我现在可以同你交谈,可就是今天上午,我还在X地。我乘火车到X地,在那里处理完事务,到X点钟时,我又回到了这里。"

做作

《圣经》:世上最古老的的书。

卧室:在一个古老的城堡里,亨利四世总在那里过夜。

蘑菇:只能在市场里买到。

十字军:使威尼斯的商贸获益。

狄德罗:总是和达朗贝尔这个称呼连在一起。

甜瓜:主餐后谈话的好题材。它是蔬菜还是水果? 英国人把它当饭后甜点,不可思议!

散步:饭后总要散步,这有助于消化。

蛇:都是有毒的。

老人:只要讨论洪水、暴风雨等,老人们都会说这是他们所见过的最猛烈、最糟糕的一次。

假道学,压抑的性欲

金发白肤女人:比黑发黑肤女人更热辣(参见词条"黑发黑肤女人")。

黑发黑肤女人:比金发白肤女人更热辣(参见词条"金发白肤女人")。

性:忌用语,以"发生过的亲密接触"来委婉表示。

5.

如果我们了解福楼拜的这些想法,我们就会明白他对中东有着特别的兴趣决非偶然,也不只是追求时尚。东方同他的性情有着逻辑上必然的契合。我们可以在他个性中的一些主要方面找出他强烈喜欢埃及的理由。他自身的一些想法和价值观念并不见容于他所生活的社会,但在埃及,这些想法和观念却能大行其道。

(Ⅰ)喧嚣中的异域情调

从下船登上亚历山大的第一天起,福楼拜就注意到埃及生活中的喧嚣。这种喧嚣既是视觉上的,也是听觉上的,如水手们的叫喊声、努比亚搬运工招揽生意的叫喊声、商人们讨价还价的声音、鸡被杀死时发出的声音、驴子被鞭打的声音、骆驼低沉的呻吟,这一切都让他感到很自在。他说,在街上有"粗嗄的喉音,类似野兽的吼叫,有笑声,到处可见白色的衣袍,在厚唇间闪烁的洁白牙齿,黑人塌塌的鼻子、脏脏的脚丫、项链和手镯"。"那感觉就像沉迷于贝多芬的交响乐之中,铜管乐器声震耳欲聋,低音乐器声隆隆如雷,长笛声凄然欲绝,任意摆荡;每种声音都让你挥之不去,它们捏着你,你越是想让注意力集中在某处，你越是无法把握整体……在城中各处走动时，当你的视线落在停满白鹳的光塔之上，抑或是落在房屋露台上横躺在太阳底下、疲乏的奴隶们身上，或者是凝视靠墙生长的西克莫无花果树的枝杈，你会发觉，这里的色彩是如此的斑斓炫目，你如同在观看不停顿的焰火表演，而你贫乏的想象力完全无所适从。与此同时，驼铃萦绕耳畔，大群的黑山羊咩咩直叫，还有马嘶驴鸣，商贩吆喝，不绝于耳……"

福楼拜有丰富的美感。他喜欢紫色、金色和碧绿色，对埃及建筑的颜色更是欢喜不已。英国旅行家爱德华·莱恩在其著作《现代埃及人的生活方式和社会风俗》中对埃及商人住所的典型设计作了如下描述："除了斜条格构的窗户，还有一些别的装饰，如彩色玻璃拼成一些花束和孔雀图案，还有一些灰色的和艳彩的装饰，或者仅仅是一些奇幻的图案……在一些公寓抹有泥灰的墙面上，有当地穆斯林艺人简单率真的画作，有画下埃及①神殿的，有画穆罕默德墓的，也有画花卉及其他东西的……有时墙面只刻绘一些阿拉伯的

① Mekkeh：从尼罗河呈扇形散开的那一点起，一直扩展到地中海的肥沃三角地区。——译者

格言警句，用的是美术字体，也不失为一种漂亮的装饰。”

路易斯·阿格仿大卫·罗伯斯的石版画《开罗的丝布市场》

埃及的这种巴罗克风格还延伸到其语言上，即便是最普通场合使用的语言也不例外。福楼拜曾记下了这样一些例子：“刚不久，我在一家商店看花草种子时，有位曾接受我的东西的女人对我说：‘祝福您，我亲爱的大人：神保佑您平安返回故里’……当麦克斯问一位车夫是否很累，他得到的回答是：‘能得到您长久的注目，我感到万分荣幸。’”

为什么这种声的喧嚣和色的斑斓能打动福楼拜？福楼拜认为，生活本质上是混乱和喧嚣的，除了艺术作品，其他创造秩序的企图只是吹毛求疵和假正经，因而背离我们的现实生活。1851年9月，埃及之旅结束才几个月，他便到伦敦旅行。在给路易斯·科莱的信中，他谈及他的感受：“我们刚去了海格特墓地①。相形于埃及和伊特拉斯坎②的建筑,这墓地有太多矫饰和做作!它太过整饬,太过清洁!似乎墓里的人都是带着洁白的手套死去的。我讨厌墓地周围那些有着平整花圃且群花绽放的小花园。那种对称的布局在我看来似乎是源自于某部拙劣小说中的描写。至于墓地,我还是喜欢那些破败、坍塌和荒芜的墓地,其四围荆棘丛生,杂草疯长,还有一只从附近原野跑来的牛在那里悠闲地啃着嫩草。毫无疑问,这肯定比看到穿着制服的警察要强。秩

《开罗的私人宅第》,出自爱德华·莱恩1842年出版的《现代埃及人》一书

① Highgate cemetery:建于1829年,分东西两个墓区,马克思墓即在东区。——译者

② Etruscan:位于古代意大利西北部,代表意大利早期铁器时代文化。——译者

序是多么荒谬的东西！”

（Ⅱ）拉屎的驴的异域情调

“昨天我们在开罗最好的一家餐馆用餐，”福楼拜回到巴黎几个月后写道，“和我们同时在店里的还有一只正在拉屎的驴子，一个在餐馆一角撒尿的男人。没有人觉得这有任何的不妥，也没有人表示任何的不满。”在福楼拜看来，他们这么做是对的。

福楼拜思想中的一个核心部分是，他认为人不仅仅是有思想的动物，同时也是需要拉屎撒尿的动物，我们必须把这种率直的理念纳入世界观。他对舍瓦利耶说：“我们的身体里有泥土和粪便，还有比猪和阴虱更卑劣的本性，我不相信它们包容着任何纯洁和精神的东西。”这并不是说人类没有任何高于动物的地方。只是福楼拜所处时代的伪善和假道学使他萌生心念，以人类的种种不足来警策世人。因此，他不时地会站在当众小便者的一边，有时，他甚至同情马奎斯·德·萨德①的观点，为鸡奸、强奸、乱伦和未成年者性行为等作辩护。（他曾对舍瓦利耶说：“我刚读了知名评论家

① Sade, Marquis de(1740—1814)，法国色情文学作家。——译者

让宁关于萨德的传记文章。这文章使我心生憎恶——是对让宁的憎恶，因为很显然，他是在以仁慈、道义和被奸污的处女的立场进行说教……”）

福楼拜发现埃及文化能坦然接受生活的双重性：粪便—心智，生—死，纯洁—性欲，疯狂—理智，对此，他乐于接受。人们可以在餐馆里尽情地打嗝。在开罗街头，一个只有六七岁的小男孩经过福楼拜的身旁时高声问候说：“我祝福您百事兴旺，特别祝福您有一根长长的肉棍。”爱德华·莱恩也注意到了埃及文化中的双重性，但可以想见，他的反应更近于让宁而非福楼拜：“在埃及，人们不分性别、不计身份，一味耽溺于最低级的、庸俗的交谈，即便最有德性、最受尊敬的女性也不例外。从那些受过良好教育的人们口中，你同样能听到淫秽的话语，这些话语只适合于在低级的妓院里使用；在我们国家连妓女都极可能羞于启齿的事物和话题，在埃及却为那些最为优雅的女性所津津乐道，她们丝毫不曾意识到她们的谈话是多么的失礼，也毫不顾及在场的男性听众。”

（Ⅲ）骆驼所体现的异域情调

“骆驼是最让人心动的东西之一，”福楼拜在开罗时写道，“它是个奇怪的动物，行走时有如驴子，步履蹒跚，同时还像天鹅般摇晃着自己的脖子，我很喜欢看着它，并乐此不疲。它们的叫声短促，伴着喉部的颤音，我已经摹仿很久，嗓子都有些累了，真希望我能摹仿出它的叫声，但这的确很难。”离开埃及几个月后，他写信给一位亲友，列出了在埃及最让他心动的事物：金字塔、凯尔奈克的庙宇、君王谷、开罗的一些舞蹈艺人，一位叫比尔贝斯的画家。“但最能打动我的还是骆驼（千万别以为我是在开玩笑），你很少能找到别的什么，比忧郁善感的骆驼更奇特、更优雅。你必须得到沙漠中，看着地平线上，它们像士兵一样排成单列向前行进。它们的脖子，鸵鸟般前伸，不断前行……”

为什么福楼拜如此欣赏骆驼？一个重要的原因是他认同骆驼的恬淡韧毅和朴拙单纯的天性。骆驼忧伤的表情，骆驼拙朴中透出的宿命般的生存能力，都让他感动。埃及人的天性中似乎也有骆驼的影子：在静默中表现出一种勇毅，一份谦恭，同福楼拜周围的法国中产阶层的傲慢天性正好相反。

从少年时代起，福楼拜就对法国的自我优越深恶痛绝——在其小说《包法利夫人》中，通过对药剂师霍梅斯这位最可憎的人物的残酷的科学信仰的描写，表达的正是这种深恶痛绝。他还给未来描绘了一个更为悲观的前景："一天又结束了，呸！这是一个威力无穷的词，它能在你遭遇任何人间苦境时给你带来安慰，所以我喜欢反复说：呸！呸！"这是一种处世的哲学，在埃及，可以在骆驼伤感、尊贵却带一点调皮的眼神中找到答案。

6.

在阿姆斯特丹的特维德·赫尔摩斯街和E·C·惠金斯街的交合处，我看见一位将近三十岁的女士沿人行道推着自行车。她穿着灰色长外套，里面是橘黄色套衫，脚下是褐色平跟鞋；她戴着一副很平常的眼镜，赤褐色的头发在脑后挽成一个髻。她大大方方地走着，没有一点好奇，似乎这是她的城市。在自行车的车把上挂着一个篮子，里面放了一长条面包和一盒果汁，果汁纸盒上印着"好胃口"（Goudappeltje）的字样，这"好胃口"的拼写中t和j是连在一起的，中间并无元音字母，对此，她已习以为常了。如果她是推着自行车去商店，或是走在高大的公寓街区，可以看见公寓顶楼上吊运家具的吊钩，那么，我们不会感觉出任何的异国情调。

好奇会驱使我们寻求理解。她上哪儿去？她在想些什么？她的朋友是谁？福楼拜和坎普乘船到马赛，然后从那里换上一艘开往亚历山大的班轮时，福楼拜突然对另一位女人产生了类似的强烈好奇。船上别的乘客都在心不在焉地看风景，福楼拜的眼睛盯住的却是站在甲板上的一位女士。福楼拜在埃及旅行手记中写道，她是"一个年轻、苗条的女子，戴着草帽，草帽上罩着长长的绿色面纱；她穿着一件紧身礼服，礼服外还套着一件短的丝质上衣。礼服有丝绒领子，两侧都有口袋。她的双手正插在口袋里。礼服正面，两排钮扣自上而下紧扣着，勾勒出了她的曲线，再往下，便是无数的褶裥。风中，这些褶裥在她的膝部飘舞。她戴着紧紧的黑色手套，旅程中的多数时候，她都倚着船舷，看着河流两岸的风景……我常有一种冲动，想为我所遇上的人编故事，强烈的好奇心迫使我想知道她们过的是怎样一种生活。我想知道她们的职业，她们的国籍，她们的姓名；我想知道她们此时此刻在想些什么，她们生活中有何遗憾，她们的期求又是什么？我还想知道她们曾有过怎样的恋情，而现在她们的梦想又是指向何方……如果碰巧遇上的是一位女士(特别是年轻的女士)，这种好奇心的驱动力就会变得尤为强烈。老实说，你迫不及待地想看到她赤裸时的样子，想听到她的倾心告白。你会想尽办法打听她从哪里来，又将到哪里去？为什么她现在身处此地而非他方？你的眼光不停地在她身上游走，脑子里想象着自己同她坠入情网，认定她非常痴情。你想象她的卧室，还有许许多多和她相关的事情……直至她下床时在卧室里穿的旧拖鞋”。

在异域，一个有吸引力的人除了具有我们本国人所具有的魅力外，他所处国度的异域情调也让他生辉不少。如果爱是寻求那些我们自身所不具备、却为我们所爱之人独有的个性魅力，那么，当我们和异域情人相爱时，我们更有理由期待自己融入一种我们自身文化所缺失的价值和观念之中。

德拉克洛瓦所作与摩洛哥相关的油画似乎就给我们传递了这样的信息：对一个地方的向往是如何点燃我们对生活在那个地方的人的欲望。就拿《呆在家里的阿尔及尔女人》来说，看到这幅画的人可能就像福楼拜对他所遭遇的女性一样，急切地想知道“她们的姓名，想知道她们此时此刻在想些什么，她们的生活中有何遗憾，她们的期求又是什么？还想知道她们曾有过什么样的恋情，而现在她们的梦想又是指向何方……”

福楼拜在埃及的传奇般的性经历虽是一种近乎买卖的嫖妓行为，但并非与感情无涉。这次性经历发生在一个叫

欧仁·德拉克洛瓦：
《呆在家里的阿尔及尔女人》,1834 年

埃斯纳的小镇。埃斯纳位于尼罗河西岸,卢克索以南约五十公里。福楼拜和坎普曾在那里留宿,并结识了一位有名的交际花——库丘珂·哈娜姆。库丘珂还以能歌善舞和见多识广而知名。“妓女”一词是与库丘珂尊贵的地位不相称的。福楼拜对她一见钟情:“她的皮肤，特别是躯体的皮肤，略带咖啡色。弯腰时，丰满部位的肌肤呈波浪状，宛若一道道古铜色的山脊。她有着黑色的大眼睛，黑色的眉毛，宽大的鼻孔,圆实的双肩,双乳则苹果般饱满突出……她的头发也是黑色，卷曲蓬松，从前额开始中分，往两边梳至脑后……她右上方的一颗门牙似乎已被虫蛀了。”

库丘珂邀请福楼拜到她布置简单的家里。那晚,天空十分清朗,但格外地冷。在他的本子里,福楼拜有这样的记载:“我们上床了……她把手放在我的手中,睡着了,微微地打着鼾。室内桌灯如豆,一块三角形的光斑,朦胧的金属色,落在她漂亮的额头上,而她面部的其他各处都在阴影里。她的小狗则在沙发上,睡在我的丝绒夹克衫上。她抱怨说有点咳嗽,因此我将自己的毛皮披风加盖在她的睡毯上……我则思绪翻涌,想起了很多的往事。她的腹部紧贴着我的屁股,我还感觉到她的胸脯,远比她的腹部暖热,贴着我,像是热乎乎的熨斗……我们就这样紧拥在一起,这种身体的交流,胜过千言万语。她睡着了,手和大腿自然地收缩着,似乎在禁不住地颤栗……当你离开的时候,你确信自己已在身后留下了一份记忆,确信在众多的曾在她的住处留宿的人中,她会更多地记起你,确信你会被她藏在心底,这是一件多么让人得意和自傲的事情!"

福楼拜沿着尼罗河而下的整个行程中从未停止过对库丘珂的怀念。在从菲莱到阿斯旺的返程中,福楼拜和坎普在埃斯纳再度停留,并再次探访了库丘珂。这次见面只能让福楼拜愈发伤感:"无边的悲哀……这就是结局!我将再也不能见到她。记忆中,她的容颜将慢慢消失。"事实是,这以后,福楼拜终其一生都未忘却库丘珂的容颜。

7.

我们所接受的教育,提醒我们应该对一些欧洲人的异国狂想持怀疑态度,尽管他们的确曾到东方旅行,并在当地人的家中留宿过。那么,福楼拜对埃及的狂热是否也只是他藉以回避他所憎恶的家国的一种幻想,是否是他儿时对东方的理想图景在成年时期的一种延续呢?

在旅行之初,福楼拜对埃及的了解也许非常含混,但经过在埃及9个月的生活,他对埃及的理解应该称得上是真实的。到亚历山大才不过3天,他就开始学习当地语言,并试图了解当地历史。他聘了一位私人老师,请他全面讲解穆斯林的习俗,一天4小时,每小时付给他3法郎。两个月后,他就打算写一本叫《穆斯林习俗》的书,并草拟了简纲,有专门章节介绍穆斯林教徒的出生、割礼、婚嫁、到麦加朝圣、葬礼和最后审判等。通过纪尧姆·波捷的《东方圣书》,他能背记《古兰经》中的一些段落。此外,他还阅读了欧洲关于埃及的主要著作,这其中包括C·F·沃尔内①的《埃及和叙利亚之旅》和夏尔丹②的《波斯和其东方其他地区之旅》。在开罗,他同科普特教主教有过多次交谈,并走访了亚美尼亚人、希腊人和逊尼派教徒们居住的社区。他已是皮肤黝

① Volney, Constantin-Francois de Chasseboeuf, comte de(1757—1820),法国历史学家和哲学家。——译者

② Chardin, Jean (1643—1713),法国旅行家,经常旅行于中东和印度。——译者

黑，蓄着胡须，并能讲当地语言，所以他常被误认为当地人。他穿着努比亚人的白色棉衫，上面缝着一些红绒球；他还差不多剃光了头发，只在脑后留了一绺，以便“穆罕默德在最后审判日拎住你”。他甚至还有一个埃及名字，在给他母亲的信中，他是这样解释的：“埃及人觉得法国人的名字很难发音，所以他们用埃及名字来称呼欧洲人。你猜我叫什么？阿布-尚纳卜，意思是‘胡子之父’。‘阿布’，就是父亲的意思，适用于人们交谈中的所有重要的人和事——因此，他们称销售各种商品的商人们‘鞋子之父’、‘胶水之父’、‘芥末之父’，等等。”

对埃及的正确了解意味着发现一个新的世界，它同从鲁昂远距离观照而形成的埃及意象不尽相同。自然，失望也是难免会有的。埃及之旅后过了很多年，福楼拜已是知名作家；坎普则不再是他的朋友，并热衷于攻击福楼拜。令人难以置信的是，依据坎普的记述，福楼拜在尼罗河上的日子同他在鲁昂时一样无聊：“我兴奋异常，但福楼拜却正相反。他沉默而拘谨。他不喜欢各处走动，也不喜欢采取什么行动。他也许喜欢旅行，但只要可能，他更愿意不被干扰，手脚横陈地躺在沙发上看着各种风景，各类古迹和不同的城市在电视屏幕上以全貌的形式自动地展呈出来。我们刚到

开罗才几天，我就看出了他的厌倦和无聊：尽管这次旅行是他多年来的梦想，是他原以为根本不可能实现的梦想，但旅行并没有带给他满足感。我曾相当直率地对他说：‘你如果想回法国，我可以让我的仆人陪你回去。’他回答说：‘不成，既然已经开始这次旅行，我就得坚持到最后。你安排旅行的日程，我会尽可能地配合——对我来说，往哪走都无所谓。’在他看来，那里所有的庙宇都一样，所有的清真寺都雷同，所有的风景皆无二致。我不清楚当他凝望大象岛时是否在思念索特维尔的草坪，而当他注目尼罗河的时候，是否在盼着快快见到塞纳河？”

坎普的说辞并非全无根据。旅行至阿斯旺附近时，福楼拜曾陷入沮丧，在日记中有这样的记述：“埃及的庙宇已经太让我厌烦了。它们是否会像是布列塔尼的教堂，比利牛斯山的瀑布？噢，存在着必然性！做你该做的事吧！在不同的环境里（尽管你可能一时反感），永远表现出你应该表现出来的样子，不管你是一位年轻人，一位游客，一位艺术家，或者是一个儿子，一位公民！”在菲莱，福楼拜没住几天，便在日记中继续写道：“这个地方没有让我兴奋起来，我情绪低落。噢，上帝呀，厌倦到底是什么呀？为什么总是与我形影不离？……无聊之纠缠于我，有如德伊阿尼拉的毒衣之缠裹赫拉克勒斯[1]！更为糟糕的是，无聊是在慢慢地、一点一点地咀嚼我的灵魂。”

此外，尽管福楼拜希望能摆脱他所认为的欧洲现代资产阶级的那种极端的愚蠢，但他发现，不管身处何地，这种愚蠢无时不伴随着他：“愚蠢是一种顽固的东西；如果你试图从你的生活中根除这种愚蠢，那么，你的生活也就随之毁掉了……在亚历山大，一个叫汤普逊的家伙——他是一位来自桑德兰的游客——将自己的名字刻在庞培柱离地 6 英

① Heracles，是罗马传说中最著名的英雄，他打败敌人，娶得德伊阿尼拉为妻。后来，半人半马怪涅索斯想要奸污德伊阿尼拉，赫拉克勒斯用一支毒箭将其杀死，怪物临死前要德伊阿尼拉把他伤口流出的血保存好，因为任何人如果涂上他的血都会永远爱她。后来，德伊阿尼拉怀疑赫拉克勒斯移情别恋，就让赫拉克勒斯穿上涂了血的衣服，实际上血有剧毒，赫拉克勒斯一触它即死去。——译者

尺高的地方。在1/4英里外你就能看见他的名字。只要你看到了庞培柱，你必然就会看见‘汤普逊’的字样；自然，你就会联想到汤普逊其人。这白痴已成了纪念柱的一部分，并使自己同庞培柱一起万世留名。我能说什么呢？他用巨型的字母刻写了他的名字，这份壮观几乎让庞培柱相形失色……所有白痴差不多都有桑德兰的汤普逊这种德性。一生中，在那些最美丽的地方和那些最精致的景观前，我们不知会碰上多少个这样的白痴！旅行中，也会遇上无数……因为仅仅是擦肩而过，之后，我们尚能一笑，因而不同于日常生活中的境况，在日常生活中，白痴最终都会让人恼怒不已。”

然而，这些并不意味着福楼拜对埃及的迷恋是源自他判断上的失误。他不过是用一种更现实、却依然让他极度心动的图景取代了原来的、理想得近乎荒谬的想象，他对埃及充满的是一种了解后的心悦，而不再是年少时的狂热。坎普具有讽刺意味地把他描绘成一个失望的旅者，这让福楼拜有些生气，他对波伊特文说：“一个中产者也许会说，‘你若去那里，你将会有强烈的幻灭感。’但我很少有幻觉，更少体验幻灭感。总有人给谎言以夸饰，还说一切的诗意都基于各类幻觉，这实在是一种愚蠢的滥调。”

在给他母亲的信中，福楼拜非常准确地陈述了埃及之行带给他的收获："你问我，我所眼见的东方是否同原有的想象相符。是的，是相符的；而且超乎我的想象，这里的一切极大地扩展了我先前对东方的狭隘观念。以前对东方的一些模糊不清认识，现在都变得具体清晰起来。"

8.

即将作别埃及，福楼拜感到心烦意乱。"何时我才能再见到棕榈树？何时我才能再次骑上单峰驼……"他黯然自问，而这以后，毕其一生他都只是在梦、想之中频频眷顾这个国度。1880年，福楼拜溘然辞世。在临终的前几天，他还对他的侄女卡罗琳说："两周来，我一直都盼着能看到蓝天下傲立的棕榈树，盼着能听到光塔顶上鹳雀咂嘴的声音。"

福楼拜与埃及的一世情缘似乎在鼓动我们珍视，并加深我们对某些国家的迷恋。从年少时起，福楼拜就坚持认为自己不是法国人。他对自己的国家和自己的国民的憎恶是如此之深，以至于他的法国公民的身份近乎是一种嘲讽。他也因此提出一种新的方法来确定一个人的国籍：不是按照一个人的出生之地，亦非依据他家庭的归属来决定其国籍；一个人的国籍因取决于他所喜爱的地方。（对他而言，把这个尚不确定的概念从“喜欢的地方”延伸到“性别”和“种族”也许更合逻辑；他曾经在某个场合宣称，不可以貌取人，他其实是一个女人、一只骆驼和一只熊。“我想给自己买一只漂亮的熊，我说的是画上的熊，把它装裱好，挂在我的卧室里，并在画的下面写上‘古斯塔夫·福楼拜的画像’，以此来表明我的道德取向和社交习惯。”）

还在学生时代，福楼拜刚从科西嘉度假回家，就在一封信里第一次表达了他是属于法国以外的另一个地方的想法：“回到这个鬼国家，我感到很恶心，这里你常能看到太阳悬在天上，像是一颗钻石镶在猪的屁股上。我才不管什么‘诺曼底族’和‘可爱的法兰西’……我想一定是风将我吹到这个泥淖之邦；我敢肯定我生在别处——我一直都有一种对飘香的海岸和蔚蓝的大海的感觉，像是记忆，或者说是直觉。我生来本是交趾支那的皇帝，吸着 100 英尺长的烟管，娶有 6000 名妻妾，还有 1400 个娈童，拥有努米底亚的好马和大理石铺成的水池，还佩戴着短弯刀，可以随时用它们割下那些我认为长得难看的人的头颅……”

找个地方来替代“可爱的法兰西”也许不切实际，但这封信里所潜含的要旨，即是风将他吹到这个国家的信念在他长大成人后仍被重复提及,并得到了更合理的解释。埃及之旅结束后,福楼拜试图向路易斯·科莱("我的苏丹")解释他的国家身份的理论(但与种族和性别无涉):"至于说祖国,也就是可以在地图上找到的、用红色或蓝色界线分隔出来的一小块地方,这种观念是不对的。对我来说,祖国是我热爱的国度,换言之,是一个给我梦想,让我舒畅的国度。在我身上,中国人的特性并不比法国人的特性少,而我们战胜了阿拉伯世界的事实并不能让我高兴,相反,我为阿拉伯世界的失败而悲伤。我热爱那些粗犷、韧毅、刚强的国民——他们是最后的原始人。中午,他们躺在骆驼肚皮下的阴凉里,一边吸着长长的烟管,一边取笑我们所谓的优秀文明,他们的取笑让'优秀文明'里的人震怒不已……"

路易斯在回复中表示,把福楼拜视为中国人或阿拉伯人是荒谬的。几天后,我们的小说家在给路易斯的回信中作了回应,坚持和强调了自己的立场,并显得有些不耐烦:"与其说我是现代人,不如说我是古代人;与其说我是法国人,不如说我是中国人。祖国的观念,亦即一个人必须生活在地图上用红色或蓝色所标示的一小块土地上,并且仇恨那些生活在用绿色或黑色标示的地块上的人们,在我看来,这是狭隘、蒙昧和极端愚蠢的。我是所有活着的生物的兄弟，是人的兄弟，同样地，也是长颈鹿和鳄鱼的兄弟。”

我们，所有的人，都是因为风而四散各地，然后在一个国家出生，我们无法选择自己的出生之地；但是，和福楼拜一样，我们长大成人后，都有依据内心的忠诚来想象性地重造我们的国家身份的自由。如果我们厌烦了自己正式的国籍（在福楼拜的《成见词典》中，“法国”的解释是“看着旺多姆纪念碑，人们一定会因为自己是法国人而无比自豪”），我们可以回复到真正的自我，不再是诺曼底人，而更像是一个贝都因人①，在干热的南风中快乐地骑着骆驼，坐在快餐店里用餐，毫不忌讳身旁有驴子拉屎，也乐于参与爱德华·莱恩所谓的“淫秽而放肆的谈话”。

有人问苏格拉底他从哪里来，苏格拉底回答说，他来自世界而非雅典。福楼拜生于鲁昂（在他年轻时的记述中，鲁昂有如地狱，在那里，中规中矩的公民们在星期天因为太过无聊，只好“可笑地手淫”），但他的另一面，阿布·尚纳卜，胡子之父，也许会回答说，他，福楼拜，也有理由属于埃及。

① bedouin：是中东沙漠讲阿拉伯语的游牧民族。——译者

Ⅳ 好奇心

On Curiosity

地点　马德里

向导　洪堡

1.

春天,我受邀到马德里出席一个3天的会议,会议预计在星期五下午结束。由于我从来没有到过这个城市,而又听说这里有一些名胜古迹(显然不限于博物馆),我决定留下来多住几天。接待我的朋友为我在旅馆租了一间客房。这间旅馆就坐落在城市东南部、一条树木林立的大街上。从这里可以俯视一座庭院。有时,我会看到一位个子矮小、长得很像菲利普二世的男子,站在那里一面抽着烟,一面用脚轻叩着我想应该是通往地窖的一扇铁门。星期五傍晚,我很早就回房休息。我并没有向接待我的友人透露,我准备在这里度过周末,因为我担心那样会增添他们的麻烦,反倒对大家都不好。不过,这意味着我的晚餐将没有着落。在走回旅店的途中,我没有胆子去路边的餐馆一探究竟。很多地方都是黑漆漆的木屋,好些餐馆的天花板都垂吊着火腿。我害怕成为众人好奇和怜悯的焦点,于是,我在客房的点心吧里拿了一包辣味薯片,看完卫星电视新闻后倒头便睡。

第二天早上我起床时,却觉得非常疲累,血管就像被砂糖或细沙堵塞着似的。阳光从粉红和灰色的塑料窗帘透进来，而外边巷子传来车水马龙的声音。桌上摆放着几本旅店提供的关于这座城市的杂志，以及我从家里带来的两本指南。它们都以不同的描述，向我们展示着一座充满刺激、五花八门的城市——马德里。它由纪念碑、教堂、博物馆、喷泉、广场和购物街所组成，正等待我去欣赏。然而，尽管这些景观我听得多了，也知道难得一见，我却因为自己的惰性和一般兴致勃勃的游客相去甚远而感到无精打采、心生厌烦。此时我最大的愿望就是赖在床上，如果可能的话，搭乘早班飞机回家。

2.

1799 年夏天，一位名叫亚历山大·冯·洪堡①的 29 岁德国人，从西班牙的拉科鲁尼亚海港起航，踏上南美洲探险的旅程。

“我早年的时候，就有一股欲望，想要远行到欧洲人很少涉足的地方，”他回忆道。“研究地图和阅读旅游指南充满神秘感并引人入胜，有时实在难以抗拒。”这位年轻的德

---

① Humboldt, Alexander von(1769—1859)，德国自然科学家和探险家，近代地质学、气候学、地磁学、生态学的创始人之一。——译者

国人的确很适合追求自己的理想，因为除了惊人的体力外，他在生物学、地质学、化学、物理学和历史方面都是行家。在格丁根大学求学时，他结识了曾经陪伴库克船长第二次出航的博物学家福斯特①，并且掌握了分辨植物和动物种类的技巧。毕业后，洪堡一直寻找机会到偏远而不为人知的地方旅游。到埃及和麦加旅游的计划在最后一分钟告吹，不过1799年的春天，他有幸遇到西班牙国王卡洛斯四世，并说服了国王资助他到南美洲进行探险。

以后，洪堡离开欧洲长达5年的时间。他回来后，在巴黎定居，并在接下来的20年内出版了一部30册的旅游集《新大陆赤道地区之旅》。这部规模宏大的著作确实反映出他的非凡成就。爱默生②曾写道："洪堡是众多世界奇迹之一，就像亚里士多德③、尤利乌斯·恺撒④和克赖顿⑤一样，仿佛在不同时代里展现了人类智慧的潜能，包括其力量和

---

① Foster, Georg(1754—1794)，德国探险家和科学家。——译者

② Emerson, Ralph Waldo(1803—1882)，美国散文作家、诗人、思想家和美国19世纪新英格兰超验主义文学运动领袖。——译者

③ Aristotle(公元前384—前322)，古希腊著名哲学家。——译者

④ Caesar, Julius(公元前100—前44)，古罗马将军、独裁者、政治家。——译者

⑤ Crichton, James(1506—1582)，苏格兰学者、演说家、语言学家。——译者

各种才能,他可说是一个'全能'的人。"

当洪堡从拉科鲁尼亚启航时,南美洲对于欧洲人来说相当陌生。韦斯普奇①和布甘维尔②曾经绕着南美洲的海岸环行,拉·孔达铭③和布给④也曾经勘察过亚马孙和秘鲁的山河,但是当时还是没有精确的南美洲地图,也没有关于那里的地质、植物和原住民的任何资料。洪堡将欧洲对于南美洲的认识提高到另一个层次。他沿着南美洲北部的海岸线和南美洲内陆,行进了15000公里,一路上采集了1600个植物样本,并发现了600个新品种。他根据计算精确的天文钟和六分仪所测量出的数据,重新绘制了南美洲的地图。他研究了地球的磁场,并且是首个发现离开地球两极越远,磁场就越弱的人。他也是第一个描述橡胶树和金鸡纳树的人。他画出连接奥里诺科河和内格罗河的流域。他测量出气压和海拔高度对植物种植的影响程度。他研究了亚马孙河盆地土人的宗族仪式,也发表了关于地理和文化特征之

---

① Vespucci, Amerigo(1454—1512),与哥伦布同时代的意大利商人和探险航海家。——译者

② Bougainville, Louis-Antoine(1729—1811),法国航海家,曾作为首次环球航行的法国海军指挥官。——译者

③ La Condamine, Charles-Marie de(1701—1774),法国博物学家和数学家,完成了对亚马孙河的首次科学考察。——译者

④ Bouguer, Pierre(1698—1758),法国多学科科学家。——译者

爱德华·恩德：
《洪堡和庞普兰德在委内瑞拉》，约 1850 年

间关系的理论。他比较了太平洋和大西洋海水盐分的含量，还提出了海潮的观念，并意识到海水的温度受海潮的影响，远大于纬度的影响。

早期为洪堡立传的作者施瓦岑贝格，将其著作的副题命名为："一生所能缔造的成就"，并把洪堡特别好奇的事物归纳为 5 个方面：其一，对地球及其居住者的知识；其二，对主宰宇宙、人类、动物、植物和矿物的更高自然法则之发现；其三，对新生物的发现；其四，对已发掘但未完整认识的陆地及其各种物产的发现；最后，对新认识的人种及其风俗、语言、文化历史遗迹的了解。

这种成就也许很少或者不可能是一个人一生所能完成的。

3.

我在马德里的探索之旅最终确定由一位女仆来负责接待。她曾 3 次提着一篮的清洁剂和一把扫帚闯进我的房里，见我缩进被单里，她还用夸张的嗓门喊道："喂！对不起了！"临走前把门甩上之际，她还刻意用手上的东西撞击大门，发出很大的声响。由于我不想第4次经历此种遭遇，便换上衣服，在旅馆餐室叫了热巧克力饮料和一碟奶酪条，然后前往旅行指南称为"旧马德里"的地方：

> 1561年，菲利普二世把马德里定为他的首都时，它只是卡斯提尔高原上的小镇，人口不过20000。马德里在接下来的几年里，发展成为一个强大帝国的枢纽。在摩尔式要塞的后方，出现了狭窄的街道，街道两旁建起了房子和中世纪风格的教堂。要塞后来被哥特式的宫殿取代，最后才成为今天我们见到的波旁王朝式宫殿——皇家宫殿（Palacio Real）。这座城市因16世纪哈普斯堡王朝的统治而被称为"奥地利人统治时期的马德里"。这段时间，修道院受到资助，教堂和宫殿也建了起来。到了17世纪，增添了"大广场"（Plaza Mayor），而"太阳门"（Puerta del Sol）也成为西班牙的宗教和地理中心。

我站在卡瑞塔斯街和"太阳门"的交叉处一角。这里隐约构成一个半月形区域，有座卡洛斯三世（Carlos Ⅲ，1759—

1788)骑马的塑像。这天阳光明媚,有许多旅客一面照相,一面听导游的讲解。我则越发焦急地想知道自己在这里应该做些什么、想些什么。

4.

洪堡从来不被这些问题所困扰。无论他到什么地方去,目的都是明确的,即:发掘事实,验以证之。

在前往南美洲的船上,他已经展开研究。从西班牙航行到新格拉纳达,即今委内瑞拉海岸库马纳的途中,他每两个小时就测量一次海水的温度。他记录了六分仪所测出的数据,还在船尾系上一个鱼网,然后把当中他所看到或找到的所有海洋动物记录下来。他一踏上委内瑞拉的土地,就立即投入对库马纳一带植物的研究。库马纳这座城建立在石灰质岩的丘陵地上,丘陵上长满像蜡烛般的仙人掌,枝干延伸出去,像是长了一层苔藓的枝形烛台。一天下午,洪堡量了一种仙人掌的圆周,测出的数据是 1.54 米。他花了 3 个星期的时间,测量了海岸上更多的植物,然后就进入内地,转移到新安达卢西亚的深山进行探索。他领着一头驴子,驴子驮着一个六分仪、一支测量磁性变化的磁倾针、一个温度计和一个测量空气湿度的索绪尔湿度表(一种用毛发和鲸骨做成的仪器)。洪堡对这些仪器善加利用。他在自己的日记中写道:“我们一走进森林,气压计就显示,海拔高度增加了。在这里,树干形成了一个奇景:这里的草本植物长有轮状树枝,像蔓藤般生长到 8 至 10 英尺高,形成环圈,在我们的前路随风摇曳。大约下午 3 点,我们在一个叫做奎特普的小平原停下脚步,该平原海拔 190 突阿斯(突阿斯,长度单位,每突阿斯约等于 1.95 米)。平原上的几间茅屋旁有一条小溪,印第安人都认为小溪的水既清新又有益健康,我们发觉溪水的确很好喝,它的温度不过摄氏 22.5 度,而周围空气的温度是 28.7 度。”

5.

不过在马德里,一切都已经知晓,所有的事物都已经测量好。大广场的北侧长约 101.52 米。它是在 1619 年,由德莫拉建成的。这里的温度是摄氏 18.5 度,风向朝西。大广场中央的菲利普三世骑马的雕像高 5.43 米,是由詹博洛尼亚①和皮耶罗 · 塔卡②合力铸造而成。旅游指南介绍这些

---

① Giambologna(1529—1608),意大利 16 世纪末期卓越的风格主义雕塑家。——译者

② Tacca, Pietro(1557—1640),意大利文艺复兴时期雕塑家。——译者

详情时，偶尔显得有些急切。接着，它又指引我来到圣米格尔教堂。这是一座灰色的建筑物，为了不被游客一眼带过，它建得与众不同。书上这么写道：

> 这座由波纳维亚设计的长方形教堂，是少数从 18 世纪意大利巴罗克建筑风格获得灵感的西班牙教堂。它弧形的外观以精致的塑像点缀，展现了内外线条之美。拾阶而上，可以看见圣尤斯图斯和圣帕斯托尔的浮雕。这座教堂正是为纪念这两位圣者而建。教堂的椭圆形屋顶与拱形的屋檐交叉着，而且灰泥粉饰浓重，使教堂内部显得优雅高贵。

如果说我的好奇心远不如洪堡（而回床睡觉的冲动却是那么强烈），那么其中部分原因在于我们旅行的目的有别。对于任何旅人来说，一个为求得真知而进行的旅程，远比一个四处观光之旅得到更多好处。

知识是有其用途的。对于测绘师和研究德·莫拉作品的学生来说，测量大广场北侧的尺寸是有用的。对气象学家来说，获知马德里中部四月天的气压也是有用的。库马纳仙人掌的圆周为 1.54 米。全欧洲的生物学家对洪堡的这个发现，也感到特别有兴趣，因为他们从来没有想过仙人掌可以长得这么粗大。

实用的知识能够引起群众的共鸣。当洪堡于1804年8月把自己有关南美洲的研究结果带回欧洲时,他受到许多兴致勃勃的人的包围和热情款待。抵达巴黎的6个星期后,他在座无虚席的皇家学院宣读了他的第一份旅行记录。他指出了南美洲海岸太平洋和大洋洲海水的温度差异,也描述了森林里不同种类的15种猴子。他打开20个箱子,展示了各种化石和矿物样本,吸引与会者纷纷挤到前台围观。经度研究局向他索取天文观测的资料,天文台则要了他有关气压的数据。他受到夏多布里昂和施特尔夫人的宴请,也受邀加入只有名流(如拉普拉斯、贝托莱和盖吕萨克等)才有资格参加的阿奎尔学会。在英国,赖尔和胡克熟读他的作品,而达尔文也对他的大部分发现烂熟于胸。

当洪堡绕着一株仙人掌打转,或在亚马孙测量温度时,其好奇背后的驱动力,肯定源于一种服务他人的意识,因此就算他受到疲劳和疾病的威胁,这种意识也能够支撑他。洪堡发现,几乎所有关于南美洲的现有资料都与事实不符,或疑问重重,他因此有机会对它们一一修正。1800年他航海到哈瓦那,他甚至发现这个西班牙海军最重要的战略基地在地图上的位置也是错误的。于是,他取出自己的测量仪器，重新确定了正确的纬度。一名西班牙元帅为此还请他吃了一顿晚餐，以示感激。

6.

我坐在普罗文西亚广场的咖啡厅，承认自己不可能再有什么新的发现。我的旅游指南上的一段文字更加强了这一点：

> 圣弗朗西斯科大公教堂的新古典式格局为莎巴提尼①所规划，但该建筑物本身，包括一个圆形主教堂和衔接的6个小礼拜堂，则是由卡贝萨斯所设计。该座建筑有一个宽33米或108英尺的圆形盖顶。

评判我所学的任何东西，都应以它是否让我受益为准则，而不是考虑它是否满足他人的利益。我对事物的发现应该让我更具活力：它们必须以某种方式使我"生命升华"。

这个术语是尼采②所提出的。他在1873年的秋季写了一篇文章，他对探险家或学者们的论据收集以及运用已知

---

① Sabatini，Paul(1854—1941)，意大利建筑师。——译者
② Nietzsche，Friedrich(1844—1900)，19世纪德国哲学家。——译者

论据丰富内在精神这二者进行辨析。和一般大学教授不同的是,他对前一项活动不屑一顾,对后者却褒赞有加。在这篇名为《历史对于生命的用途和损害》的文章中,尼采一开始便非同凡响地声明:以类似科学的方法收集论据是徒劳无功的。真正的挑战在于运用这些数据来升华我们的"生活"。他引用歌德的一句话说:"我厌恶所有那些只提供指示,却未能丰富或鼓动我活动的东西。"

"为了丰富生命"而从旅行中获取知识意味着什么?尼采提供了一些建议。他想象有这么一个人,对德国文化的现状和任何尝试改善它的办法皆感到沮丧。这个人到了意大利的一座城市,比如锡耶纳或佛罗伦萨,竟发现广为人知的"意大利文艺复兴",只不过肇因于几个意大利人之努力。他们凭着运气、毅力和恰当的赞助人,使整个社会风尚和价值取向得以变更。这位德国旅客学会从他人的文化中寻找"曾经在过去充实'人'的概念并使它更完善的东西"。尼采还说道:"历史中总是一次又一次地出现一些对过往的伟大事物进行反思的人,他们从中获取力量,深深感受到人类生命的辉煌灿烂。"

尼采提供了第二种旅行方式的建议:通过历史了解我们的社会和身份认同如何形成,从而得到一份延续性和归属感。进行此类旅行的人“超越了个人的短暂生命并感觉到自己是他寓所、种族和城市的灵魂”。他能够凝视着古老的建筑并体验到“一份快乐,即他知道自己的存在并非完全偶然或任意的,而是过去的继承者和成果。因此,一个人的存在是合理的,且确有其存在的意义”。

按尼采的说法,观察一栋古建筑的意义不过在于思考到这一点:“建筑物的风格比原本以为的更加灵活。”我们可能凝望着圣克鲁斯宫(“它建于1629至1643年间,为哈普斯堡式建筑风格的珍品”),心中想:“如果当时能够把它建出,为何现在不能?”这样,我们从旅行中带回来的,或许就不是1600种新植物,而是一系列细微、不显著但却能丰富人生的想法。

7.

这里我们还碰到另一个问题:那些到过此地的探险家,在有所发现的同时却也宣判了它们当中哪些是有意义的、哪些则没有。久而久之,这就决定了马德里的价值所在,并且变成了不可推翻的真理。维拉广场属于一星级,皇家宫殿属两星级,王室赤足女子修道院属三星级,而东方广场则一星都没有。

这样的区分未必是错的，但是它却造成不良的影响。当旅游指南对一个景点赞赏有加时，它无形中产生一股压力，迫使读者接受其权威性，缔造一股热忱，至于景点会使游客感受到沉默、幸福还是兴致勃勃，它则毫不关心。早在未进入三星级的王室赤足女子修道院之前，我就晓得自己得配合这种源于权威的热忱："这是西班牙最美丽的修道院。有壁画装饰的楼梯看起来十分堂皇，上方则是回廊，这里的小礼拜堂一间比一间更奢华。"或许旅游指南还应该加上这句话："那些不同意以上说法的游客必定有问题。"

洪堡却没有感到这种威慑。当时很少欧洲人到过他留下足迹的地域，他者的缺席，正好给洪堡提供了自由的想象空间，使他能凭自己的感觉决定自己对什么产生兴趣。他能自如地建立自己的价值体系，无须遵循或刻意推翻他人的权威。当他到达处在内格罗河旁的圣费尔南多传教会时，他可以自由地设想这里的一切都是有趣的，又或许根本没任何有趣的东西。他的好奇心指向了植物，这对洪堡游记——《旅程》——的读者而言并不会感到意外。在谈到圣费尔南多最有趣的地方时，他写道："我们在圣费尔南多最感到惊讶的是栗椰子。它的出现为这里的乡间带来了独特的风貌。这种植物长满了刺，而树干高度超过了60英尺。"

保罗·戈西仿查理·本特列的石版画
《奥里诺科的埃斯梅拉达》

接着,洪堡测量了这里的气温(很热),并注意到传教士住在布满藤蔓植物的宅子内,它们周围都有花园,非常漂亮。

我试图设想一本没有任何先入之见的马德里旅游指南,想想我会如何按主观喜好对这里的所见所闻作一次评估。就我的兴趣指数而言,我会对西班牙饮食多肉少菜这一点给予三星(在这里的最后一顿正餐中,我只吃到了几根薄薄、白白的芦笋,其余的菜肴全都是肉类)。另外,我也会对普通百姓听似高贵且冗长的姓氏给予三星的兴趣指数(负责安排会议的助理,有像一列火车那么长的姓氏,由"de"或"la"衔接,这些称呼代表了祖先的城堡,忠实的仆人、一口旧水井和饰有纹章的外套。这与她现实中的生活形成了对比:一辆沾满尘土的西特伊毕沙型汽车和一栋靠近机场的小型公寓)。此外,我对这里男人长着小脚感到好奇,新市区里的建筑体现出人们对现代建筑风格的取舍,这也同样令我兴趣盎然。例如,我在这里发现,一栋建筑的现代性比它是否美观更为重要，就连一眼就觉得难看的古铜色外观也无所谓（现代性似乎是期盼已久的东西，人们需要感受到它的强烈程度，以弥补过去停滞不前的时代），如果我能够依据好奇心的驱使决定什么是有趣的，而不是被一本有着绿色封面、影响力极强的《米奇林马德里道路指南》所左右，那么我主观上认为以上所说的，都应该名列马德里趣事中。而那本旅游指南具有很强的磁场作用，把读者心中好奇的指针拉往王室赤足女子修道院内，那些走起来有回声的走廊上一道褐色楼梯。

8.

1802 年的 6 月，洪堡爬上了当时公认的世界最高的山峰——海拔 6267 米的秘鲁钦博拉索火山。他的报告这样写道："我们不断攀越云层。多处山脊不超过 8—10 英寸宽。在我们的左方是冰雪覆盖的悬崖，它的表层结了冰，玻璃般闪闪发亮。我们的右方则是可怕的深渊，在 800 至 1000 英尺的深处，有许多突出的巨石。"即便是危险重重，洪堡仍对多数人忽略的东西作了细致的观察："在海拔 16920 英尺高的雪线上，我们看到了一些长在石头上的苔藓，我们最后一次见到青苔则是比这个高度低 2600 英尺的地方。在 15000

弗里德里希·乔治·魏奇：
《钦博拉索山下的洪堡与庞普兰德》,1810 年

英尺的高处，庞普兰德（洪堡的旅伴）捕捉了一只蝴蝶，而一只苍蝇出现在比此处高出 1600 英尺的地方……”

一个人为何会对苍蝇出现的确切高度产生兴趣？他又为何会关注长在 10 英寸宽的火山脊上的一片青苔？这份好奇心并非突然产生的；洪堡对这些事物的关注已久有时日了。苍蝇和青苔之所以吸引他是因为它们关系到先前出现的更重大、并且对于外行人来说更能理解的问题。

好奇心像是由一连串向外拓展、并且有时延伸到深远处的小问题所引起，好奇的轴心就是几个没什么来由的大问题。我们小时候会问：“为什么有善与恶？”“大自然如何运作？”“我为何是我这个个体？”如果环境和个人性情的发展得以配合，我们在成年的岁月中会继续探讨这些问题。人们的好奇心会涵盖更广阔的天地，最后到达什么都觉得新鲜，有趣的阶段。那些混沌的大问题便引出了更细微和深奥的问题。于是我们开始关注生存在山坡上的苍蝇，或者16世纪宫殿中的一幅壁画。我们也开始关心一位早已不复存在的伊比利亚君王的外交政策,或者女人在30年战争①中扮演的角色。

洪堡早在童年时就想到一系列问题,这些问题导致他在1802年的6月中,对钦博拉索山10英尺宽的山脊上的一只苍蝇产生好奇心。他7岁那年从柏林老家到德国别处拜访亲戚时就问自己:"为什么同一类植物不能在所有的地方生长?"为什么长在柏林周围的树不出现在巴伐利亚?反之也一样。他的好奇心受到他人的鼓励。他得到了大量关于自然界的书籍、一个显微镜以及数位了解植物学的家教老师的指导。他成了家中的"小化学家",母亲更在书斋的墙上贴上了他完成的植物画作。当洪堡前往南美洲的时候,他已经尝试找出定律,以解释气候和地理环境如何影响动植物。他7岁时对事物所产生的质疑感并未减弱,只是这份好奇心以更复杂的问题形式体现出来,例如:"如果北面是曝露面,那么蕨类植物是否会受影响?"、"一棵棕榈树能够生长的海拔极限有多高?"

---

① Thirty Years War:17世纪上半叶,以德意志为主要战场的一次席卷欧洲的战争。它是欧洲国家间争夺领土、王位、霸权以及各种政治矛盾和宗教纠纷尖锐化的产物。——译者

洪堡在抵达钦博拉索山脚的营地后，先洗了脚、午睡了一会儿，就几乎立刻开始动笔撰写《有关地理和植物的论述》。他在文中界定了植物在不同高度和温度下的分布情况。他把海拔高度分为6个区。从海平面至海拔3000英尺的高度，生长的植物有棕榈树和香蕉树。蕨类植物生长至海拔4900英尺的高度，而橡树则能生长至9200英尺的高度。接着是常青灌木（如胡椒木和鼠刺），而最高的两个区为高山区：从海拔10150至12600英尺的高度，香草得以生长，而海拔12600至14200英尺的高处则能见到高山草和苔藓。他还兴奋地写道，苍蝇不太可能出现在海拔16600英尺的高度以上。

9.

洪堡的兴奋证明了向这个世界提出恰当问题的重要性。因为由此我们可以看出，讨厌苍蝇与不辞辛劳攀登高峰以研究地理和植物，这两者之间的天壤之别。

然而不幸的是，多数的景物不会让游客产生质疑，他们也因此失去了他们应得的刺激和情趣。这些景物往往平淡无奇，不给人任何联想；即便偶尔给人联想，这种联想也只是错误的联想。在交通阻塞频繁的圣弗朗西斯科大街的街尾，是圣弗朗西斯科大公教堂，和它相关联的东西太多了，但是却丝毫未能引发我的好奇。

> 除了建于18世纪的圣安东尼和圣柏纳蒂诺小教堂外，教堂墙上和天花板上都饰有19世纪的湿壁画和其他画作。北侧的第一座小教堂是圣柏纳蒂诺小教堂，其墙壁的中央画的是：来自喜耶纳的圣柏纳蒂诺，在阿拉贡王面前传教之情景。这幅画的作者为年轻时的戈雅①。在教堂圣器收藏室和牧师会礼堂内摆设的16世纪靠背座椅，来自宝拉尔修道院，这是一个靠近塞哥维亚的加尔都西会修道院。

我们未能从这份资料中寻找到足以引起好奇感的任何线索，正如同洪堡在山上见到的苍蝇一样，事实资料本身是不会说话的。如果一位游客会对“教堂墙上和天花板上都饰有19世纪的湿壁画和其他画作”产生亲切感（而不是因心虚而屈从），他必定能够把乏味如苍蝇一样的事实资料与大问题联系起来，这也正是其好奇心的落脚处。

对于洪堡而言，关键的问题是：“为什么大自然会出现地域性的差异？”而站在圣弗朗西斯科大公教堂前面的人，

---

① Goya，Francisco（1764—1828），西班牙画家，西方绘画史上承前启后的大师。——译者

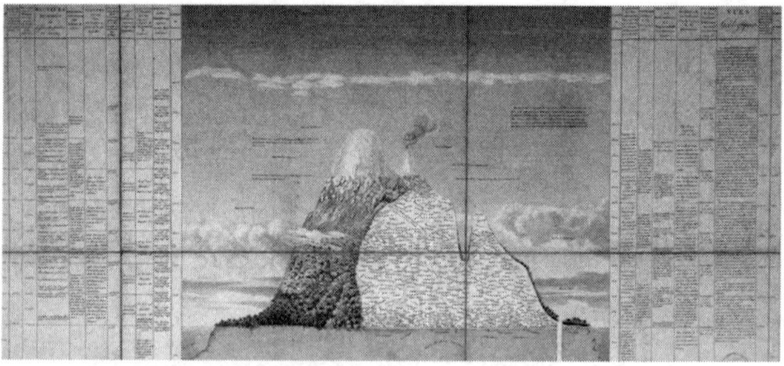

出自洪堡的《赤道地区的地理与植物》和
庞普兰德的《安地斯山地区图解》,1799—1803 年

心中想到的问题则可能是:“为什么人们觉得有必要建教堂?”或者甚至会问道:“为什么我们崇拜上帝?”这样天真的问题可能引发一连串的好奇和进一步的质疑,例如:“为什么各处的教堂都不一样?”“教堂的主要建筑风格是什么?”“教堂的主要建筑师是谁?他们为何取得成功?”惟有经历好奇心的漫长演化,看到莎巴提尼设计的具新古典形式外观的大教堂,才会觉得欣喜,而不会陷入无聊、沮丧。

旅行的一个危险是,我们还没有积累和具备所需要的接受能力就迫不及待地去观光,而造成时机错误。正如缺乏一条链子将珠子串成项链一样,我们所接纳的新讯息会变得毫无价值,并且散乱无章。

这种危险因为地理原因而进一步加剧。同座城市中的建筑物或纪念碑可能不过咫尺之遥，然而鉴赏它们所需具备的能力却有天渊之别。我们到一个或许不再重游的地方观光，觉得自己有必要接二连三地观赏一系列景物，然而这些景物，除了地理位置相近，别无其他联系可言。实际上，要求人们对各个景物都有适当的了解是非常困难的，因为不同的鉴赏能力是很难在同一个人身上找到的。我们受到感召，对一条街上的哥特式建筑风格产生兴趣，接着我们的注意力又得迅速转向伊特鲁斯坎的古物。

圣弗朗西斯科大公教堂

到马德里观光的游客不得不对皇家宫殿产生兴趣。这座18世纪的皇族居所因为其奢华的洛可可中国风格①宫室

① rococo chinoiserie：洛可可艺术是18世纪发源于巴黎的一种室内设计、装饰艺术、绘画、建筑和雕塑的艺术风格，其特色是轻松、优美、高尚、风雅，大量使用曲线和自然形态作装饰。洛可可艺术在形成过程中受到中国艺术的影响，特别是在园林设计、室内设计、丝织品、瓷器、漆器等方面。——译者

而闻名,它出自那不勒斯设计师加斯帕里尼之手。然而不到一会儿,我们的视线又不得不转向苏菲娅王后艺术中心,这座用石灰粉饰的建筑专门收藏20世纪的艺术作品,镇馆之宝是毕加索的画作《古尔尼卡》。然而,照情理看,一位想对18世纪皇家建筑风格有更深层了解的游客在观赏皇家宫殿后,应该前往布拉格或圣彼得堡的宫殿参观,而不是美术馆。

旅游因为表面的地理逻辑扭曲了我们的好奇心,这好比大学课程的指定教科书只看其厚度,而不问其主题一样。

10.

完成南美之旅多年后,洪堡临终前曾带着自怜和自傲的心情埋怨:"人们常说我同时对太多东西感兴趣,例如植物学、天文学和比较解剖学。但你果真能够抑制一个人的求知欲,不让他了解和拥抱周遭的一切吗?"

我们当然阻止不了他,更恰当的做法应该是对他表示支持和敬意。但在对他的旅程表示钦佩时,我们或许也不应该排除对那些身处醉人的城市,却偶尔有强烈赖床的想法和想立即回家的旅人表示一些同情。

风景

LANDSCAPE

V　乡村与城市

On the Country and the City

地点　英格兰湖区

向导　华兹华斯

1.

我们乘坐一辆下午的火车离开伦敦。我和M约好在伊斯顿车站的发车月台下层见面。望着自动扶梯上和大厅里熙来攘往的人群,我觉得若能找到她的影子必定是个奇迹。但我却必须找到她,这说明了欲望的奇特之处。

我们沿着英格兰的山脊前进。夜幕低垂,我们嗅到了乡间的气息。车窗已逐渐变成长长的一面墨镜,望着它,我们越来越清楚地能看到自己的脸颊。当火车开到靠近特伦特河畔的斯托克时,我决定去餐车一趟,于是跌跌撞撞地穿梭于一节又一节摇晃的车厢,如同醉汉似的。但是对于能吃到在行进的火车上烹出的食物,我却特别兴奋。微波炉的计时器发出厚重的机械声,如同旧战争片中发出的响声一样,接着是清脆的铃声,示意我可以过来取烘好的热狗。这时火车开过一个道口,路的后方我隐约见到牛群的影子。

我们在将近9点的时候抵达奥克森霍尔姆站,站名边还附加了一个地名标示:湖区。只有少数几位乘客与我们一同下车。我们静悄悄地走在月台上,在寒夜中可以清楚看到我们呼出的热气。我们看到车厢里的乘客或在打盹儿、或在看书。"湖区"对他们而言不过是漫长火车旅途中的一站，他们可以暂且放下手上的书，四处张望一下，比如瞧瞧月台上对称排列的罐子，或者瞄一眼火车站里的时钟，又或者随意地打个哈欠。一旦这趟前往格拉斯哥的火车开动，再度穿越黑暗，他们便又将翻开手中的书。

火车站像被人遗弃似的冷清得很，但我想它不可能一直都是这样，要不然指示牌上就不会加上日文翻译。我们在伦敦时曾打电话来过，预租了一辆车。在停车场尾端的一盏路灯下，我们找到了它。我们原本向出租公司租一辆小型轿车，但因为这类车全租出去了，他们于是送来了一辆深紫色大型房车。它的新车气味还很浓，灰色的地毯洁净如新，地毯上还留下吸尘机划过的痕迹。

2.

我们此趟旅程的直接动机是为了个人私事，但它同时也可以追溯到18世纪后半期一次影响广泛的历史运动。当时历史上第一次出现城市居民大量涌往乡间，他们的目的是恢复身体健康，更重要的是恢复心灵的和谐。在1700年的英格兰和威尔士，有17%的人居住在城镇上。到了1850年，这个比例上升为50%，1900年则为70%。

我们往北前进，到达温德米尔湖以北几英里，一个叫特鲁特贝克的乡村。我们在一家名为“凡人”的小旅馆预订了房间。两张很窄的床挨在一起，毛毯上污迹斑斑。房东带我们看了看浴室，并提醒我们这里的电话费昂贵得我们可能付不起（他大概从我们的穿着和在柜台上的犹豫态度推断我们经济能力有限）。当他离开的时候，他向我们保证会有3天的晴朗天气，并且欢迎我们来到“湖区”。

我们打开电视察看能收看到什么频道，并且发现这里能收看伦敦的新闻。不一会儿，我们把电视关上，把房间的窗打开。在这宁静的夜晚，我们惟独听见窗外一只猫头鹰的叫声，不禁让我们思索它在静夜中的出现是何等奇异。

我来这里还有一个原因，是因为一位诗人。那一晚，我在房里又读了华兹华斯①《序曲》中的一段。我读的是平装本，封面上画着一幅肃穆的老年华兹华斯肖像，这幅画出自本雅明·海顿②之手。M说，这人丑得像只老蟾蜍，接着就去洗澡。但是当她过后站在窗前抹面霜时，却吟了华兹华

① Wordsworth, William(1770—1850)，英国浪漫主义诗人和桂冠诗人。——译者

② Haydon, Benjamin Robert(1786—1846)，英国历史画家和作家。——译者

斯的几行诗。她已忘了诗名，但却表示这些诗句是所有她读过的文字中最令她感动的。

光辉曾经那么耀眼
现在却从我的视线中消逝
纵使再也唤不回
那绿茵葱郁、花朵绚丽的一刻
我们不会悲伤，而是从残留中
寻找一股力量

——颂歌：《永生的宣言》，第十节

我们躺在床上，我想多看几行书，但是当我发现一根金黄色长发夹在床头板上，我就很难再专心看书。发丝既不属于我，也不属于M，但它却表明这里住过许多游客。或许其中一位已经身处另一个大陆，而对于曾在此处留下自己身上的一小部分却浑然不知。在外面猫头鹰的呼叫声中我们断断续续地睡了一晚。

3.

威廉·华兹华斯1770年生于"湖区"北方边缘的一个

小镇——科克茅斯。他自称“童年中有一半的时光是在山野中奔跑嬉戏”。他生命的大部分时间在“湖区”度过,但也间断地在伦敦和剑桥住过,并且到过欧洲旅行。他最早住在格拉斯米尔村庄里一栋简朴的两层楼房里,房子用石头砌成,名为“鸽舍”。后来他渐渐有了名声后,便搬到附近的赖德尔,住进了较为充裕的寓所。

他几乎每天都要在山间或湖畔步行一段很长的距离。即使是下起雨来他也并不在乎。他坦言落在湖区的雨“有一股气势和韧劲,让失意的旅人想到了落在阿比西尼亚山区、成为尼罗河终年源头的豪雨”。华兹华斯的友人托马斯·德奎恩斯估计,诗人一生中走了175000至180000英里的路程。德奎恩斯认为基于华兹华斯的体格,这是非常难得的。他说:“华兹华斯的身体并不算强健。所有我知道的女士腿评专家,都一致尖酸刻薄地嘲讽华兹华斯这方面的缺陷。”德奎恩斯认为更遗憾的是:“当他行走时,华兹华斯的姿势很糟糕。根据很多乡下人的说法,‘他走起路来十足像一只大谷盗虫。’那是一种斜着行走的昆虫。”

在别人眼中如此别扭的行走,却给诗人带来了灵感,成就了他关于大自然的诗作,如《致蝴蝶》、《致布谷鸟》、《致云雀》、《致雏菊》和《致小小的白屈菜》。以前,诗人不过是很随意或习惯性地看待自然现象，但是它们在华兹华斯笔下却成了最伟大的主题。根据华兹华斯的妹妹多萝茜的日记（这本日记记录了华兹华斯在湖区的活动）记载，华兹华斯1802年3月16日这天在帕特代尔溪谷附近一个湖畔散步。这个湖叫做“兄弟湖”，湖面非常平静。他走过湖上一座桥，便坐下来写了以下的诗句：

公鸡啼鸣
小溪流淌
小鸟啁啾，
湖水闪耀着波光……
山林中充满快乐
喷泉中充满活力
云儿飘荡
天空属于蔚蓝

过了几个星期，诗人被美丽的雀巢所感动，于是又提笔写道：

瞧，五颗蓝色的蛋正在那里闪烁！
这么简单的画面

却少有景象比它悦目，
也少有盼望的喜悦
比它更令人神往！

几年后的一个夏天，他听见夜莺的鸣唱，又觉得有必要把心中的喜悦表达出来，于是写了以下诗句：

夜莺啊！你美丽的歌吟
必定出自一颗炽热的心——
你唱得如此嘹亮
仿佛酒神
已为你找到了情人

这些诗句并不是偶发的喜悦之声。它们背后有一套完善的自然哲学理论。这套哲学具有独创性，阐述了获得幸福的条件以及我们不幸福的缘由。它贯穿华兹华斯的所有作品，并且在西方思想中有着相当的影响。诗人解释说，大自然中的各种现象，包括小鸟、小溪、水仙和绵羊，都是不可或缺的，因为它们能矫正和治疗城市人倍感困顿的心灵。

华兹华斯的主张一开始便遭受到可怕的阻力。拜伦

1807年为华兹华斯《诗歌二卷》所作的评论中提到,他对于一个成年人把花儿或动物看得那么高贵感到困惑。他说:“幼儿园的读者对于这样矫饰、浮华的作品会怎么看哪?……难道是为模仿吟游诗人,以缓解摇篮里婴儿的啼哭吗?”《爱丁堡评论》语调同情地断言华兹华斯的诗歌是“幼稚、荒谬之作品”,并怀疑或许是诗人本身想刻意让自己成为笑柄。《爱丁堡评论》指出:“一把铲子或一个雀巢或许真的能给华兹华斯留下一系列深刻的印象……然而可以肯定的是,这样的联想在大多数人看来似乎是被迫、生硬和不自然的。所有世人都取笑以下的作品:《挽歌·致吃奶的小猪》、《洗衣日圣歌》、《献给老奶奶的十四行诗》、《醋栗派颂》。但是,要让华兹华斯先生相信这一点却是非常困难的。”

许多文学刊物中开始出现嘲仿华兹华斯此种风格的拙作:

一朵云
让我的心
赞叹,这样的蓝天
真惹人爱怜

又如：

> 我看见的是知更鸟吗？
> 还是鸽子或穴鸟？

然而华兹华斯却丝毫不为之动摇。他奉劝博蒙特夫人“不要因为这些诗歌目前受到的评论而烦恼”。他解释说：“这个时刻与它们将来能发挥使命时相比算得了什么？我相信我的诗歌之使命便是安慰受苦者；使开心的人更加快乐，好让白天的阳光更明媚；教导年幼者及各年龄层有仁爱之心的人学会真正的观察、思考和感受，让他们在行动和心灵上更有德性。这就是它们的职责，我相信在我们作古多年后，它们仍会忠实地完成这个使命。”

他惟一的错是在时间判断上。德奎恩斯解释：“1820 年以前，华兹华斯的名声被践踏。1820 至 1830 年期间，褒贬互见；到了 1830 至 1835 年，胜利降临了。”人们的品位经历了缓慢却鲜明的转变。读者群逐渐停止嘲讽，他们开始欣赏、甚至背诵这些关于蝴蝶或白屈菜的赞歌。游客们因为受华兹华斯诗作的感染而来到他获取灵感的地方观光。于是，温德米尔、赖德尔及格拉斯米尔开始出现新的旅馆。到了1845年，前来“湖区”观光的游客估计比这里的绵羊还多。他们在位于赖德尔的华兹华斯庭院里瞥见诗人的影子，并且在诗人描述过的山坡和湖畔寻找自然界的力量。当骚塞①于1843年辞世时，华兹华斯被授予桂冠诗人的荣誉。一批追随者甚至筹划将“湖区”命名为华兹华斯郡。

当80高龄的华兹华斯1850年与世长辞时（这时英格兰和威尔士有半数的人口过着都市生活），许多严肃的评论大都倾向于认同华兹华斯的看法，赞同他的这个立场：时常走访大自然是解除城市生活中罪恶的必要良方。

4.

城市中的乌烟瘴气、拥挤、贫穷和丑陋，都是人们抱怨的地方。但是，即使是实施了清除空气污染法案，并且扫除了贫民窟，华兹华斯仍旧不会停止批评。因为，他关注的不仅是城市对我们健康构成的不良影响，更重要的是它危害我们的内在心灵。

诗人谴责城市造成一系列窒息生命的情感，包括对我们所处社会地位的焦虑、对他人成就的羡慕，以及在陌生人

① Southey，Robert（1774—1843），英国诗人，散文家。——译者

面前炫耀的欲望。他直言不讳地表示，城市人毫无主见，只限于在街边或饭桌上道听途说、人云亦云。虽然他们生活舒适，却从未放弃追逐新鲜事物，即使他们什么都不缺、而幸福也根本与他们想要追逐的东西无关。另外，想在这样拥挤而焦躁的生活圈子里与他人建立真诚的情谊，要比在一个孤立的居住环境还要困难。对于自己在伦敦的生活华兹华斯曾作如下描述："我始终对一件事感到不解：人们如何可能与隔壁的邻居在同一处生活，却如陌生人般，全然不知彼此的姓名？"

我起程前往湖区的几个月前，在伦敦市中心（"这个人事喧哗的世界"——《序曲》）参加了一次聚会，体会到了上述的一些弊端，让我受尽折磨。我离开了会场，感到格外庆幸，抬头一看，头顶上出现的一大片乌云竟让我感到意外的轻松。虽然它乌黑一片，我却拿出小型照相机想把这个景观拍摄下来。我似乎体验到了华兹华斯诗作中形容的那股自然力量的救赎作用。这片云在几分钟前才飘到此处，它很快会随着强劲的西风飘逝而去。周遭办公楼的灯火，似乎点缀了这片云的边缘，散发一股颓废的橙色荧光，好比一个派对上全身挂满饰物的老翁。然而，它中央那一团花岗岩般的灰色，证明它是空气与海缓慢交流而成。它不久会

飘过埃塞克斯的原野上空，掠过沼泽地和炼油厂，最后飘向那波涛汹涌的北海。

我一面望着这个奇观，一面走向公车站，我发现先前的焦虑退却了，心中浮现华兹华斯赞颂威尔士山谷的诗句：

……（大自然）能够让人了解
我们内在的心灵，它静谧而且美丽
它带给我们崇高的理念
不论是邪恶的言辞、偏见、自私自利者的鄙视、
毫无善意的寒暄以及日常生活的人情淡薄
都不能战胜我们，也不能剥夺我们
这个愉快的信念：眼中所见的自然充满
神的恩赐。

5.

1798 年的夏天，华兹华斯和她的妹妹来到了威尔士的

瓦伊河谷。在这里，华兹华斯亲身体验到了自然的力量，这种体验随后在他的诗作中流露出来，并且伴随诗人一生。这已是诗人二度造访瓦伊河谷。5 年前，他曾到过此处，随后的一段日子却相继经历了许多不愉快的事件：他在伦敦这个让他恐惧的城市呆过；他因为接触戈德温①的著作而改变了政治观点；他通过结识柯尔律治②转变了作为诗人的使命感；他还亲眼看到罗伯斯庇尔③在法国实行的恐怖统治。

再度来到瓦伊河谷时，诗人坐在一棵枫树底下。居高临下地欣赏着河谷、河流、周围的山崖、灌木树篱以及森林，诗人受到了感召，写出了或许是生平最好的诗作。他曾这样表示："创作这首诗所处的状态，比起任何其他一首，给我留下更美好的回忆。"诗的正题为《廷特恩修道院上方几英里所成之诗行》，副题为"1798 年 7 月 13 日重访瓦伊河畔之作"，他藉由此诗赞颂了大自然使心灵复原的魔力。

---

① Godwin, William(1756—1836)，英国社会哲学家、政治报刊撰稿人、不信奉国教者。——译者

② Coleridge, Samuel Taylor(1772—1834)，英国抒情诗人、评论家、哲学家。——译者

③ Robespierre, Maximilien-Francois-Marie-Isidore de(1758—1794)，激进的雅各宾派领袖。法国大革命中的重要人物之一。——译者

虽然阔别多日,
与那山林的美景相隔千里,
但正像盲人心中的千山万水,
时常,在寂寞的屋子里
或在市井的喧嚣中,我得以
在困顿疲惫中,感到一种甜蜜
获得宁静的回归

城镇和乡间的对立,成了这首诗的骨干,诗人不断提醒我们,只有乡野才能对抗城市的不良影响。

不知多少次,
不管在黑暗,还是在变化多端、
忧郁的光线中,辗转反侧
一无所获。世界的谵妄
压在我心的悸动之上。
不知多少次,我转向你
乡间的瓦伊河!你在林中蜿蜒,
不知多少次,你让我魂萦梦绕!

菲利普·德·卢泰尔堡:《廷特恩修道院旁的怀河河谷》,1805 年

这种感激在《序曲》中重现,而诗人再度表示,大自然对他施惠良多。他认为自己之所以身处城市,却不被城市生活所助长的卑劣情感所污染,全凭大自然的力量。

如果,与世界水乳交融,我已满足
以小小的快乐,度日
……远离
小小的仇恨和卑劣的欲望
这些是你所赐……
你的风和咆哮的瀑布! 都是你的,

你的高山！噢，你的大自然！

6.

为什么？为什么接近一座瀑布、一座山或自然界中的任何一部分，一个人比较能免于“仇恨和卑劣欲望”的骚扰？为什么在比肩接踵的街道就做不到？

湖区提供了我们一些线索。我和M在这里的第一个早晨起得很早，到“凡人”旅馆的早点室享用早餐。它的墙漆上一层粉红色，从窗口向外望出，是一个茂密的山谷。外面下着大雨，但房东向我们保证，这不过是一场过路雨。他接着为我们呈上了粥，并提醒我们早餐若想加蛋必须额外付费。录音机正在播放秘鲁的管乐，并且穿插亨德尔①《弥赛亚》片断。我们用过早点后，把背包整理好，随即开车到安布赛德镇采购一些背包行走的必用品，如指南针、防水地图套、水、巧克力和三明治。

安布赛德镇虽然不大，但是它却有大都会的喧哗。大卡车正在商店外卸货，嘈杂声不断。另外，到处都可看见餐

① Handel, George Frideric(1685—1759)，德国出生的英国作曲家，因其所作歌剧、清唱剧和器乐作品而特别著称。——译者

馆和旅店的告示牌。虽然我们很早便到达这里,但茶室早已座无虚席。报摊架上的报纸,刊登了伦敦一场政治丑闻的最新态势。

然而,安布赛德镇西北方几英里外的大朗戴尔谷,景色却迥然不同。我们自抵达湖区以来,首次深入乡间,感受到了大自然的气息远强于人气。行道两旁的田野里耸立着许多橡树,树与树之间都相隔一段距离,对山羊来说,这片田野肯定曾让它们胃口大开,因为整个的田野已被它们啃平,变成不错的草坪了。橡树长得非常高雅标致。它的树枝不像柳树那样垂卧在地上,叶子也不像一些白杨树那样不修边幅,近距离看起来像半夜被唤醒的模样一样:头发蓬乱、不及梳理。相比之下,橡树将低处的树枝紧密地收聚起来,较高处的树枝则有序地生长,形成了一个翠绿茂密、近乎完美的圆形冠顶,就好像小孩的画中树的原型一样。

与房东预测的相反,雨继续下个不停,站在橡树下,我们感觉到了橡树的硕大。雨点洒落在 4 万片树叶上,击打或大或小、或高或低、或积水或少水的叶片,发出了不同音调的声响,形成了“噼里啪啦”的和谐旋律。这些树木形成了一个复杂而又有序的系统:树根耐心地从泥土中吸收养分;树干中的毛细管将水和养分朝 25 米高的上方运送;每根树枝吸收足够的养分滋润树叶；每片树叶尽力为整棵树贡献一己之力。这些树木也体现出了耐心：它们耸立在这个下雨的早晨，不发一句怨言，只是适应着季节的缓慢转变。它们不会因为风狂雨暴而陷入狂躁，也不会因耐不住寂寞而想要远走高飞，去往别的河谷。这些橡树安安分分的，树根像细长的手指深入湿湿的土壤里，延伸到离主干若干米的地方，同时也远离了最高处蓄满雨水的树叶。

华兹华斯喜欢坐在橡树下，聆听着雨声或者看着阳光穿梭于树叶间。他把树木的耐心和庄严看作是大自然特有的杰作，并且认为这些价值应该受到尊重。他写道：

> 在心灵为了眼前的景物
> 沉醉之前，一场眼花缭乱之舞
> 转瞬即逝，大自然却适度呈现了
> 一些永恒的东西

华兹华斯说，大自然会指引我们从生命和彼此身上寻找“一切存在着的美好和善良的东西”，自然是“美好意念的影像”，对于扭曲、不正常的都市生活有矫正的功能。

如果我们要接受华兹华斯的论点（即便是其中一部

分),我们就必须接受以下前提:人的身份认同多多少少都具有伸缩性,也就是说,我们的个性会随着周围的人或物的转变而变化。与某些人往来,可能会激发我们的慷慨和敏感,但与另外一些人来往则会引发我们的好胜和嫉妒心。A君对于地位和权势的迷恋可能会悄悄引发B君对自己身份轻重的担忧。A君所开的玩笑可能潜移默化地激起B君隐藏在内心已久的荒谬感。但如果把B君置于另一个环境,他所关注的事物将受新的互动者的言行举止影响,随之发生转变。

那么如果把人放置于大自然中,与一座瀑布或高山、一棵橡树或一株白屈菜共处,又会对他的身份认同产生什么影响呢? 毕竟,草木无情,它们何以能鼓励我们,让我们从善如流。然而,华兹华斯坚持认为人类能从大自然中获益,其论点的关键在于:一个没有活动能力的物体仍然能对它周遭的事物产生影响。自然景物具有提示我们某些价值的能力,例如:橡树象征尊严、松树象征坚毅、湖泊象征静谧。因此,自然界景物能够含蓄地唤起我们的德性。

华兹华斯在1802年夏天写给一位年轻学生的信中,讨论了诗歌的作用。他在信中几乎明确指出自然界所包含的价值。他说:"一位伟大的诗人……应该在某种程度上矫正人们的思想感情……使他们的感情更健全、纯洁和永久，也就是与大自然产生共鸣、更加和谐。”

华兹华斯从每个自然景观中都能找到这份稳健、纯洁和永恒性。例如，花朵是谦卑和温顺的典范。

致雏菊

甜美、恬静的你！

与我一同沐浴在阳光中、在空气中吐息

你以欢欣和柔顺

温润

我的心

动物是坚忍的象征。华兹华斯对一只蓝色山雀特别钟爱，因为即使是最恶劣的天气，它也仍旧在诗人寓所“鸽舍”的果园里高歌一曲。诗人和妹妹多萝茜在那里度过的第一个严冬，便被一对天鹅感动，这对天鹅也是那里的新客，但却比他们兄妹俩更能忍耐寒冷。

我们在朗戴尔山谷走了1个小时后，雨势开始减弱，我和M听见了持续不断但十分微弱的“啐”声，穿插着较强的“啼嗦”声。三只鹨从草丛中飞出，一只黑耳麦翁鸟则高踞在松树枝上,神色忧郁,它在夏末的阳光中晒着那沙黄色的羽毛。不知什么东西惊动了它,它突地飞离了原位,在山谷上空盘旋,并发出迅疾而刺耳的叫声:“嘘耳,嘘喂,嘘喂喔!”然而这阵鸣叫声却丝毫未对岩石上费力攀爬的毛毛虫产生影响,而谷地上的众多绵羊也无动于衷。

一只羊缓缓地走近小道,并好奇地望着游客。人和羊都惊讶地互相凝视。过了一阵,那只羊蹲了下来,懒洋洋地吃了一口草,好像在咀嚼口香糖一样。为什么我是我这样,而它又缘何是那般样子?另一只绵羊走过来,挨着它的同伴蹲了下来。霎时间里,它们好像交换了一个会意而欣然的眼神。

在前方几米处,有一片蔓延到溪流的草丛。草丛中突然发出一种奇怪的声音,像是一个倦意十足的老翁在饱食一餐后清理喉咙的声音。紧接着是杂乱的飒飒声,像是有人在一堆树叶中急躁不安地翻找宝物。一旦发现有来者,他便即刻安静下来,紧张得好像小孩在玩捉迷藏时躲在衣柜后面屏住呼吸,不敢出声。在安布赛德,人们买报纸,吃煎饼,而在这里,隐藏在草丛中的或许是一只长满毛、拖着一条尾巴、爱吃浆果和苍蝇的动物,正在树叶堆中乱窜,发出“呼噜,呼噜”的声音。然而,这个家伙尽管如此奇怪,却仍然活在当下，是个和我们一样睡觉和呼吸、活生生地生活在这个地球上的生物，而宇宙中除了这个星球有生物外，其他主要都是由岩石、蒸气和沉寂构成。

华兹华斯写诗的目的之一是想引导我们去关注那些和我们生活在一起、却常被人漠视的动物。我们经常只是用眼角余光瞥它们一眼，从未尝试去了解它们正在做什么或想要什么，它们的存在不过是一些模糊而又普普通通的影子，例如尖塔上的小鸟和在草丛中穿梭的动物。诗人请读者放下他们的成见，设想用动物的眼光看看这个世界，并辗转切换于人类和自然界的视角。为什么这样做会有趣、甚至有启发性呢？也许不快乐的泉源正来自我们用单一的视角看世界。在我前往湖区的几天前，我发现有一本19世纪的书讨论华兹华斯对鸟类的兴趣。该书的序言中提示了运用多重视角看待事物的好处：

> 我相信，如果这个国家的地方消息、每日新闻或一周大事不仅记载这块领土上伯爵、尊贵女士、国会议员和大人物的启程和返程，而且也记录鸟儿的抵达和离去，必定会给公众带来乐趣。

如果我们对这个时代或精英的价值观感到痛心，那么思及地球生命的丰富多采，或许会让我们感到释然，让我们记住，这个世界除了大人物的事业，还有在原野鸣叫的草地鹨。

当科尔律治回头看华兹华斯早期的诗作时，他认为这个天才作了以下的贡献：

> 赋予日常事物以新意，并且激发一种类似超自然的感觉；通过唤醒人们的意识，使它从惯性的冷漠中解放出来，看着眼前的世界是多么可爱和奇妙。大自然是个取之不尽的宝藏，然而因为人类的惯性和自私自利的追逐，我们视而不见、充耳不闻，心灵既不能感受也不能领悟。

华兹华斯认为大自然的“可爱”能继而鼓励人们找到自己内在的善。两个人站在岩石边，俯瞰着河流及树木茂密的大山谷。这样的景色可能不仅改变了他们与自然的关系，也使得这两人之间的关系更不一样了。

在悬崖相伴之下，我们曾关注的一些东西都显得不重要了。反之，一些崇高的念头油然而生。它的雄伟鼓励我们要稳重和宽宏大量；它的巨大体积教导我们用谦卑和善意尊重超越我们的东西。当然,站在一座瀑布前或许会引发我们对一位同事的羡慕,但是如果华兹华斯的观点能让人信服的话,那么出现这种情况的可能性会小一些。诗人认为人的一生如果在大自然中度过,人的性格会被改变不少,不再会争强好胜,羡慕别人,也不再焦虑,于是他欢呼:

阿舍·布朗·杜兰德:《相近的灵魂》,1849 年

……起初
我透过伟大或美好的东西来看人,
藉由这些东西的助力来深入了解人
结果发现了一个稳固的堡垒,对抗
卑鄙、自私、粗野、低俗——
这些在我们日常生活世界

从四面八方向我们进袭的敌人。

7.

我和M无法在湖区久留。我们在这里待了3天，然后就坐上了回伦敦的火车。坐在我们对面的男士不断使用手提电话，但好像总也找不到要找的人。火车开过许多田园和工业城镇，这段时间里，我们通过他的许多交谈了解到他正在寻找一位叫吉姆的人，因为吉姆欠了他的钱。

即使是我们承认能从与大自然的接触中获益不浅，我们却仍可能因为接触它的时间短暂而受限制。用3天的时间沉浸在大自然中所得到的精神抚慰，未必能持续超过几个小时。

然而，华兹华斯却没那么悲观。在1790年的秋天，诗人踏上了阿尔卑斯山之旅。他从日内瓦起步，前往杰莫利谷，然后穿过辛普朗山口，再从贡多溪谷往下走，抵达马焦雷湖。他在写给妹妹的一封信中描绘了目睹的景观："此刻，当眼前的景物浮现在我脑海时，我带着非常愉快的心境仔细思考着，今后每一天，只要忆及这些印象，我便能从中感受到快乐。"

这里并没有夸张的成分。几十年后，阿尔卑斯山的景象还存活在他的心中，并且一旦唤起便重新带给他一股力量。这些景象的复活使他信心十足地表示：我们在大自然中所见到的景象可能永远留在我们一生的记忆中，每当它们进入我们的意识中，便能与我们眼前困境形成对比，给予我们慰藉。他称这些自然界的体验为“凝固的时间点”。

在我们的生命中有若干个凝固的时间点
卓越超群、瑰伟壮丽
让我们在困顿之时为之一振
并且弥漫于我们全身，让我们不断爬升
当我们身居高处时，激发我们爬得更高
当我们摔倒时，又鼓舞我们重新站起

对于自然界中这些细小却关键的时刻的信念，使我们了解了华兹华斯在为诗作定副题时的用意：如《廷特恩修道院》的副题为“1798 年 7 月 13 日重访瓦伊河畔之作”。具体的年、月和日的记载，透露了在乡间遥望河谷的那些瞬间，或许就是生命中最重的一刻，让人获益良多，所以值得像生日或结婚纪念日那样铭记在心。

我也体验过“凝固的时间点”。它发生在我拜访湖区的第二天傍晚。我和 M 在安布赛德附近的一张长凳上坐着吃巧克力条。我们对所喜爱的巧克力条交换了意见。M 说她喜欢里面有焦糖的,而我却偏爱干硬、饼干味较浓的。接着,我们静了下来。我的目光停留在小溪旁田野上的树林。树的颜色不一,呈现不同色度的绿,仿佛是有人从调色板上取下的样本。这些树给人一种特别健康、充满活力的印象。它们似乎并不在乎这个世界是否老旧或悲哀。我很想把脸埋在树林中,好让它们散发的芳香帮助我恢复元气。自然界不在乎两个在长凳上吃巧克力的人快乐与否,只是自行地呈现一个那么符合人类审美条件的景观,这的确神奇非凡。

我的注意力停留在这个景观上仅 1 分钟的时间,过后便被工作的思绪打乱,M 也建议我们回旅馆,因为她想打电话。我并未意识到这个景象已印在我脑海里,直到有一天下午,我困在伦敦的交通阻塞中,心烦焦虑,突然那片树林的景象又涌现了出来,将那些排得满满的会议和未答复的信件都一一撇开了。我的思绪被带离了繁忙的交通和拥挤的人群,回到了那些我叫不出名字、却非常清晰可见的树木面前。这些树木成了我思绪得以休息的避风港,它们保护着我,使我免于陷入焦虑的漩涡,并且在那个下午给了我一小部分生存的理由。

1802 年 4 月 15 日,上午 11 点,华兹华斯在阿尔斯沃特湖西岸发现了一些水仙花。这个湖位于我们居所以北的地方,相距几英里。在他的描绘中,近万朵水仙花“在风中婆娑起舞”,湖中的涟漪似乎也在伴舞,然而水仙“舞姿轻盈快活,比那晶莹的湖水还要更胜一筹”。他说:“这场演出给我带来如此多的财富。”这一刻也因此成为凝固的时间点:

常常,我在卧榻上躺着
内心空虚或忧虑。
突然,我的心灵之眼
……显现奇观,顿时充满欢愉
与那些水仙一同飞舞

诗中最后一行或许不幸落入了拜伦所指责的“矫揉造作”范围之中,但是它却提供了令人慰藉的理念:我们或处于空虚、焦虑的思绪中,或在“动荡的世界”里、城市的交通阻塞中穿梭,但都能够借助旅行中所见的自然景象,如一片树林或湖畔的几朵水仙花,来缓解我们一些“怨恨和卑劣欲望”。

2002 年 9 月 14 至 18 日湖区之旅有感

Ⅵ 壮阔

On the Sublime

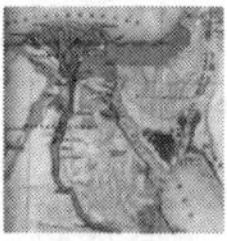

地点　西奈沙漠

导游　伯克　约伯

1.

由于非常向往沙漠,而美国西部的照片(小片风滚草被风卷起,在草地上翻腾)和伟大沙漠的名字如美国加州的莫哈韦沙漠、非洲的卡拉哈里沙漠、新疆的塔克拉玛干沙漠和蒙古的戈壁又强烈地吸引了我,于是我搭乘包机前往以色列胜地埃拉特,准备到西奈沙漠漫游一番。在飞机上,我同邻座一名澳大利亚女子谈天,她正准备到埃拉特的希尔顿酒店当泳池救生员。在飞行途中,我阅读的是帕斯卡尔①的文章:

> 当我想到……我占有的这个小小的空间正要被无垠的空间吞噬,然而对无垠的空间,我一无所知,连这空间也不知道我的存在,这个念头让我惊恐,我也惊讶于自己出现在此空间而非彼空间:我有什么理由出现在此地而非彼地,有什么理由出现在此时而非彼时?是谁让我置身于此?
>
> 帕斯卡尔:《沉思录》

华兹华斯鼓励我们到各地旅游,以体验真情,滋润灵魂。我

① Pascal, Blaise(1623—1662),法国哲学家,散文大师。——译者

前往沙漠是为了让自己感悟到一种渺小。

就像被酒店的看门侍者轻视，或者被英雄的成就比下去一样，“渺小”通常不是一种让人愉快的感觉。不过，还有另外一种令人满足又能让自己感觉渺小的方式，那就是在以下画作面前观画：比兹塔特[①]的《落基山脉兰德斯峰》（1863 年）、卢泰尔堡[②]的《阿尔卑斯山雪崩》（1803 年），或者弗里德里希[③]的《吕根岛的白垩峭壁》（1818 年）。画中这些荒芜、无垠的空间带给我们的是什么呢？

阿尔伯特·比兹塔特：
《落基山脉兰德斯峰》，1863 年

① Bierstadt, Albert（1830—1902），美国风景画家。——译者

② Loutherbourg, Philip James de（1740—1812），早期浪漫主义画家。——译者

③ Friedrich, Caspar David（1774—1840），德国画家。——译者

菲利普·德·卢泰尔堡:《阿尔卑斯山雪崩》,1803 年

2.

西奈之旅的第二天,我们一行 12 人来到一个毫无生机的山谷,这里没有树、没有草、没有水,也没有动物。沙岩地上满是巨石,它们仿佛被一个粗野的巨人踩过后,滚下周围的山坡。这些光秃秃、赤裸裸的山脉,显露出了通常被层层泥土和茂密松树林所遮掩的地貌。狭长的洼地和裂缝诉说着千万年来饱受的压力,而经历不同地质年代的演化,山脉间也出现了众多的横断面。地球的地壳构造板块之间的褶状花岗石,就像亚麻布一样。山脉在地平线上无止境地延伸,直到西奈山的高原逐渐变成铺满碎石的“砂砾烤盘”。贝都

因人把它形容为“埃尔帝”(El Tih),或“流浪者的沙漠”。

3.

我们因一些风景而引发的情思,很少能用三言两语就形容出来:好比在初秋的黄昏看着天色渐渐暗去,或者在一片空旷的平地上看到一池静谧的湖水,我们往往要用一大堆拗口的词藻来描绘我们的情感。

不过,到了18世纪初,终于出现了一个词,它能够清晰地反映出我们对悬崖峭壁、山川冰河,以及辽阔夜空和巨石林立的沙漠的特别感受。这个词就是“壮阔”(sublime),在这些景观面前,我们完全可以体会到这样的感受,而且一提到“壮阔”,别人也可以理解是什么样的风景。

这个词源自公元200年左右,希腊作家隆吉努斯的一篇论文《论壮阔》。这篇文章后来被人遗忘,直到1712年重新翻译成英语,才重燃起评论家对它的强烈兴趣。虽然各家对这个词的分析不尽相同,但是基本共识非常明确,那就是把一系列似乎毫不相关的景致,依据它们的雄壮、空旷或险峻等特征,归纳成同一类,并指出这些景致能引起共鸣,让人产生一种美好而充满道德感的感受。景观的价值不再单纯依赖于正式的审美准则(比如颜色是否协调、线条是否匀

卡斯帕·大卫·弗里德里希:
《吕根岛的白垩峭壁》,约1818年

称),也非基于经济或实用的考量,而是看它是否能引发壮阔的感觉。

约瑟·艾迪生[1]在《论想象的愉悦》一文中写道,面对"一片广阔郊野、广垠荒芜的大沙漠、悬崖峭壁和浩瀚江河",总会感觉到一种"美好的宁静和惊异"。希尔德布兰·雅各布也在《壮阔之观如何提升心灵》一文中,列出了能够引发这种感受的景致,它们包括:大海(不论平静还是波涛汹涌)、落日、悬崖、洞窟和瑞士的高山。

旅人纷纷前去探密。1739年,诗人托马斯·格雷[2]到阿尔卑斯山远足,他是几个有意识地追求壮阔景致的先锋之

① Addison, Joseph(1672—1719),英国散文家、诗人、剧作家。——译者
② Gray, Thomas(1716—1771),英国诗人,浪漫主义运动的先驱。——译者

一。他写道:“在登上大夏特鲁兹修道院的短途上,无需走上十步,就有令人叹为观止之处。这里没有悬崖峭壁,没有惊涛骇浪,却处处孕育着神圣而充满诗意的气息。”

4.

黎明时分的西奈南部,给人的感觉是怎样的? 4 亿年前形成的幽谷、2300 米高的花岗石山,以及陡峭谷壁上千年的侵蚀造就了它。人在这些壮阔景观面前,就像迟来的尘埃。与这般壮丽景致的交会,令人欣喜、陶醉,也让人在面对宇宙的力量、更迭和浩瀚时,深感人类的脆弱与渺小。

我的背包里有一把手电筒、一顶太阳帽和一部伯克①的著作。伯克 24 岁时,放弃在伦敦的法律研究之后,就写了《关于壮阔和美丽理念之源的哲学探究》。他直截了当地表示:景致之壮阔和脆弱的感觉有关。很多景致是美丽的,例如:春天的草原、柔美的山谷、橡树和河畔小花(尤其是雏菊),不过这些景致并不壮阔。“壮阔和美丽常被人混淆,”他抱怨道,“两者所指相差很远,有时性质可说是南辕北辙。”对于那些从丘园瞭望泰晤士河,然后惊叹泰晤士河是

① Burke, Edmund(1729—1797),英国政治家和政治思想家。——译者

何等壮阔的人，这位年轻的哲学家显露出了一丝的不耐烦。一种景致只有让人感受到力量，一种大过人类、甚至是威胁到人类的力量，才能称之为壮阔。壮阔之地具体表现了人类意志所不能左右的力量。他用耕牛和野牛作比较来说明这个道理："耕牛力气很大，但是它是温驯的，任劳任怨，不构成任何威胁，因此耕牛并不会给人以雄伟的感觉。野牛的力气也很大，但是这种力气属于另外一种，往往是非常具有破坏性……因此野牛给人的感觉是雄伟无比的，壮阔的感觉也是如此。"

世界上有"耕牛般"的景致，没有杀伤力，"一点也不危险"，并顺从人类的意志。伯克年少时就曾经到过这么一个地方，也就是基尔代尔郡巴丽多村里的一所贵格会寄宿学校。这个地方位于都柏林西南 30 英里处，有大片的农田、果园、树篱、河流和花园。世界上也有一些"野牛般"的景致。伯克列举了这些景致的特征：庞大、空旷、晦暗，而且这些景致因具有一致而延绵不绝的特质，看起来无穷无尽。西奈沙漠就是其中之一。

5.

但是为什么会产生这种欣悦？为什么要追求这种渺小

的感觉、甚至因此而感到高兴？为什么要离开埃拉特城的安逸，背起沉重的背包，跟随一组沙漠爱好者沿着亚喀巴湾的海滩行走数英里，来到一个只有岩石的沉寂之所？还必须像一个逃犯那样躲在少数几块巨大岩石的阴影之下，以躲避烈日的曝晒？为什么我们充满欢欣地期盼花岗石床、砂砾烤盘，以及那向远处伸展、山峰镶嵌在深蓝天空一角的凝固火山熔岩，而不感到沮丧呢？

有一种解释是，那些比我们强大威猛的东西不一定令我们感到憎恨。那些与我们意志相违的东西可能引起我们的愤怒和怨恨，然而它也可能让我们心生敬畏。而它们是否能引发我们的敬畏，则完全取决于它们貌似挑衅、恶劣和傲慢的同时，是否也具尊贵之风度。看门人的自大傲慢令人生怨，迷雾笼罩的高山奇险则使人心生尊崇之意。强大却卑劣之物让人有被羞辱之感，但强大且尊贵之物则使我们敬畏。让我们再次引申伯克关于动物的比喻：一头野牛或许能引起壮阔之感，但一条水虎鱼却不能。其关键似乎在于动机：我们视水虎鱼的力量为邪恶且具掠夺性的，却把野牛的力量视为坦率和正大光明的。

即使我们不在沙漠中，别人的行为及自己的缺点也会让我们感到渺小。羞辱感是人类永远的危机。我们的意志

常被违抗，愿望也常被阻挠。崇高的景观不会因此而直接揭示我们的不足。它们的吸引力在于提供我们一个新颖和有效的方法，去面对我们原已熟悉的缺憾。壮阔的景致以宏伟的方式，重复着日常生活经常施予我们的教训："宇宙强而有力，而人类脆弱不堪；人的生命是脆弱和短暂的；我们除了接受加诸于意志之上的限制外，别无选择；许多的必然性不是我们可以对抗的，面对它们时，我们只能臣服。"

这便是写在沙漠岩石上和南北两极冰地上的教诲。因为书写得如此壮丽，我们在离开这些景点后不会有任何挫折之感，反倒为这些超越自身的东西所感动，并在回忆中归返这些我们精神生活所不可或缺的庄严壮美的景象。我们的敬畏之心也可能演化为崇拜之情。

6.

由于人们习惯于把比他强大的东西称为上帝，因此当人们开始思及西奈的神灵时，并不让人觉得奇怪。这里的山和山谷让人很自然地联想到，这个地球是由人类双手以外的东西建构的，他的力量比我们所有人力量的总和还要强大。早在我们出生前他便已存在，并且在我们死后仍会一直存续下去（路旁的花朵和快餐店就很难让人联想到这点）。

据说上帝在西奈花了很多时间，最为人们津津乐道的事件是他用了两年的时间在中原地带照顾一群脾气暴躁、经常抱怨没有食物，并且容易受到异教神祇引诱的犹太人。摩西在临终前说道："耶和华从西奈而来。"（《申命记》，33.2）"西奈山峰烟雾一片，因为上帝在火中降临于山上，于是烟雾如同从炉子中向上升起。整座山大力震动。"（《出埃及记》）这样形容。"众百姓见雷轰、闪电，角声、山上冒烟，就都发颤，远远地站立，摩西对百姓说：'不要惧怕，因为神降临是要试验你们……'"

然而，《圣经》的记载只是加强了西奈游人必会体验的一个印象，那就是：肯定是某个存在（或力量）有意塑造了这般景观。他一定比人还要强大，并且拥有纯粹的"自然"所不可能有的智慧。在凡夫俗子眼中,“上帝”似乎可以为这股力量正名。我们或许以为自然的力量,而非超自然的力量,一样能造就美感和充满力量的印象。然而当我们站在一个沙岩山谷中,看着山谷向上延伸耸起,像是一个巨大的祭坛,而这祭坛之上,正悬着一弯新月……目睹此景,我们还能坚持是自然造就了美感和力感吗?

早期描写壮阔之物的作家常把壮阔的景致和宗教联系起来:

1712 年,艾迪生《论想象的乐趣》:

“广阔的空间让我思考到了一个无所不能的神。”

1739 年,格雷《信札》:

“有些景象能让无神论者心生敬畏,相信上帝的存在,这根本无需任何论证。”

1835 年,柯尔①《论美国之风光》:

“这些孤绝之景不是出自自然之手,上帝才是它们真正

① Cole, Thomas(1801—1848),美国浪漫主义风景画家。——译者

的创造者——上帝。这是他完美无瑕之作,让人思考永恒之物。"

1836年,埃默森《自然》:

"自然界最崇高的职责,便是作为上帝创造之奇观出现。"

西方人为壮阔之景所吸引,正好发生在传统的上帝信仰式微之时。这并不是偶然的。这些景观仿佛使游人体验到一股超然之感,而这种体验是他们在城市和已开发的乡间无法获得的。这些自然景观让人们和超然的力量保持情感上的联系,同时他们也无需再苟同于圣经文本和宗教团体中越来越具体却越来越不可信的论点,因此他们获得了自由。

7.

上帝和壮阔景致的联系在圣经中的一章里写得最具体,其情境相当特别。一个正直但却沮丧万分的人质问,为什么他的生活中有那么多磨难。上帝的回答是,他应当去想想天地间的山川河流等自然景观。在这里,壮阔的景观承担了如此迫切且沉重的问题,这的确是罕见的。

伯克把《约伯记》描绘为《旧约》中气象最壮阔的篇章。该篇章的开头说到有一个名为约伯的富人，他非常虔诚，住在乌斯这块土地上。他有 7 个儿子、3 个女儿、7000 只羊、3000 只骆驼、500 对牛和 500 头驴子。他本来事事顺心，德行也得到了回报。然而，有一天，灾难降临了。示巴人偷走了约伯的牛和驴子，他的羊被闪电击毙，而骆驼也被迦勒底人掠夺了。沙漠吹起了一阵飓风，将他长子的寓所给吹毁、同时夺走了大儿子和他弟妹们的生命。接着，约伯从脚掌到头顶全都长出了毒疮，他呆坐在被毁房子的灰烬中，用陶器碎片刮着自己的身体，并痛哭一场。

为什么约伯会遭受到磨难？他的朋友提供了答案：他一定是做了什么罪大恶极的事。书亚人比勒达告诉约伯，如果他和孩子没做过坏事，上帝是不会杀死他的孩子的。比勒达说："上帝不会遗弃正直的人。"拿玛人瑣法则认为，上帝对约伯已经够好了，他说："你必须知道，上帝给予你的惩罚，少于你的罪行所应得的果报。"

但约伯却不能接受这些解释。他称之为"灰烬的箴言"和"淤泥的堡垒"。他从不是个坏人，为什么会遭遇不幸？

在整部《旧约》中，这是上帝面临的最尖锐的一个问题。沙漠刮起了一阵旋风，而愤怒的上帝从中给予了约伯这样

的回答：

谁用无知的言语使我的旨意暗昧不明？

你要如勇士束腰；

我问你，你可以指示我。

我立大地根基的时候，你在哪里呢？

你若有聪明，只管说吧！

你若晓得就说，是谁定地的尺度？

是谁把准绳拉在其上？

光亮从何路分开？

东风从何路分散遍地？
谁为雨水分道？
谁为雷电开路？
冰出于谁的胎？
天上的霜是谁生的呢？
你知道天的定例吗？
能使地归在天的权下吗？
你能向云彩扬起声来，
使倾盆的雨遮盖你吗？
鹰雀飞翔，展开翅膀一直向南，
岂是藉你的智慧吗？
你有神那样的膀臂吗？
你能像他发雷声吗？
你能用鱼钩钓上鳄鱼吗？

当上帝被问及为什么约伯没做坏事却遭受祸害时，他把约伯的注意力引向伟大的自然现象。不要因为事与愿违而感到惊讶，因为这个宇宙比你大得多。当无法理解为什么会发生事与愿违的情况时不要惊讶，因为你根本不能彻底理解宇宙的逻辑。站在群山之前，你就知道自己有多么渺小。

接受比自己伟大的事物,也接受自己不了解的道理。这个世界对约伯而言可能缺乏逻辑性,但是这不表示世界本身缺乏逻辑。我们不能用自己的人生去衡量一切,而应该通过壮阔的景致提醒我们人类的渺小和脆弱。

这里当然有非常清楚的宗教讯息。上帝向约伯保证,即使他不是所有事件的焦点人物,甚至命运多舛,上帝还是会把他放在心上。当神圣的智慧远离人们的理解力时,正直的人因为看到壮阔的自然景象而体会到自己的有限性,也就必须继续相信上帝为宇宙作出的安排。

8.

尽管约伯的疑问得到了宗教层面的解答,然而从其世俗的层面来看,也可以找到答案。壮阔景观的雄伟和力量有其象征意义。那就是:让我们无怨无悔地接受那些无法跨越的障碍,以及无法理解的事件。正如《旧约》中的上帝所知的那样,我们可以参照自然界中远超人类体积的景物,如高山、地球上的森林以及沙漠,用以对比人类的脆弱,进而使人坚强。

如果这个世界不公平,或让人无法理解,那么壮阔的景致会提示我们,世间本来就是如此,没有什么好大惊小怪

的。宇宙的力量可以移山倒海,而人类不过是小小的玩偶。从壮阔的山河中去了悟自身的局限是十分有效的,否则我们就有可能在日常生活的流变中感到焦虑和愤怒。不只是自然违抗我们,就连生活本身也是不堪忍受的重压。然而,自然界中广阔的空间却最充满善意和敬意地提示了我们所有超越我们的事物。如果我们用更长的时间与它们相伴,它们会帮助我们心服口服地接受那些无法理解而又令人苦恼的事情,并接受我们最终将化为尘土这一事实。

艺术
ART

Ⅶ　令人眼界大开的艺术

On Eye-opening Art

地点	普罗旺斯
向导	凡·高

1.

一个夏天，我应邀和朋友一起在普罗旺斯的一座农舍里度过了几天时间。我知道“普罗旺斯”这个词能让许多人产生无限遐想，然而它对于我而言并不意味着什么。我倾向于通过这样一种感觉，即那个地方与我并不相投，来打消自己对这个词的联想。没错，在一些聪明人眼里，普罗旺斯美若仙境——“啊，普罗旺斯！”他们会怀着崇敬之情作如此感叹，一如他们正在观看歌剧或是欣赏代尔夫特①陶艺品。

飞抵马赛机场后，我租了一辆小小的雷诺汽车，前往主人的住所。他们的房子建在阿尔卑斯山脚下，处于两个小镇阿尔勒和桑特拉米之间。出了马赛机场，我竟走错了路，车子一直开到了滨海福斯的炼油厂。它那纠结在一块儿的管道和冷却塔诉说着这种液体生产的复杂性，我习惯于将这种液体注入我的汽车却从不思考它的来处。

我终于找到了自己的路，返回到 N568 公路，穿过拉克罗生长着小麦的大片原野，我进入法国内陆。由于时间还

---

① Delft，荷兰西部城市，16、17 世纪为著名的荷兰白釉蓝彩陶器贸易中心。——译者

早，在圣马丹-德克罗的村庄外面，离我的目的地几公里的地方，我在路边停下，关掉了发动机，停在一片橄榄林的一端。除了隐藏在树中蝉的鸣叫之外，周围都很安静。在橄榄林的后面是一大片麦田，以一排柏树作为分界线。那些柏树的顶部依稀可见阿尔卑斯山脉不规则的山脊。天空湛蓝一片。

我浏览着这片景象。我并不在寻找某些特定的东西：猎物，度假小屋或是回忆。我的动机很单纯，快乐就是我的出发点，我在寻找美的踪迹。我希望普罗旺斯的橄榄树、柏树和天空能够"带给我喜悦，让我生机勃勃"。这是一个伟大而松散的计划。此刻眼睛自由自在，却反倒有些迷惘。眼睛在完成了当日的搜索任务——如寻找租车处，离开马赛的公路出口——之后，开始无拘无束地在景物中穿梭。如果把眼睛经过的路线用一支巨大的铅笔描绘出来，那么天空就将立即被躁动而随意的线条涂满了。

尽管风景并不难看，但在一段时间的仔细观察之后，我却找不到传言中充满魅力的景致。橄榄树看上去很矮小，与其说是树，倒不如说是灌木；而麦田则让我想起了平坦却枯燥的英格兰东南部地区，我曾在那里的一所学校里读书，而且过得并不快乐。我有些疲惫，无力再去注意这里的谷仓、山上的石灰岩或是生长在一群柏树下的罂粟。

雷诺汽车的车厢里持续上升的温度让我觉得乏味而且极不舒适,我开始出发驶向目的地。见了朋友,我向他们问候,口是心非地称道此地真是人间天堂。

在接触一地风景时,我们的感觉会迅速涌出,就如发现雪是冰的而糖是甜的一样,因此很难想象风景对我们的吸引力可以改变或者增强。似乎对一个地方的感觉已经被这些地方内在的气质或是我们心中根深蒂固的思维模式所决定。因此,当我们力图改变对于这些美丽风景的感觉时,会觉得很无助,就好像力图改变自己对已经觉得味美的冰淇淋的感觉一样。

但是审美品位不会像上面作的类比那么刻板。我们忽略了一些地方,是因为从来没有什么事物促使我们发现其欣赏价值,或者是因为一种不幸却随意的联想使我们有负面的判断。我们和橄榄树的关系,在我们被引导向它那树叶上的银色光芒或是其枝干的形态的过程中得到了提升。当我们看到一株株结实饱满的麦穗在风中倾下头颅时,我们不禁会对这种脆弱而又必不可少的作物产生了悲悯之情,一些新的联想就此产生。一旦我们被告知,即使从最原始的角度来看,普罗旺斯天空的主宰仍是蓝色,我们就能在天空中找到一些值得欣赏的东西。

或许视觉艺术最能提升我们欣赏风景的能力。我们可以把许多艺术作品想象为有着无限微妙含义的工具,它们将教会我们如何欣赏:“注视着普罗旺斯的天空,更新你对麦子的认识,不要小看了橄榄树。”在成千上万个事物中,以一片麦地为例子,一幅成功的作品将描绘出这麦田的特色,并且使美感和兴趣从观众心中升起。视觉艺术将使平常湮没在众多素材中的要素凸现出来,同时使其稳定下来,一旦我们熟悉了这些要素,视觉艺术就会在不知不觉中推动我们在周遭的世界中发现这些要素;如果我们已经发现它们了,它将使我们更有信心,让这些要素在生命中发酵。我们就像这样一个人,有一个词语在他耳边已经被提及多次,但是只有他体会到这个词语的含义时,他才开始倾听到它。

我们探寻美的旅程也是这样;我们想要从哪里开始艺术之旅,艺术作品就从哪里开始潜移默化地影响我们。

2.

文森特·凡·高①在 1888 年的 2 月底来到普罗旺斯。

---

① Gogh, Vicent van(1853—1890),荷兰最伟大的画家之一。——译者

那年他35岁,他决定献身于绘画不过是8年前的事。在这之前,他尝试过做一名教师,继而是一名牧师,但都不太成功。来普罗旺斯之前的两年时间,他和他的弟弟泰奥居住在巴黎。泰奥是一名经营艺术品的商人,并在经济上资助凡·高。凡·高几乎没有接受过什么艺术训练,但是那时他和保罗·高更①、土鲁斯-劳特累克②已经成了朋友,并且他的作品和他们的作品一同在克利希大街的唐布兰咖啡馆展出。

凡·高回忆他坐了16个小时的火车来普罗旺斯的感觉:"我依然清晰地记得那年冬天当我从巴黎到阿尔勒旅行时有多么兴奋。"阿尔勒是普罗旺斯地区最繁华的小镇,也是橄榄油贸易和铁路工程的中心。凡·高到了之后,带着他的背包行走在雪地里(那天很不寻常,积雪厚达10英寸),前往距离小镇北面的防御墙不远的卡雷旅馆。尽管天气寒冷,房间很小,凡·高依然因为他的此次南行而兴高采烈,他告诉他妹妹说:"我相信在这里的生活有很多地方会让人满意些。"

---

① Gauguin, Paul(1848—1903),法国后期印象派画家。——译者

② Toulouse-Lautrec, Henri de(1864—1901),法国画家,对19世纪末20世纪初的法国艺术发挥了巨大影响。——译者

凡·高在阿尔勒一直待到了1889年的5月。在15个月的时间里,他创作出了大约200幅油画,100幅素描,还写了200封信——这大概称得上他最多产的时期了。来到阿尔勒后最早的作品展示了覆盖在雪下的阿尔勒镇,天空是清澈的蓝,大地呈现冰冻的桃红。凡·高到达小镇的5个星期后,春天来了。他画了14幅油画来展示阿尔勒小镇外原野里郁郁葱葱的树木。5月初,他画了阿尔勒-伯克运河上的朗格诺瓦吊桥,该桥位于阿尔勒镇的南面。5月底,他创作了一些风景画,主题是向着阿尔卑斯山丘的拉克罗平原和蒙特梅杰荒废的修道院。凡·高也曾试着从反方向来描绘这个景色,也就是登上修道院旁的斜坡,俯瞰阿尔勒。6月中旬,他的注意力已经转向了一个新的对象:丰收的景象,在短短两周内他就完成了10幅油画。他以惊人的速度工作着,就像他所说的,“快点,快点,快点,再快点,就好像一个收割者,在炽热的阳光下沉默着,全部的注意力只在于他的收获。”“我甚至中午都在工作,在耀眼的阳光下,就像一只蝉一样享受中午时光。我的上帝,如果我在25岁的时候就知道这个小镇,而不是35岁才来到这里,那该多好!”

后来,在向弟弟解释自己为什么要从巴黎搬到阿尔勒的原因时，凡·高说了两点原因：因为他想“画南方”，因为他想通过自己的作品使别人“看到”南方。虽然他不确定自己是否有这种力量，但他从未动摇过他这个在理论上可以实现的信念——也就是说，艺术家能够画出世界的一部分，并且最终使其他人的眼界因之而大开。

凡·高之所以坚信艺术具有如此令人大开眼界的力量，那是因为，他经常是作为一名观众来感受这种力量。从他的祖国荷兰移居法国以来，凡·高发现文学也有这种特别的力量。他读过巴尔扎克、福楼拜、左拉和莫泊桑的作品，并且非常感谢他们为他打开眼界去了解法国社会和民众心理的动态。《包法利夫人》向他展现了当地中产阶级的生活，《高老头》让他了解身处巴黎，身无分文却雄心勃勃的学生们——他在身处的社会里大体辨认出了从这些作品中读到的角色。

绘画作品也以相似的方式打开了凡·高的视野。凡·高不住地赞扬其他画家，说自己透过他们的作品看到了某些颜色和氛围。比如，委拉斯开兹[1]让他认识了灰色的世

---

① Velazquez, Diego(1599—1660)，17 世纪最重要的西班牙画家。——译者

界。委拉斯开兹的多幅油画是以简朴的伊比利亚家居为题材。在那里,墙是由砖块或是一种颜色阴暗的灰泥砌成的。到中午的时候,百叶窗被放下来,用于阻止热气进入屋内,这个时候主导的色彩就是幽暗的灰色;有时百叶窗并没有完全关紧,或是有一部分脱落,会射进明亮的黄色光线。这种效果并非由委拉斯开兹发明,在他之前就有许多人见过这样的情景,但是几乎没有人有这种力量或是天赋,去捕捉这些效果,并将它们转化为可以与人交流的体验。就好像一个发现新大陆的探险者,委拉斯开兹已经(至少对于凡·高来说)用他的名字命名了这场在光的世界里的探索。

凡·高在阿尔勒镇中心的许多小饭店里吃过饭。这些小饭店的墙通常是阴暗的,百叶窗紧闭,而屋外却是阳光灿烂。有一次午餐时间,他写信给他弟弟,说他偶然发现某些完全“委拉斯开兹式”的东西:“我所在的这间饭馆非常奇怪。它全部是灰色的……一种‘委拉斯开兹式’的灰色——就像在《纺纱的女人》中的一样,甚至连委拉斯开兹的画作中那一条条从百叶窗缝隙透入的细细的亮光都不缺……在厨房里,有一个老女人和一个又矮又胖的仆人,他们的穿着也是灰、黑、白三色……这是纯粹的委拉斯开兹式。”

对于凡·高来说,衡量每一个杰出画家的标志就是他们是否能够让我们更加清楚地看到世界的某些部分。如果说委拉斯开兹让凡·高了解了灰色和大厨师们粗糙的脸，那么，莫奈就是落日的导览人，伦勃朗让他了解了晨光，维米尔[1]则让他了解了阿尔勒镇的少女（他在阿尔勒附近看到了一个少女之后，写信告诉他弟弟说："她简直就是维米尔的画中人。"）。一阵大雨过后，罗讷的天空让他联想到了葛饰北斋[2]，而米利特的麦子和海上圣马利亚[3]的年轻女子让他联想起契马布埃[4]和乔托[5]。

3.

然而，幸好，凡·高在艺术上有着勃勃雄心，他不相信先前的艺术家已经捕捉到了法国南部的所有风光。在他看来，许多艺术家的作品遗漏了事物的精华。"贤明的主啊，我已经看过一些画家的作品，他们根本没有真正画出这些

---

① Vermeer, Jan（1632—1675），荷兰画家。——译者

② Katshshika Hokusai（1760—1849），日本画家，对 19 世纪后期西方艺术影响很大。——译者

③ Saintes-Maries de la Mer：法国罗讷河口省一区府，著名朝圣地。——译者

④ Cimabue（1251—1302），佛罗伦萨画家和装饰艺术家。——译者

⑤ Giotto（约 1266—1337），14 世纪意大利画家，被尊为意大利第一位艺术大师。——译者

事物，"他欢呼道，"在这里我还有充足的发挥空间。"

举个例子，没有人曾经捕捉过阿尔勒镇上中年中产阶级妇女独特的形象。"这里有一些妇女像弗拉戈纳尔[1]或是雷诺阿[2]画中的人物。但是，这里还有一些女人**是此前在绘画中从未被赋予某种标记的**。"他还发现自己在阿尔勒镇外看到的在田间劳作的农夫也被艺术家忽略了："米勒重新唤起了我们的思考，使我们能够看到大自然中的居民。但是，直到现在仍然没有人画出真正的法国南方人。""我们现在已经基本知道如何去看待农夫了吗？不，几乎没有人知道如何将他们表现出来。"

在凡·高于1888年踏上普罗旺斯之前，百年来一直有画家把这个地方的景色搬上画布。普罗旺斯比较知名的艺术家有弗拉戈纳尔、康斯坦丁、毕道尔和艾吉耶[3]。他们全部都是现实主义画家，他们都信奉一个经典的，而且较少引起争议的观点，即他们的任务就是在画布上展现一个视觉世界的精确版本。他们走进普罗旺斯的田野、山川，画出了

---

① Fragonard, Jean-Honore(1732—1806)，法国画家。——译者
② Renoir, Pierre-Auguste(1841—1919)，法国印象画派的先驱。——译者
③ Constantin(1756—1844)、Bidauld(1758—1846)、Aiguier(1814—1865)都是新古典写实主义画家。——译者

栩栩如生的柏树、林子、青草、麦子、云朵和公牛。

然而凡·高却坚持认为，他们中的大部分并没有画出这些景物的神髓，对普罗旺斯的描绘不够真切。我们倾向于将那些充分表达出周遭世界核心要素的图画称为现实主义的作品。但是世界是如此复杂，并足以使两幅描绘同一个地方的现实主义作品因艺术家风格和气质的不同，而呈现出完全不同的景象。两个现实主义画家有可能坐在同一片橄榄林的一端，创作出迥异的素描。每一幅现实主义作品都代表一种选择，画家从真实世界中选取他认为突出的特质来表现；没有一幅绘画作品可以捕捉整个世界，就好像尼采略带嘲讽地指出的那样：

> 现实主义画家
> “完全忠实于自然”——天大的谎言：
> 自然怎么会被局限于一幅画中？
> 自然最小的部分已是无穷！
> 因此他只是画出了他喜欢的。
> 那么什么是他喜欢的？他喜欢他所能画出的！

如果我们喜欢某个画家的作品，那可能是因为，我们认为他或她选择了我们认为对于一片景色来说最有价值的特征。有些选择是如此敏锐，以至于它们逐渐成了一个地方的定义，只要我们到那个地方去旅行，就必然会想起某位伟大艺术家所描绘的特征。

换言之，比如，如果我们抱怨画家为我们画的肖像不像我们本人，我们并不是在指责这个画家欺骗了我们。只是我们觉得，或许这件艺术作品创作的选择过程出了差错，那些我们认为应该属于精华部分的地方没有被给予足够的重视。拙劣的艺术可以被定义为一连串错误选择的后果，该表现的没有表现出来，该省略的却又呈现出来。

凡·高对绝大多数在他之前已经描绘过法国南部的画家进行了抱怨，认为他们没有把最本质的东西表现出来。

4.

在客房里有一本大部头的关于凡·高的书。到这里的第一个晚上我无法入睡，因此读了其中的几章，我贪婪地阅读着，直到粉色的黎明映现在窗户的角落，才让书页翻开着而沉沉睡去。

我醒得很晚，醒来时发现主人们已经前往圣雷米了，他们留下一张字条告诉我他们会在午饭时间回来。早餐放在台阶上的一张金属桌上，我以极快的速度，接连吃了3个巧克力面包。我感到很不好意思，吃的时候一直在留意着管家，担心她会把我狼吞虎咽的情形告诉给她的主人。

这天天气晴朗，干燥而寒冷的西北风吹乱了临近田地里的麦穗。昨天我也坐在这个位置，可是直到现在我才注意到在花园的尽头有两棵高大的柏树——这一发现与晚上我所读到的凡·高关于柏树的描述不无关系。从1888年到1889年，凡·高创作了一系列关于柏树的素描。“它们一直占据着我的思想，”他对他的弟弟说，“令我惊讶的是，它们仍没有像我所看到的那样被描绘过。柏树的线条和比例就像埃及的方尖石塔（金字塔）一样美。它的绿色有一种如此独特的气质。这种绿是在一片充满阳光的风景上泼洒上的黑色，像是最有趣，也最难弹奏正确的黑色音符。”

关于柏树，有哪些是凡·高注意到了，却为其他画家所忽略了的呢？有一部分，是柏树在风中摆动的一些姿态。由于凡·高的作品，特别是1889年画的《柏树》和《麦田和柏树》这两幅画，我走到花园尽头，仔细研究那两棵柏树在北风中特别的姿态。

柏树独特的摆动背后有着建筑学上的考量。与松树不同，松树的枝叶是从它的顶部向下缓慢地下垂，柏树的枝叶则是从地面往上蹿升。树干异常的短，而最顶部的1/3处全是由枝条组成的。在风中，橡树的枝条摇摆不定而主干屹立不动，但是柏树则整棵树都摇来摇去，而且由于柏树的枝叶是沿着树干周围的许多点生长出来的，柏树在风中就好像是绕着不同的轴弯曲。从远处看，由于摆动的幅度不一致，柏树看上去像是同时被几股来自不同方向的风吹得摇摆不定。它那类似圆锥的外形（柏树的直径很少有超过一米的），使它呈现出一种类似火焰的形态，似乎在风中紧张不安地摇曳。这一切是凡·高注意到并希望其他人看到的。

凡·高在普罗旺斯待了几年以后，奥斯卡·王尔德评论说，在惠斯勒①画出伦敦的雾之前，伦敦并没有雾。在凡·高画出普罗旺斯的柏树以前，普罗旺斯的柏树一定也少得多。

橄榄树在过去也很少引人注意。昨天，我还对一株矮小的橄榄不屑一顾，但是凡·高1889年的作品《橄榄树、黄色的天空和太阳》及《橄榄林：橘红的天空》使橄榄树成为了

① Whistler, James Mcneill（1834—1903），美国出生的画家，长期侨居英国。——译者

凡·高:《柏树》,1889年

主角,展现了它们的树干和树叶的形态。我现在才发现我原来没注意到这种种的棱角:一棵棵橄榄树就好像三叉戟,被一股巨大的力量投掷进土壤中。橄榄树的枝叶看起来也力道十足,仿佛它们是弯曲着的臂膀,随时准备出击。很多树的叶子看起来软趴趴的,像是摆久了的莴苣叶子,但橄榄树的叶片结实,银亮,看起来神采奕奕、精力旺盛。

跟随着凡·高,我也开始注意到普罗旺斯在色彩上一些不同寻常的地方。这和这里的气候有关。从阿尔卑斯山

凡·高:《麦田与柏树》,1889年

顺着罗讷山谷吹来的干燥寒冷的北风,有规律地吹净天空中的云朵和水气,在天空中留下一片纯净饱满而没有一丝白色的蓝。同时,地中海型气候和高水位以及良好的灌溉,使植物格外地繁茂。这里没有缺水之虞,植物可以自由自在地生长,尽量利用南方的光和热。并且,很幸运的是,空气中没有湿气,因此,不像热带的气候多雾潮湿,树木,花朵和植物的颜色因而格外鲜明。无云的天空、干燥的空气和水分充足且鲜艳的植物,这些因素相结合使普罗旺斯充满明艳、生动的对比色。

凡·高之前的画家常常忽视这些相互形成对比的色彩,而只是将它们画作补充的色彩,就像克劳德和普桑传授的技法。比如康斯坦丁和毕道尔描绘的普罗旺斯,完全在柔和的蓝色与棕色中细微地变化。凡·高因大家忽略了普罗

旺斯的自然色彩而忿忿不平："大多数的画家对色彩的研究不深……没有看到南方的黄色、橙色、硫磺色，并且

如果有一个画家用眼看到了他们没有看到的色彩，他们就说这个画家疯了。"因此，凡·高摒弃了传统的明暗对比法的技巧，大胆用原色在画布上挥洒，将颜色的对比表现得淋漓尽致：红与绿，黄与紫，蓝与橙。"这里的色彩非常精美，"他告诉他的妹妹，"叶子新鲜时是一种丰润的绿，是那种我们在北方很少看到的绿。当它枯萎时，蒙上了灰尘，它仍没有失去它的美，因为那个时候整片景色已经染上了各种色调的金色，绿色的金，黄色的金，粉色的金……这种金色色调与蓝色相结合，有水的宝蓝，勿忘我的靛蓝，特别是亮丽明艳的钴蓝。"

我的眼开始习惯于从（凡·高）帆布画上的主色去看这个世界。目光所及的每一个地方，我都能够看到最主要的色彩之间的对比。在房子旁边有一片紫色的薰衣草与黄色的麦田毗邻。房子的屋顶是橙色的，与纯净蓝色的天空相

凡·高:《橄榄园》,1889 年

映。绿色的草地上点缀着红色的罂粟花,草地的四周则是夹竹桃。

这里,不是只有白天才色彩缤纷。凡·高也为夜空上了色。以前,普罗旺斯的画家所描绘的夜空总是一片黑上点缀着些许小白点。然而,当我们在一个明朗的夜晚,远离亮着灯的房屋和街灯,坐在普罗旺斯的天空下,我们会注意到天空实际上包含着丰富的色彩:在星星之间,似乎有一种深蓝、紫色、或是暗绿,而星星本身却呈现出一种苍白的黄色、橙色或绿色,放射出的光环远远超过了它们自己狭窄的周边。就像凡·高向他妹妹解释的:"夜晚甚至比白天更加色彩斑斓……只有你注意着它,你才会看到有些星星是淡黄色的,其他的星星有一种粉红色的光芒,或者泛着绿色、蓝色,和勿忘我的光辉。不用说,只在蓝黑背景上放置白色的小点,显然是不够的。"

5.

阿尔勒镇的旅游服务处位于小镇西南一条不起眼的混

凝土街区里。游客可以在此拿到免费的地图，查询饭店、文化节、孩童看护、品酒、泛舟、历史遗迹和市场等资讯。但此处有一点特别突出，在大厅门口一张向日葵簇拥下的海报上写着："欢迎来到凡·高的领地"，而大厅的墙上则被饰以丰收的场景、橄榄树和果园。

旅游服务处特别向游客们推荐被称作"凡·高的足迹"的项目。凡·高 1890 年去世，在他逝世 100 年的纪念日，凡·高在普罗旺斯待过的地方都能看到一系列的饰板——这些饰板被安装在金属板或是石板上——放置在那些凡·高曾经画过的地方用以表达对凡·高的敬意。饰板上贴着凡·高画作的复制品，并加上了几行解说词。不管是城里，麦田或橄榄园都看得到这样的饰板，甚至在圣雷米也有。他在割耳事件发生后不久便被送入此地的疗养院，他在普罗旺斯的日子就在这里告终。

我说服了我的主人们，打算花费一个下午的时间追寻凡·高的足迹，于是我们来到旅游服务处领取地图。很偶然的，我们得知有一个一周一次由导游带领的游览项目，游客们在院子里整装待发，而名额未满，价格也还合适。我们和好些热爱凡·高者一同报名参加了这项活动。导游名叫索非娅，是巴黎索邦神学院的一名学生，正在撰写一篇有关凡·高的论文。在她的带领下，我们到了此行的第一站：拉马丁广场。

1888年5月初，因为觉得自己住的旅馆太贵，凡·高租下了位于拉马丁广场2号的一座建筑物的一侧，这就是著名的“黄色小屋”。这座“黄色小屋”的外墙被他的主人漆成了明亮的黄色，而屋内却没有。凡·高对于房屋内部的设计产生了极大的兴趣。他想让它显得单纯而朴素，具有南方的色彩：红色、绿色、蓝色、橙色、硫磺色和淡紫色。“我想让它真正成为‘一间艺术家之屋’——没有什么昂贵的东西，但是从椅子到图画，每一样东西都有特色，”他这样告诉他的弟弟。“至于床，我已经买了乡间常用的床，不是铁床，而是大的双人床。它的外表给人坚固、耐久且恬静的印象。”重新装饰完成之后，他得意地写信给他的妹妹：“我在这里的房子，外面漆成鲜黄油般的黄色，搭配着耀眼的绿色百叶窗，房子在一个广场中，沐浴在灿烂的阳光下，这房子有一个绿色的花园，里面种了梧桐、夹竹桃和洋槐。房子里面的墙完全被刷成白色，地板由红色的砖块铺就。在房子的上空就是耀眼的蓝天。在这间房子里，我可以生活、呼吸、沉思和作画。”

令人遗憾的是，索非娅并没有什么可以展示给我们，因为“黄色小屋”已毁于二战，取而代之的是一座青年旅馆，并且由于旁边是一座巨大的“均价”商店（法国的一种专售廉价商品的连锁店），而显得更加矮小。因此我们驱车前往圣雷米，在凡·高曾经住过和在那进行绘画活动的疗养院周围的田地里待了一个多小时。索非娅随身携带了一本巨大的塑料封面的书，里面有凡·高在普罗旺斯期间主要的绘画作品，她经常在凡·高曾经到过的地方将它举起来，让我们围在身边凝视。当她背对着阿尔卑斯山，举起《以阿尔卑斯山为背景的橄榄树》（1889 年 6 月）时，大家纷纷赞叹这片景色和凡·高的作品。但是，在团队中偶尔也能听到异议：在我身旁，一个戴着大帽子的澳大利亚人对他的同伴——一个头发蓬乱的娇小女人——说：“嗯，它看上去并不很像这片景色。”

凡·高的确担心这样的批评。他写信给他的妹妹说，许多人说过，他的作品看上去太怪异，还有一些人甚至认为他的作品一无是处，令人厌恶至极，其原因不难发觉。在他的画中，房子的墙并非总是直的，太阳并非总是黄色的，甚至草也并非总是绿色的，他画的树摆动得有些夸张。“我的确对色彩的真实情况做了某种改变，”他承认，并同时也对比例、线条、阴影和色调作了类似的改变。

凡·高:《阿尔勒的黄色小屋》,1888 年

然而,改变真实情况对于凡·高而言,仅仅是将那个所有的艺术家都会被卷入其中的过程表达得更加清楚——也即,选择将现实中的哪些方面包含在画中,哪些方面排除出去。正如尼采所了解的,现实本身是无穷的,也永远无法全部被表现于艺术之中。在普罗旺斯的画家当中,凡·高之所以独树一帜,是因为他选择自己感觉最重要的东西来表达。而像康斯坦丁这样的画家,花费了巨大的努力画起来则中规中矩,努力追求正确的尺寸。凡·高虽然对于创造一种“相似性”很感兴趣,但是却并不担心尺寸的问题,只在意画出他认为最能表现南方特色的地方;他告诉他弟弟,他追求的“像”不同于虔诚的摄影师所追求的逼真。他所关注现实中的那一部分,有的时候需要加以扭曲、省略或者更换颜色,

方能在画面上表现出来，但是依然使他感兴趣的是真实——“相似性”。他愿意牺牲一种幼稚的现实主义来成就一种更加深刻的现实主义，就像一个诗人，在描述一件事件时虽然比不上一名记者来得真实，但是却可能揭示出在记者严谨的文字框架内无法找到的事件的真相。

1888 年 9 月，凡 · 高写了封信给他的弟弟，谈到他计划要画的一幅肖像画：“与其尝试着去精确再现展示在我面前的图景，我更加倾向于随心所欲地运用色彩，为的是有力地表达我自己……我将给你一个例子来说明我的想法。我打算画一个艺术家朋友的肖像，他是一个怀有伟大梦想的人，天生就热爱自己的工作。（这就是他在 1888 年 9 月初画的《诗人》）。在我的画中，他将会是一个金发碧眼的人。**我想将我对他的欣赏，我对他的爱，放进这幅画中**。因此，开始时我尽可能忠实地把他画出来。但是这幅画仍然没有完成。为了完成这幅画，我的用色将非常专断、大胆。我对他亮丽的头发进行了夸张，我甚至调出了

普罗旺斯圣雷米的凡·高之路

橙色调、铬黄色和苍白的淡黄色。他背后那道普普通通的墙，我则用我能想出的最饱满、最强烈的蓝色作为背景，通过这种明亮的头部与饱满的蓝色背景的简单结合，我获得了一种神秘的效果，好像一颗星星在一片天蓝色夜空的深处……哦，我亲爱的弟弟……那些中规中矩的人们只会将这种夸张看作是一幅漫画。”

几周以后，凡·高开始另一幅“漫画”。“今晚我想开始画一间咖啡馆。它晚上点着煤气灯，是我吃晚餐的地方，”他告诉他弟弟，“这种地方叫作‘夜间咖啡馆’（它们在这里相当普通），整夜都开着。夜晚四处游荡的人们，如果没有钱支付一间寓所或者醉得无法被抬进寓所，可以在这里寄宿。”在创作《阿尔勒镇的夜间咖啡馆》这幅作品时，凡·高为了表现现实的其他内容而不再拘泥于“现实”的某些要素。他并没有再现景观本身或是咖啡馆的色彩，咖啡馆的灯泡变形为发光的蘑菇，椅子的背弯成弓形，地板翘了起来。然而他依然感兴趣于表达他对这个地方的真实想法，而如果他必须遵循艺术的那些经典规则，恐怕无法像这样将他的这些想法表现出来。

6.

那个澳大利亚人的抱怨在团队中是少见的。我们中的大多数人听完索非娅的解说后，都怀着一种重新建立起来的敬意——对于凡·高和他画过的那片风景的敬意。但是我突然想起帕斯卡尔一句尖刻的名言，早在凡·高到法国南部的几百年前，他就说出这样的话了：

> 绘画是多么地虚荣，它使我们不去赞美事物本身，而兴奋地赞美绘画所体现出来的与事物的相似性。
>
> ——《沉思录》

令人尴尬的是，在我还没发现凡·高对普罗旺斯的描绘前，我并不那么欣赏普罗旺斯这个地方。但是，在意欲嘲讽艺术爱好者的同时，帕斯卡尔的箴言却有可能忽略了重要的两点。如果我们设想所有画家所做的就是精确地再现他们眼前的图景，而我们赞叹这样一幅绘画作品，一幅描绘了一个我们知道却并不喜欢的地方，这听起来荒谬而虚伪。如果这些画家是精确地再现他们眼前的图景，那么在一幅画中我们将要赞叹的对象便只是画家的技巧和他本人的声名了。这样说来，或许帕斯卡尔说的绘画无用论的确没错。但是，如同尼采所言，画家并不单纯地再现，他们有所选择，有所强调，同时他们还致力于表现他们眼中的真实，因而值得让人真心喝彩。

而且，即便我们所赞美的关于一个地方的图画不在眼前，我们也不必像帕斯卡尔暗示的那样，恢复我们对这个地方的漠然。欣赏的能力可以从艺术转向（现实）世界。我们会发现许多事物，最初画布上的图景让我们感到愉悦，而后我们在画作所描绘的那个地方喜欢上它们。就像看了凡·高画的柏树之后，我们更知道如何欣赏柏树。

7.

普罗旺斯并不是惟一因为艺术作品而让我开始欣赏继而想去游历的地方。因为看了文·温德斯①的《城里的爱丽丝》,我造访了德国的工业区。安德烈亚斯·古尔斯基拍摄的照片教我欣赏高速公路桥下方的区域。由于帕特里克·谢勒的记录片《现代鲁滨孙漂流记》,我围着英格兰南部的工厂、购物中心和商业园区度过了一个假期。

一个地方经过伟大画家的描绘,往往会变得更为动人。阿尔勒的旅游服务处不过是普加利用艺术与旅行欲望的关系,翻开旅行史来看,这样的例子曾在不同国家出现(透过不同的艺术媒介),最显著最早的例子就是18世纪下半叶的英国。

历史学家们认为在18世纪之前,英格兰、苏格兰和威尔士乡村的大部分地区并没有吸引人们的目光。那些后来被认为是自然地、无可争辩地美丽的地方——瓦伊河谷,苏格兰高地,湖区——几个世纪以来一直无人闻问,甚至遭人蔑视。丹尼尔·笛福②于18世纪20年代游览了湖区,他对此

---

① Wenders, Wim(1945—),德国著名导演。——译者

② Defoe, Daniel(1660—1731),英国小说家,《鲁滨孙漂流记》的作者。——译者

地的描绘是"贫瘠、可怕"。在《苏格兰西部小岛之旅》中,约翰逊博士[1]写道,高地是"崎岖的",令人遗憾地缺乏"植物的装饰",一眼望去尽是绝望的贫瘠。在吉勒史尔时,鲍斯维尔为了激起约翰逊的兴致,指着一座山,说那山看起来很高,哪知约翰逊不耐烦地说:哪门子的高,不过是一个大土丘罢了。

那时有钱人都喜欢到国外旅行。意大利是最受欢迎的目的地,尤其是罗马、那不勒斯及周边的乡村。这些地点常常出现在英国贵族欣赏的艺术作品中,如维吉尔[2]和贺拉斯[3]的诗集,普桑和克劳德的绘画作品。(其中的)绘画作品描绘了罗马的乡间风景和具有那不勒斯特色的海岸线。画作通常表现的是黎明或是薄暮,天空中是一些轻柔的云朵,云边是粉色和金色的。有人想象那天将会,或者已经是,非常炎热的一天。天空中似乎很安静,只有潺潺的溪水和划桨声划破寂静。几个牧羊女在原野上嬉戏,看管羊儿或照顾金发的小孩。在雨中的英国乡间房屋里看到这样的画

---

① Johnson, Samuel(1709—1784),英国作家、评论家。——译者

② Virgil(前70—前19),古罗马伟大的诗人。——译者

③ Horace(前65—前8),奥古斯都皇帝时期杰出的抒情诗人和讽刺作家。——译者

面，许多人会期盼自己能尽可能早地找到机会，渡过英吉利海峡，到意大利一游。如同约瑟夫·爱迪生在1912年所言：“我们发现自然的作品越相似于艺术作品，就越令人愉悦。”

不幸的是，那时英国的风景很少可以从艺术作品中看到。然而，在18世纪，这种作品慢慢多了起来，相应地，英国人不愿游历他们自己本岛的情形也开始改观。1727年，诗人詹姆斯·汤姆生①出版了《季节》，颂赞了英格兰南部的农村生活和风景。他的成功给其他的“农夫诗人”的作品带来了显赫的名声，这些人中包括史蒂芬·达克、罗伯特·彭斯和约翰·克拉尔②。画家们也开始注意他们自己的国家。肖本爵士委托托马斯·庚斯博罗③和乔治·巴雷特为他在威尔特郡的房子画一系列的风景画，并宣称他的目的是“为英国风景画派奠定基础”。理查德·威尔森④画了亭肯汉附近的泰晤士河，托马斯·赫恩⑤画了古德里克城堡，菲利

① Thomson, James(1700—1748)，英国诗人。——译者

② Sephen Duck (1705—1756)，知名英格兰“农夫诗人”；Robert Burns (1759—1796)，苏格兰诗人，主要用苏格兰方言写诗；John Clare(1793—1864)，英国著名的“农夫诗人”。——译者

③ Gainsborough, Thomas (1727—1788)，英格兰肖像画和风景画画家。——译者

④ Wilson, Richard(1714—1782)，英格兰肖像画和风景画画家。——译者

⑤ Hearne, Thomas(1744—1817)，英国画家。——译者

凡·高:《阿尔勒附近的麦田》,1888 年

普·詹姆斯·德·罗德保描绘了廷特恩修道院,托马斯·史密斯[①]画笔下则是德文特湖和温得米尔的风光。

结果,没多久英伦诸岛便成为了热门的旅游地。瓦伊河谷第一次人满为患,北威尔士的群山、湖区及苏格兰高地也是如此。这是一个近乎完美的注脚,证明了这样一个论点:只有那些世界的角落已经被艺术家们描画或描写之后,我们才会有兴趣去探索它们。

这个理论当然有点夸张,就像认为在惠斯勒之前没有人注意到伦敦的雾或者在凡·高之前没有人注意到普罗旺斯的柏树一样。艺术不可能完全凭借自身力量创造热情,也不可能是从凡人所缺乏的情感中产生,它只是推波助澜,

① Smith, Thomas(1766—1833),英国画家。——译者

诱发出更深刻的感受,使我们不至于因匆忙和随意而变得麻木。

明年去哪里旅行才好?艺术可能对挑选地点颇有影响力,阿尔勒旅游服务处似乎已经体会到了这一点。

Ⅷ　对美的拥有

On Possessing Beauty

英格兰湖区

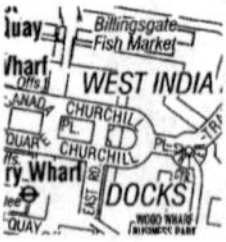

地点　马德里　阿姆斯特丹　巴巴多斯　伦敦船坞区

向导　罗斯金

1.

很多地方，我们去过了，但却只是走马观花，或者不以为意；然而，它们之中，偶尔也会有几个地方非常特别，给我们强烈的震撼，迫着我们去注意它们。这些地方共有着一种特质，可以用“美”这个笼统的字来概括。这种品质并不见得是指漂亮，也不意味着它包涵任何旅游手册所描绘的美丽景点的特征。求助于语言或许是另一种表达我们对一个地方的喜爱的方式。

在我的旅途中有许多美丽的东西。在马德里，距离我所住的旅馆几个街区的地方，有一块荒废的空地，周边是公寓式的建筑物和一个大型的带有洗车间的橙色加油站。一天晚上，在黑暗中，一列长长的、造型优美、几乎空无一人的列车在距离加油站屋顶几米的上方经过，与公寓中间楼层擦肩而过。列车行驶的高架轨道在黑夜里难以辨析，所以列车看上去像是飘浮在半空中，加之列车新潮的造型和从窗户玻璃散发出的苍白如幽灵般的绿光，它看上去更像一项杰出的技术成就。公寓里，人们在看电视或是在厨房里忙碌；同时，车厢里零零星星的乘客，有的凝视窗外的城市，有的则在看报纸：这是一次前往塞维尔或是科尔多瓦的旅程的开始，这次旅程将在洗碗机停止旋转或是电视机陷入安静之后很久才会结束。乘客和公寓里居住的人很少会注意到彼此，他们的生活沿着永不相交的直线向前发展，除了在一个短暂的时刻，同时进入一个观察者的眼里，而这个观察者是为了逃避旅馆里的哀伤氛围而出来散步的。

在阿姆斯特丹，一扇木门后面的庭院里，有一堵老旧的砖墙，尽管沿着运河刮来冷风，让人的眼睛极不舒适，几欲流泪，但这堵墙，在微弱的早春阳光中慢慢暖和起来。我将双手从口袋里伸出，让它们顺着砖块粗糙而凹凸不平的表面滑过。砖块似乎很轻，而且易碎。我有一种想亲吻它们的冲动，想去更加亲近地感受一种质地，这种质地让我想起了浮石，还有来自一家黎巴嫩食品店的哈尔瓦（芝麻蜜饼）。

在巴巴多斯的东海岸，我眺望一片深紫色的大海，它延绵着，一路畅行至非洲海岸。我所在的小岛突然显得小而柔弱，它那由野生的粉色花朵和杂乱的树木构成的夸张植被，似乎是对大海的森然和单调的抗议。我还记得湖区凡人旅馆窗外晨光中的景色：由柔软的志留纪岩石构成的山丘被嫩绿色的草所覆盖，草面上萦绕着一层雾。丘陵起伏，像是一只巨兽的背脊，这只巨兽已经躺下睡熟，或许随时有可能醒来，站起来有几英里高，它可以像甩掉它绿色毛毡茄克上的绒毛一样震落橡树和灌木。

2.

在与美邂逅的那一刻，我们会有一种强烈的冲动，就是一种握住它不放的渴望：将它占为己有，并使它成为自己生命中举足轻重的一部分。我们有一种迫切地表达的欲望："我曾在这里，我看见了它，它对我很重要。"

但是美是短暂的，它常常在那些我们无缘再见之地被发现，或者是在一定的季节、光线及天气情况下才能形成的难逢之景。那么，面对飘浮的列车、哈尔瓦式的砖块或英国的山谷时，我们如何才能紧紧把握其中的美呢？

照相机提供了一种选择。拍照可以稍稍满足那种拥有的渴望，这种渴望是被一个地方的美丽所激起的；我们对将要失去一幅珍贵的图景的焦虑，会随着快门的每一次闪动而逐渐消失。也许我们还可以尝试着让自己完全置身于一个美丽的地方，希望通过让自己更加接近于这地方而使它们在我们心中留下更深刻的印象。在亚历山大港，站在庞培石柱前，我们可以将自己的名字刻在花岗岩上，就像福楼拜那个来自桑德兰的朋友汤普逊（"只要你看到了庞培柱，你必然就会看见'汤普逊'的字样；自然，你就会联想到汤普逊其人。这白痴已成了纪念柱的一部分，并使自己同庞培柱一起万世留名。……所有白痴差不多都有桑德兰的汤普逊这德性。"）。一种更加合适的方式也许是买一些纪念品——一个碗，一个涂漆的盒子或者一双拖鞋（福楼拜曾在开罗买了 3 块地毯），用以提醒我们已经失去的东西，就像是我们从分离的爱人那儿剪下的一缕发丝。

3.

约翰·罗斯金[①]出生于 1819 年 2 月的伦敦，他大多数作品都围绕着一个主题，即如何拥有美景。

从很小的时候开始，罗斯金就不同寻常地敏感于视觉世界里最细小的特征。他曾回忆起自己三四岁时的情形："每天，我盯着地毯上的方形图案和不同的颜色，仔细研究原木地板上的木节，或是细数对面房舍的砖块数目，便会觉得心满意足。"对罗斯金的这种敏感，他的父母是鼓励的。他的母亲引领他进入自然，他的父亲，一个富有的雪利酒进

① Ruskin, John（1819—1900），英国作家、评论家和艺术家。对维多利亚时代英国公众的审美观有重大影响。——译者

口商,则在下午茶后读古典作品给他听,并且每周六都会带他去一家博物馆。在夏日的假期里,全家人环游英伦三岛和欧洲大陆,他们并不是为了娱乐或是消遣,而是为了美;通过这种方式,他们大致地了解了阿尔卑斯山的美、法国北部及意大利中世纪城市的美、尤其是了解了亚眠和威尼斯的美。他们坐在马车里慢慢地游览,一天从不超过 50 英里,并且每隔几英里就停下来观赏景色——一种罗斯金终其一生都在实践的旅游方式。

由于他对美和拥有美的兴趣,罗斯金得出了 5 条主要结论:首先,美是由许多复杂因素组合而成,对人的心理和视觉产生冲击;第二,人类有一种与生俱来的倾向,就是对美作出反应并且渴望拥有它;第三,这种渴望拥有的欲望有比较低级的表现形式,包括买纪念品和地毯的渴望,将一个人的名字刻在柱子上的渴望和拍照的渴望;第四,只有一种办法可以正确地拥有美,那就是通过理解美,并通过使我们敏感于那些促成美的因素(心理上的和视觉上的)而达到对美的拥有。最后,追求这种敏锐理解的最有效的方式就是,尝试通过艺术,通过书写或绘画来描绘美丽的地方,而不考虑我们是否具有这样的才华。

4.

在1856年到1860年之间,当旅游代理商托马斯·库克第一次开始带领英国旅行团前往瑞士的阿尔卑斯山时,罗斯金最希望教大家做的事就是绘画:“绘画的艺术,对于人类而言,要比写作的艺术更加重要,每个孩子不仅要学写字,更要学画画。无奈,绘画艺术常被忽视和滥用,以至于懂得绘画基本原则的人少而又少,即使是博学的教师也未必知道。”

为了矫正时弊,罗斯金出版了两本书,一本是1857年的《绘画的元素》,另一本是1859年的《透视画法的元素》,同时他还在伦敦的工人学院里作了一系列的演讲。在那里,他教授学生——大多是伦敦的手工艺者——有关明暗法、色彩、尺寸、角度和构图等方面的技巧。他的演讲大受欢迎,他写的书更是获得了巨大的商业上的成功,因此,他更深信绘画不该只是属于小众的艺术:“如果想学绘画的话,每个人身上都有不错的能力,就像学习法语,拉丁语或数学一样,可以达到某种程度并且学以致用。”

什么是绘画的要点?罗斯金强调为了追求美而画与一心画出好的作品或成为艺术家并没有冲突:“人生来就是艺术家,就像河马生来是河马一样;你不能把你自己变成别人,就像你不能把你自己变成长颈鹿。”如果他伦敦东区的学生们在完成所有课程后,无法画出任何可以挂在画廊里展出的作品,他也并不介意。“我的目标并不是把一名工匠调教为一名艺术家,而是使他成为一名更加快乐的工匠,”他在1857年对皇家委员会作了此种表述。他诉苦说,他自己远非一个有天赋的艺术家。对于他孩童时代的绘画,他嘲讽说:“在我一生中,我从未看到任何男孩的作品显得如此没有原创力,或是如此缺乏通过记忆来描绘的能力。我无法照原样画出任何东西,我画不出一只猫、一只老鼠、一艘船或是一把刷子。”

如果没有天赋的人都在绘画的话,那么,绘画的价值何在呢?罗斯金认为,绘画可以教我们去观察:不是走马观花地看,而是关注。在用我们的手再创造眼前的景物的过程中,我们似乎自然而然地从一个以松散的方式观察美的位置转向了另一个位置,在这个位置上,我们可以获得对美的组成部分的深刻理解,继而获得关于美的更深刻的记忆。一个曾经在工人学院学习过的小商人转述了罗斯金在课程结束时对他和他的同学们所说的话:“现在,请记住,绅士们,我并没有试图教你们画,只是教你们去**观察**。两个男人正在穿越克拉尔市场,他们中的一个从市场的另一端走出去,出去时跟进来时并没什么差别;另一个注意到了卖黄油的妇女篮子旁边垂下的一些皱叶欧芹，并且带着美的影像离开。这种美的影像在他的日常生活中留存多日，不断重现。我希望你们这样去观察事物。”

罗斯金因为人们如此少地注意到细节而感到痛苦。他为现代旅游者的盲目和匆忙感到痛惜，尤其是那些得意于自己在一周时间内乘火车游遍欧洲（由托马斯·库克第一个在1862年开办的旅游行程）的人：“我们在旅行时，如果我们放弃每小时走100英里，从从容容地行进，我们或许会变得健康些、快乐些或明智些。世界之大，远超过我们的眼界可以容纳的范围，不管人们走得多慢；走得快，他们也不会看到更多。真正珍贵的东西是所思和所见，不是速度。子弹飞得太快并不是好事；一个人，如果他的确是个人，走慢点也并无害处；因为他的辉煌根本不在于行走，而在于亲身体验。”

有一种标准可以衡量我们是多么习惯于对细节的疏忽：如果我们停下来注视一地的风景，停留时间约为完成一幅素描的时间，那我们将被认为是反常，甚至是危险的。10分钟敏锐的专注是描画一棵树所必需的；然而最好看的树也很少能让过路人驻足1分钟。

罗斯金认为，假若我们只想旋风式地造访一个遥远的地方，就难以从这个旅途得到快乐，正如如果我们行色匆匆，就无法注意到垂在篮边的欧芹这样的细节。有一段时间他对旅游业感到非常沮丧，1864年，罗斯金在曼彻斯特向一批富有的工厂老板大声疾呼："你们认为火车旅行其乐无穷。你们已经在沙夫豪森瀑布上架了一座铁路桥；你们在卢塞恩的泰尔教堂旁的高崖开挖隧道；你们已经破坏了日内瓦湖克拉朗堤岸，你们在英国乡间山谷升起大火，使得那里的宁静不复存在，你们在足迹所至的每个地方造起一堆让人生厌的白色旅馆。你们眼中的阿尔卑斯山不过是在有熊出没的花园里，一根擦过肥皂的柱子，你们爬上去，然后一边溜下来，一边快乐地尖叫。"

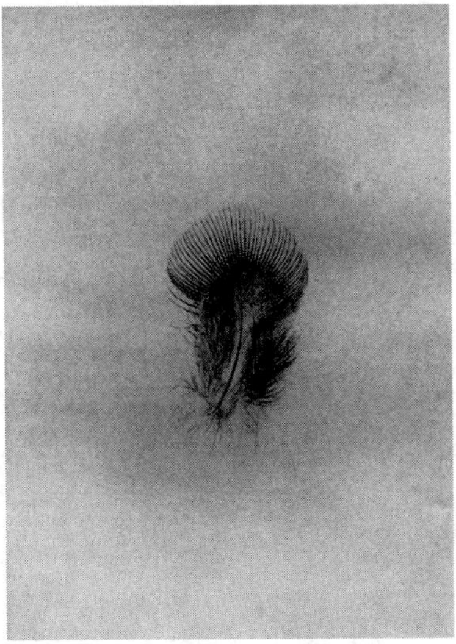

罗斯金：《一根孔雀胸部羽毛的研究》，1873年

罗斯金的言辞有些过激，但两难处境却是真实的。技

术也许让人们更加容易接触到美,但是它并没有使拥有或欣赏美的过程变得简单。

那么,照相机有什么错呢?没有,罗斯金最初这样想。"在这恐怖的19世纪,机械给人们带来了各种害处,但照相机提供了一种解毒剂。"他在评论1839年路易·雅克·芒代·达盖尔①的发明时这样写道。1845年,他在威尼斯拼命拍照,结果非常满意。他在写给父亲的信中说:"利用银版摄影在阳光下拍摄到的东西非常棒,它使整个皇宫跃然纸上,每一块碎片和上面的斑点都在,当然,也不会有比例上的差错。"

然而,罗斯金逐渐察觉到摄影给它的大多数使用者带来了严峻的问题,他的热情慢慢消失。使用者们不是把摄影作为积极而有意识的观察的一种补充,相反,他们将它作为一种替代物,以为只要有一张照片,自己就把握了世界的一部分。

罗斯金每次旅行总会画些素描。在解释他对绘画的热爱时,罗斯金曾经提及说这种爱源于一种渴望。"不为

① Daguerre, Louis-Jacques-Mande(1787—1851),法国画家和物理学家,发明了达盖尔式照相法(又称银版照相法)。——译者

名声，不为服务于别人，也不为自己，而是来自一种像吃或喝一样的本能。”而绘画、吃饭、喝水这三件事之所以可以相提并论，是因为它们全部涉及自己从这个世界吸收好的元素，把好的东西输进来。据罗斯金说，在孩童时代，他就非常喜欢草的样子，甚至常常想去吃它，但是他渐渐发觉尝试把草画下来会更好：“我过去经常躺在草地上，并通过绘画来捕捉它们的成长过程——直到草地的每一平方英尺的原野或碧绿的河畔成为我的一笔财产。”

照相本身并不能保证这样的收获。对于一片景色真正的拥有，实质是通过有意识的努力注意到各种元素并且了解它们的结构。只要将眼睛睁开，我们就能见到许多美景，但是这份美在记忆中存留多久却要依赖于我们领悟它的用心的程度。照相机模糊了观看和注视之间、观看与拥有之间的区别；它或许可以让我们择取真正的美，但是它却可能不经意地使意欲获得美的努力显得多余。照相机暗示我们，只需拍摄一张照片，我们就做完了所有的功课，然而就清晰地了解一个地方（如一片树林）而言，就必然包含询问我们自己一系列的问题，比如，“树干是如何与树根相连的？”“雾是从哪里来的？”“为什么一棵树的色泽似乎比另一棵更深？”——在素描的过程之中，类似的问题不断出现并得到回答。

5.

罗斯金认为人人都可拾起画笔，在这种观念鼓舞下，我开始在旅程中尝试着绘画。关于要画什么，我想，尽可以由着拥有美的渴望来引导，在那些以前想用相机拍下的地方动笔即可。在罗斯金看来，"你的艺术是对某些你所喜欢的东西的赞美。它或许仅仅是对一片贝壳或是一块石头的赞美。"

我决定画"凡人"旅馆里卧室的玻璃窗，一是因为它近在眼前，二是因为在一个明朗的秋日清晨它显得很迷人。结果如我所料，画出的东西很糟，但我仍然感觉学到了一些东西。画一件物体，不论画得有多糟，我们都会很快从模模糊糊的感觉进到明确的知觉，分析这样东西的组成部分和特点。因此，"一扇窗"是一堆架子在合适处支撑着玻璃片，是由木条和凹槽组合成的体系，（旅馆的窗口是乔治亚式①的），12 块玻璃看起来像正方形但其实是长方形，窗格涂的

① Georgian：源于 18 世纪初英国国王乔治一世的新古典建筑风格，简单朴实。——译者

是白色的涂漆，但看起来并不像真的白色，而是呈现出灰色、棕灰色、黄色、粉紫色和柔和的绿色，这得取决于光的强度和光线照射在木条上的情况（窗户的西北角有受潮的痕迹，那里的油漆因此略显粉红）。玻璃也不是完全明净；在玻璃的内部略有瑕疵，有些细小的气泡，像是结冻了的汽水，玻璃的表面有干了的雨滴的痕迹和玻璃清洁工的抹布不经意留下的拭痕。

绘画无情地揭示出了我们先前对于事物真实面目的无知。这里以树木为例。在《绘画的元素》的一段论述里，罗斯金借助他的插图说明，通常我们在动手画之前想象的树枝，跟我们更接近地观察后用纸笔去描绘是有区别的："树干并不是随意地从这里或那里生长出无规律的树枝来占据各自的位置，而是所有的树枝分享了一个类似于喷泉的巨大力量。那也就是说，一棵树大体上的形状不是像 1a，而像 1b；所有的粗树枝都将它们细小的分支向外延伸，形成一个弧度。同时每一根独立的树枝的形状不是 2a 而是 2b，也就

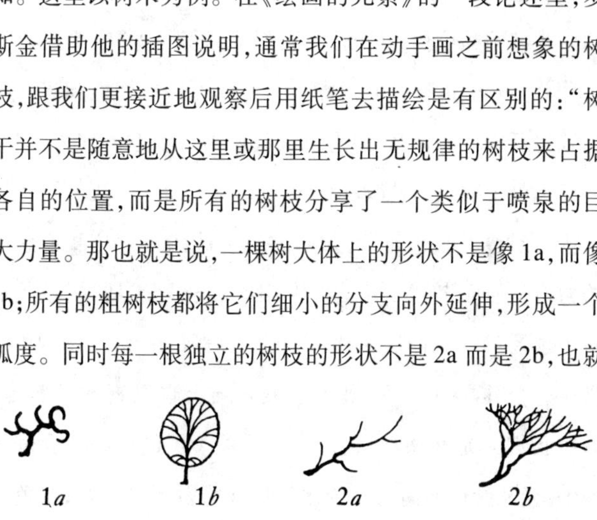

1*a* 1*b* 2*a* 2*b*

罗斯金：《枝条》，引自《绘画的元素》，1857 年

是说,类似于一株花椰菜的结构。”

在我的一生中,我已经见过许多橡树,但只有在花费了1个小时去画兰代尔峡谷中的一棵之后(尽管连小孩见了我画的东西都会觉得难为情),我才开始了解并记住了橡树的特征。

6.

我们可能从绘画中获得的另一个好处是:我们可以对某些风景和建筑吸引我们的深层原因有一种清醒了解。我们为自己的品位找到了解释,我们培养了一种“审美能力”,一种对美和丑进行判断的能力。我们更加确切地知道一座建筑物所缺乏的什么,而这也是我们不喜欢它的理由;同时我们也可了解我们赞叹的建筑之美缘何而起。我们更快地分析一种令我们感动的景色,并且明确指出它令我们感动的力量从何而来(“石灰岩和夕阳的结合”,或是“树枝越近河边越稀”)。我们从一种麻木的“我喜欢这个”转变为“我喜欢这个,因为……”,最后也能归结出自己喜欢的特点。即使我们只是在做着试验和尝试,关于美的法则也会进入脑中:光从旁边照向物体会比从顶部照射下来更好;灰色与绿色搭配很好;一条街要给人以空间感,建筑物的高度不能超过街道的宽度。

有了这种清晰的了解，更加牢固的记忆方可形成。这样一来就再无必要将我们的名字刻在庞培石柱上了。用罗斯金的话说，绘画使我们得以“定住即将消逝的云彩、颤抖的叶子及变幻的阴影”。

总结在四年的教学及编写绘画手册的时间里他所尝试做的事情，罗斯金解释说，他被一种渴望所驱使，这种渴望是“指引人们在物质世界中，把注意力精确地放置于上帝的作品所展现出来的美丽”。或许有必要引述罗斯金的一篇文字，文章中罗斯金明确指出，在一个具体的层面上，这种听上去有些奇怪的野心究竟可能包括什么：“让两个人外出散步；一个是优秀的素描家，另一个则对这类东西毫无喜好。他们顺着一条林阴道往前走时，对这片景色的感受会有着很大的区别。一个将看到一条小路和树木；他会认为树是绿色的，但是他不会对此作任何的思考；他会看到阳光闪耀，并觉得很舒服，仅此而已！但是素描家会看到什么？他的眼睛习惯去探求美的原因，美的最细微的部分。他抬头向上看，观察阵雨般散射的道道阳光是如何从头顶闪烁的树叶间洒落下来，直到林间充满翠绿的光。他会这里看

罗斯金:《光滑的梭子蟹》,1870—1871 年

看,那里看看,一条树枝从树叶的遮蔽中伸出来,他会看到翠绿色的苔藓散发的宝石般的光芒,还会看到色彩斑斓的地衣,白色和蓝色,紫色和红色都交织、混合在一起,织成一片鲜艳夺目的锦缎。接着(他会看到)凸凹不平的树干和扭曲的树根,树根在陡峭的河岸像蛇一样地延伸开去,而岸边铺着草皮的斜坡,被有着千万种颜色的花朵镶嵌。这难道不值得细细品味吗?然而,如果你不会素描,你只会经过这条绿色的小路,当你再次回到家时,你不会觉得有什么值得一提或回味再三,你仅仅是走过了一条这样的小路。"

7.

罗斯金不仅鼓励我们在旅行的时候作画,同时他觉得我们应该写,他觉得,写作就是用文字画画,这样做可以巩固我们对于美的印象。在他的一生中,他的绘画非常受人尊敬,但是他的语言描画具有更重要的意义,它吸引了公众的想象力，并且在维多利亚时代晚期给他带来了显赫的名声。

令人陶醉的景致通常让我们意识到语言的贫乏。在湖区给一个朋友的明信片上，我带着某种绝望，匆忙写道，这里景色很美，天气潮湿、多风。罗斯金会将这样的语句更多地归因于懒惰，而不是缺乏能力。他认为，我们有能力进行大量丰富的语言描绘。导致失败的结果仅仅是因为我们没有问自己足够多的问题，没有精确地分析我们的所见和所感。我们不应当仅仅停留在“这片湖很美”的感觉上，我们应该更加积极地问自己，“这片开阔的水面究竟有什么地方如此吸引人？它会让人联想到什么？除了用‘大’这个词之外有什么更好的词可以形容？”以语言描画完成的作品不一定才华横溢，但至少它是一种探寻真实经验的结晶。

贯穿整个成年时代，罗斯金都对礼貌的、受过教育的英国人拒绝更有深度地谈论天气而感到沮丧，他们加诸天气的形容词总是“潮湿、风大”，这尤其让罗斯金感觉不适：“人们对天气知之太少，这真是一件怪事。我们从来不关注它，我们从来不把它当作思考的主题，我们只把它看作是一系列无意义和单调的事情，太普通，太无聊，以至于不值得花费一点时间留心或是以欣赏的眼光瞄上一眼。如果在百无聊赖之下，我们最后转向天空，可以说些什么呢？有人说潮湿，有人说风大，还有一种可能说挺暖和。在整个喋喋不休的人群中，谁能告诉我，在今天中午，环绕着地平线的一大片绵延的白色高山，究竟是何种形状，那峭壁又有何种姿态？谁看见从南面照射过来的狭长光束照耀着山顶直至白雪融化、崩流而下形成像蓝色的雨滴？谁看见当昨晚阳光不再照耀，被西风吹得犹如凋零的树叶般的朵朵乌云在空中的舞蹈？”

当然，答案就蕴涵在另一个有关艺术的功能和吃、喝的功能之间的类推中，罗斯金曾得意地说，他将天空装进了瓶子里，就像他的酒商父亲将雪利酒装进瓶子里一样小心翼翼。这里有两篇日记，记载了在1857年秋天，在伦敦，罗斯金将天空装进瓶子里的两天：

> 11月1日一个红晕中的早晨，翻腾的云呈现出柔软的红色，云边的红更加鲜艳，接着渐渐变成紫色。灰色的云朵由西南飘来，从其下方向它们靠近，地平线上，飞云和卷云之间则是灰色的积云。多美的一天……远处所有的紫色和蓝色、树丛中迷蒙的阳光、绿色的田野……小心观察那精美

的景致，蓝色的天空中散漫了金色的叶子，栗子树纤细而矮小，星星将黑暗衬出。

阿米蒂奇仿透纳画作镌刻的《云》，
出自罗斯金《现代画家》第五卷，1860 年

11 月 3 日黎明，紫色、泛红、优美。6 点的时候，出现一道灰灰、浓浓的云。接着，被照亮的紫色云朵穿过这堆灰色，露出了上方暗黄色的天空。所有的灰云，和更暗的飞云从西南方斜斜地飘过天空，飘移得很快，然而却并不会让人感到紧张，最后它们渐渐散去。灰色的天空中出现一道黄铜色的光线，光线不久便消逝，灰色的早晨凸现在眼前。

8.

罗斯金的语言描画十分有力，因为他不仅描绘场景看上去像什么（“草是绿色的，大地是灰棕色的”），而且还用心理学的语言分析它们的力量（“草地很张扬，土地则怯生生的”）。他承认许多场景因为美丽而打动我们，但这并不是建立在美学标准基础之上——因为色彩搭配协调或者事物之间呈现的比例和对称，而是建立在心理学标准的基础之上，因为它们体现了一种对于我们而言十分重要的价值或心境。

在伦敦的一个早晨，罗斯金透过窗户看到了一些积云。如果只是描述事实，可以说它们形成了一堵墙，几乎全是白色的，其中有几个缺口，使得一些阳光可以穿过。但罗斯金以更丰富的心理语言来看待他的对象："真正的积云，是云中最宏伟的……是最不受风势影响的；它的整体移动显得**沉重、连续不断、无法说明**，是一种稳定的前进或是后退，似乎它们被一种**内在的意愿**所驱动，或被一种看不见的力量所操纵。"

在阿尔卑斯山，他用类似的心理语言描绘松树和岩石："我无法不长时间怀着敬畏感，面对阿尔卑斯山的这一堵峭壁。抬头仰望它的松树，它们矗立在可望而不可即的险境，静静地站成一片，每一棵都像是它身边的那一棵的影子——直立、牢固、**不识彼此**。你无法触及到它们，无法对它们大喊——那些树永远听不见人类的声音；它们不可能听到人类的声音，耳边只有风声。没有任何力量可以惊动它们，震落它们的叶子。这样的站立是辛苦的，然而这样**钢铁般的意志**，使得旁边的岩石都甘拜下风，自叹弗如——岩石与松树相比显得脆弱、无力，而且很不协调。松树呈现出一种深沉的生命力，沉浸在高傲中，不以单调为苦。”

通过这样的心理描述，我们似乎更加接近于一个问题的答案，这个问题就是为什么一个场景可以打动我们。我们更加接近了罗斯金式关于有意识地去理解我们所爱之物的目标。

9.

如果一个男子将车子停在一排高大的办公楼对面的马路边，那么不太会有人猜测他正在作文字素描。惟一的提示就是一本记事本被按在方向盘上，上面是他在长长的注视期间偶尔涂鸦写下的东西。

现在是晚上 11:30，我已经绕着船坞开了几个小时的车，并在伦敦城市机场前停下来喝了些咖啡（我一直想在这里看最后一班飞机，一架瑞航附属的十字航空 Avro RJ85 型飞机，飞向苏黎世的天空——或者飞往波德莱尔所说的“任何地方！任何地方！”）。在回家的路上，我望见了西印度船坞上巨大而明亮的高楼。办公室似乎与四周朴素而微弱的灯光照亮下的房屋所形成的景致没有任何关联。它们出现

罗斯金:《阿尔卑斯山顶》,约1846年

在哈得孙河畔或是在前往卡纳维拉尔角的飞机的一边也许会更加合适。水蒸气从两座相邻的高楼的顶部升起,整个区域被笼罩上了一层均匀、稀薄的雾气。大部分楼层的灯依然亮着,甚至从远处都能看见室内的计算机终端、会议室、花盆里的植物和活动挂图。

这是一幅美丽的景色,并且,这种让人留恋的美让人心生拥有的渴望,如同罗斯金所说,这是一种只有艺术才能使之得到真正满足的渴望。

我开始了语言描画。描述性的文字非常容易地源源涌出:办公楼很高,其中一座的顶部就像金字塔,它两侧面有红宝石般的亮光,天空不是黑色的,而是呈现出一种橘黄。但是由于一种写实性描述似乎无法帮助我将景致如此动人的原因清楚地表达出来,我尝试着用比较偏向于心理的语言去分析它的美。这片景致的特别之处似乎是那弥漫于高楼顶上的夜与雾。夜晚让人将注意力转向了白天被忽视的办公楼的方方面面。在阳光的照射下,办公楼显得很普通,人们不会对它心生好奇，就像楼体上的玻璃不会吸引人的注意一样。然而，夜晚却倾覆了这种在白天被认为是普通的东西；它允许人们看到室内的情景，并且心生困惑，一切竟然都是如此奇特，令人吃惊和令人赞叹！办公室象征几千人之间的秩序与合作，同时还代表严格管制与烦闷无聊。官僚视角的严肃性在夜晚被削弱了，或者至少遭到了质疑。在黑暗中我们不禁感到好奇，活动挂图和计算机终端有什么用呢？这并不是说它们是多余的，只是它们在黑暗中看起来比较怪异、可疑。

与此同时，雾气引来愁绪。雾气弥漫的夜晚，犹如某种气味，将我们带回到我们曾经经历过的，有着相同气息的其他时刻。我想起了在大学的夜晚，沿着灯光下的运动场走回住所；想起了那时的生活与现在的生活之间的区别，那些曾经困扰我的各种困境和失落让我产生了一种苦乐交集的伤感。

现在车身到处都是小纸片。语言描画的成果和我在朗戴尔谷画的幼稚的橡树图之间区别并不大。然而作品好坏并不是关键。我至少已按照罗斯金所指出的两个艺术目的中的一个去做了，那就是了解痛苦，并探寻美的根源。

如同他在一群学生向他展示英国乡间旅游时所画的糟

糕作品时所指出的："我相信视觉比绘画来得重要；我宁愿教我的学生绘画，从而让他们学会热爱自然，而不会教他们盯着自然，从而让他们学会如何绘画。"

回归
RETURN

Ⅸ　习惯

On Habit

地点　哈默史密斯
伦敦

向导　塞维尔·德·梅伊斯特

1.

我从巴巴多斯回到伦敦，发现这座城市依然固执地拒绝改变。我已看到蔚蓝的天空和巨大的海葵；我曾经睡在一间以酒椰纤维做屋顶的湖边度假屋，吃下一条大鱼；我曾和小海龟一同游泳；在椰子树的树阴下读书。但是故乡却没有给我很好的印象。它仍然在下雨。公园满是积水，天空仍然是阴暗的。当我们心情很好，而又看到阳光明媚时，我们会很容易将产生于我们自身之内的情绪归因于周围环境所给予的影响。然而在我返回的时候，伦敦的外表却提醒我，世界对发生在人们身上的任何事件的冷漠。返回伦敦使我感到绝望。我注定要在这个可怕的城市生活下去。在这个地球，恐怕没有几个地方比这里更糟了。

2.

人类不快乐的惟一原因是他不知道如何安静地待在他的房间里。

帕斯卡尔《沉思录》,第 136 页

3.

从1799年到1804年，亚历山大·冯·洪堡尝试了一次环绕南美洲的旅行，后来将描写他的所见的文章命名为《新大陆赤道地区之旅》。

在洪堡开始旅行的9年前，也就是1790年的春天，一个27岁的法国人，塞维尔·德·梅伊斯特，进行了一次环绕他的卧室的旅行，后来将描写他的所见的文章命名为《我的卧室之旅》。这次的经历让他感到非常满足，在1798年，德·梅伊斯特进行了第二次旅行。这一次他彻夜在房间里游荡，并且冒险地走到了远至窗台的位置，后来将他的描述命名为《卧室夜游》。

《新大陆赤道地区之旅》，和《我的卧室之旅》分别代表两种不同的旅行方式。第一种旅行要求有10匹骡子，30件行李，4个翻译员，一只经纬仪，一个六分仪，两架望远镜，一台博得经纬仪，一只气压计，一只指南针，一只湿度计，西班牙国王写的介绍信和一把枪。第二种旅行，则需要一套粉红色和蓝色相间的睡衣。

塞维尔·德·梅伊斯特1763年出生于法国阿尔卑斯山脚下风景如画的小镇仓伯利。他天性热情而浪漫，喜欢读书，尤其是蒙田、帕斯卡尔和卢梭的作品；喜欢绘画，尤其是画丹麦和法国国内的风景。23 岁的时候,德·梅伊斯特开始迷上航空。在那之前 3 年,艾蒂安·蒙戈尔菲埃已经因为制作了一只在凡尔赛宫上空飞翔 8 分钟的热气球而为世人所知,热气球上的乘客包括一只名叫“Montauciel”(意即“爬上天空”)的绵羊,一只鸭子和一只公鸡。德·梅伊斯特和一个朋友用纸和金属线制作了一对翅膀,计划飞往美洲。他们没有成功。两年以后,德·梅伊斯特登上热气球,在坠入一片松树林之前,在仓伯利的上空飘浮了一会儿。

后来,到了 1790 年,德·梅伊斯特住在杜林一幢公寓楼顶层的一间素朴的房间里,在那里他率先开始了一种使他成名的旅行模式:室内旅行。

在介绍《我的卧室之旅》这本书时,德·梅伊斯特的哥哥,政治理论家约瑟夫·德·梅伊斯特,强调塞维尔的目的并不在于讽刺过去那些伟大旅行家——麦哲伦、杜雷克、安森和库克——英雄般的经历。麦哲伦发现了一条西行的路线,通往南美洲南端的斯拜斯群岛;杜雷克作了环球航行;安森绘制了精确的菲律宾群岛航海图,而库克证实了一个南方大陆的存在。“他们毫无疑问都很杰出,”约瑟夫写道。但他弟弟发现了一种更实际的旅行之道,让那些像他们一样缺乏勇气或财力不足的人也能一圆旅行梦。

“在我之前，有数百万人不敢去旅行，还有一些人不能去旅行，而更多的人甚至想都没有想过去旅行。现在，他们都可以模仿我。”塞维尔在准备他的旅行时解释说。“即使最懒惰的人在出发寻找快乐之前也将不会有任何借口犹豫不决，因为这样做既不费钱也不费力。”他尤其向穷人和那些害怕风暴、强盗和险峻悬崖的人推荐室内旅行。

4.

不幸的是，德·梅伊斯特开拓性的旅行方式，就像他的飞行器，并没有更深更远的影响。

故事的开始部分很不错。德·梅伊斯特锁上门，换上他的粉红色和蓝色相间的睡衣裤。没有了行李的累赘，他径直走向沙发，这是房间里最大的家具。他的旅行已经将他从惯常的无精打采中唤醒，他以旅人之眼注视沙发，并重新发现了它的一些特质。他赞叹它高雅的支脚，回想起他偎依在靠垫上的愉快时光，幻想着他一生中的爱情和事业上的晋升。他从沙发的角度打量自己的床，又一次从一名旅行者（观看事物）的角度出发，学会了欣赏这件复杂的家具。他为自己在床上度过的香甜夜晚感到感激，而他的床单和睡衣几乎总是搭配得很好，这也让他感到骄傲。“我建议每一个人如果可以的话,让他自己换上粉红的睡衣和白色的床单,"他写道,因为这些色调能给容易惊醒的人带来宁静和愉悦的幻想。

但是,德·梅伊斯特接下来的描述则有可能被指为偏离了主旨。他开始陷入冗长的题外话,他开始谈他的狗,罗西尼;他的爱人,珍尼;和他忠实的仆人,约安那提。对室内旅行的独特之处深感兴趣的读者这时可能会把书合上,并觉得有点被背叛的感觉。

然而,德·梅伊斯特的作品来源于一种深厚而具有暗示性的洞察力:即我们从旅行中获取的乐趣或许更多地取决于我们旅行时的心境,而不是我们旅行的目的地本身。如果我们可以将一种游山玩水的心境带入我们自己的居所,那么我们或许会发现,这些地方的有趣程度不亚于洪堡的南美之旅中所经过的高山和蝴蝶漫舞的丛林。

那么,什么是旅行的心境?感受力或许是它最主要的特征。我们怀着谦卑的态度接近新的地方。对于什么是有趣的东西,我们不带任何成见。我们也许会让当地人感到不解。因为我们在马路上或狭窄的街道上,欣赏那些他们认为有些奇怪的小细节。我们冒着被车辆撞倒的危险是因为我们为一座政府建筑的屋顶或是刻在墙上的题字所吸引。

作者的卧室

我们发觉一间超市或是理发店不同寻常地迷人。我们用很长的时间思索着一份菜单的设计或是晚间新闻里主持人的服装。我们敏锐地感觉到被覆盖于现今之下的层层历史，并记笔记和拍照。

另一方面，家，使我们在期待中更能觉到安定感。由于在那里居住了很长一段时间，我们确信这附近不再会有什么有趣的东西。我们无法想象，在一个我们已经居住了10年或者更长时间的地方，还能发现什么新的东西。因为我们早已习惯了一切，因而对其视若无睹。

德·梅伊斯特试图将我们从被动状态中唤醒。在他关于室内旅行的第二部作品《卧室夜游》中,他走到窗前,抬头凝望夜空。天空的美景让他感触良多,为什么以前不懂得欣赏这样的寻常景色:“现今能从这宏伟的景致中感到快乐的人真是太少了!天空对于困倦的人们来说毫无意义!对于那些出来散步或是挤出剧场的人群来说,抬头望一会儿,赞叹在他们头顶闪烁的星群,会让他们损失什么呢?”一般没有这样做的原因是因为他们从前从未这样做过。大家都习惯了,认为这个世界本来就很无聊——于是,生活正如他们所预期的一样无趣。

5.

我试图绕着我的卧室旅行,但是它这么小,几乎连一张床也容纳不下,以至于我得出结论,如果德·梅伊斯特的理论应用于我居住的小区,或许会更有价值。

因此,在3月间一个晴朗的下午,大约3点左右,在我从巴巴多斯回家几周后,我开始以德·梅伊斯特式的旅行方式环游哈默史密斯。在正午外出,而脑子里没有特定的目的,使我感到有些奇怪。一个妇女和两个金发小孩正沿着主干道往前走,道路两旁是各式各样的商店和饭馆。一辆双层巴士停在一座小公园的对面搭载乘客。一块巨大的广告板上刷着肉汁的广告。我几乎每天都行走在这条通往地铁站的道路上,并且只习惯于把它想成是到达我的目的地的必经之途。可以帮助我实现目标的信息吸引着我的注意力,无法吸引我的是那些被判断为不相干的事物。于是我留心观察人行道上行人的数量,因为他们可能挡住我的去路,反之我无视于他们的脸和表情,就如同无视于建筑物的形状或是商店里的活动一样。

情形也并不总是这样。刚搬到这一地区的时候,我关注的事物并不只限于这几点上。那时候,我还不会一心只想赶快到我要去的地方,而对周围场景视而不见。

刚进入一个新的地方的时候,我们的敏感性会引领我们注意很多东西,等到确认这个地方对我们而言有何功能之后,我们注意的东西就会越来越少。比方说,在一条街上或许有 4000 种事物可以看到和想到,我们最后积极关注的却只有其中的 3 到 4 件:在我们所走的路上的行人的数量、交通车辆的数量和下雨的可能性。我们最初对一辆公共汽车也许会从审美或机械构成的角度看待它,或许它会引发我们对城市内社区的思考,但久而久之,它在我们眼中变成了可以移动的盒子,它可以快速地把我们送到目的地,而路过的区域仿佛是不存在的,因为它们跟目的地无关。车窗外，一切都归于黑暗，什么都无法进入我们的视野。

我已经为街道限定了一系列可被称为有趣的东西的范围，其中没有金发的小孩、肉汁广告、铺就人行道的石子、店面的色调以及店员和领养老金的人们的表情。我只关注于自己的首要目标，而不会去考虑公园的布局，也不会注意到同一条街上竟然杂陈着乔治亚式、维多利亚式和爱德华式的建筑。我行走在这条道路上，不会感受到任何美的吸引，不会产生任何联想，没有什么东西能让我感到惊异或感动，我也无从萌发哲思。而代之，只有一个强烈的呼唤，那就是尽可能快地到达地铁站。

然而，追随着德·梅伊斯特，我尝试颠倒习惯的过程，并在抵达目的地前，尝试分离我周围的环境和我以往为这些地方所设定的用途。我强迫自己遵循一种特殊的精神命令：环顾我的四周，仿佛我从前从未来过这里。慢慢地，我的旅行开始有了收获。

我告诉自己，这里的每件东西都可能是有趣的，眼前的事物于是开始显现出潜在的价值。在原有的看法中，一长排商店不过是一片没有特色的红色建筑，但细看之下，我对这种建筑风格产生了认同。一家花店的两旁有乔治亚风格的柱子，肉店的顶部是维多利亚时代后期哥特式风格的怪兽状喷水口。饭馆里满是用餐的人,而不是各种只会动的形状。在一座装有玻璃门的办公楼里,我注意到一些人在一楼的会议室里做着手势。有人在使用投影仪,投影图上显出一张饼状图。与此同时,就在办公室对面的道路上,一个男人正在为人行道铺设新的水泥板,并仔细地固定它们的边角。我上了一辆公共汽车,这回我没有过多地考虑自己的事情,而是尝试着富有想象力地把自己同其他乘客联系起来。我能听到我前面一排的乘客交谈。在某个办公室里的某个人——很显然级别相当高的一个人,不曾尝试理解他人。这些级别相当高的人们抱怨别人效率多么地低,但从来不反省他们做了些什么使问题更加严重。我想到了在同一座城市同一时间里处于不同生活水平上的人的多样性。我想到人们相类似的抱怨,他们抱怨别人自私,有眼无珠,但实质上,我们对别人的抱怨也就是别人对我们的抱怨。

周遭的一切不仅包括人和风格鲜明的建筑,而且开始聚集理念。我思考涌入这个区域的新财富。我试图判断出我为什么如此喜欢铁路的拱门以及为什么要修建切过地平线的高速公路。

独自旅行似乎有一个优点。我们对世界的看法通常在极大程度上受到我们周围人们的影响,我们调和自己的求知欲去满足别人的期待。他们或许已认定我们是怎样的人，因此我们不得不有意识地隐藏自己身上的某些东西。“我没想到你是那种对公路路桥感兴趣的人，”他们也许会以一种让你不自在的口吻说出他们的看法。被一个同伴近距离地观察会阻止我们观察别人，我们忙于调整自己以满足同伴的疑问和评价，我们不得不让自己看上去更正常，这样一来便影响了我们的求知欲。但是独自一人行走在哈默史密斯的正午，我却没有这样的顾虑。我可以无拘无束地做出些奇怪的举动。我描下了一家五金店的窗户的草图，并用生动的语言描绘了公路路桥。

6.

德·梅伊斯特不仅仅是一个室内旅行家。他也是一个传统意义上的伟大旅行家。他游览过意大利和俄罗斯，与皇家军队一同在阿尔卑斯山度过了一个冬天，并且在高加索与俄军交战。

在 1801 年一篇写于南美洲的自传体笔记中，亚历山大·冯·洪堡写到了他旅行的动机：“我被一种不确定的渴望所激励，这种渴望就是从一种令人厌倦的日常生活转向一个奇妙的世界。”正是这种对立的关系，即“令人厌倦的日常生活”与“奇妙的世界”相对的关系，引起了德·梅伊斯特的兴趣，他乐于为这两个世界重新划出精妙的界限。他一定不会告诉洪堡，南美洲是乏味的，他仅仅会催促他去思考，他的故乡柏林或许也能提供某些东西。

80年以后，尼采读了德·梅伊斯特的著作并大加赞赏（他自己也是一个老在斗室打转的人），他曾发表如下感想：

> 有些人知道如何利用他们的日常生活中平淡无奇的经验，使自己成为沃土，在这片沃土上每年能结出三次果实，而其他一些人（为数众多）则只会逐命运之流，逐时代和国家变幻之流，就像一个软木塞一样在上面漂来漂去。当我们观察到这一切后，我们会把人分为两类：一种人可以化腐朽为神奇，另一种人则是化神奇为腐朽，绝大部分人是后者，前者则为数寥寥。

我们遇见过穿越沙漠的人，在冰上飘泊或在丛林里穿越的人，然而在他们的灵魂里，我们无法找寻到他们所见的痕迹。穿着粉红色和蓝色相间的睡衣，心满意足地待在自己房间里的塞维尔·德·梅伊斯特正在悄悄提醒我们，让我们在前往远方之前，先关注一下我们已经看到的东西。

The Art of Travel

Alain de Botton

Contents

DEPARTURE

I On Anticipation

Places	*Hammersmith, London*	*Barbados*
Guide	*F. -K. Huysmans*	

1.

It was hard to say when exactly winter arrived. The decline was gradual, like that of a person into old age, inconspicuous from day to day until the season became an established relentless reality. First came a dip in evening temperatures, then days of continuous rain, confused gusts of Atlantic wind, dampness, the fall of leaves and the changing of the clocks – though there were still occasional moments of reprieve, mornings when one could leave the house without a coat and the sky was cloudless and bright. But they were like false signs of recovery in a patient upon whom death has passed its sentence. By December, the new season was entrenched and the city was covered almost every day by an ominous steely-grey sky, like one in a painting by Mantegna or Veronese, the perfect backdrop to the crucifixion of Christ or to a day beneath the bedclothes. The neighbourhood park became a desolate spread of mud and water, lit up at night by rain-streaked lamps. Passing it one evening during a downpour, I recalled how, in the intense heat of the previous summer, I had stretched out on the ground and let my bare feet slip from my shoes to caress the grass and how this direct contact with the earth had brought with it a sense of freedom and expansiveness, summer breaking down the usual boundaries between indoors and out, and allowing me to feel as much at home in the world as in my own bedroom.

But now the park was foreign once more, the grass a forbidding arena in the incessant rain. Any sadness I might have felt, any suspicion that happiness or understanding was unattainable, seemed to find ready encouragement in the sodden dark-red brick buildings and low skies tinged orange by the city's street-lights.

Such climatic circumstances, together with a sequence of events that occurred at around this time (and seemed to confirm Chamfort's dictum that a man must swallow a toad every morning to be sure of not meeting with anything more revolting in the day ahead), conspired to render me intensely susceptible to the unsolicited arrival one late afternoon of a large, brightly illustrated brochure entitled 'Winter Sun'. Its cover displayed a row of palm trees, many of them growing at an angle, on a sandy beach fringed by a turquoise sea, set against a backdrop of hills, where I imagined there to be waterfalls and relief from the heat in the shade of sweet-smelling fruit trees. The photographs reminded me of the paintings of Tahiti that William Hodges had brought back from his journey with Captain Cook, showing a tropical lagoon in soft evening light where smiling local girls cavorted carefree (and barefoot) through luxuriant foliage, images that had provoked wonder and longing when Hodges first exhibited them at the Royal Academy in London in the sharp winter of 1776 – and that continued to provide a model for subsequent depictions of tropical idylls, including the pages of 'Winter Sun'.

Those responsible for the brochure had darkly intuited how easily their readers might be turned into prey by photographs whose power insulted the intelligence and contravened any notions of free will: over-exposed photographs of palm trees, clear skies and white beaches. Readers who would have been capable of scepticism and prudence in other areas of their lives reverted in contact with these elements to a primordial innocence and optimism. The longing provoked by the brochure was an example, at once touching and bathetic, of how projects (and even whole lives) might be influenced by the simplest and most unexamined images of happiness; of how a lengthy and ruinously expensive journey might be set into motion by nothing more than the sight of a photograph of a palm tree gently inclining in a tropical breeze.

I resolved to travel to the island of Barbados.

2.

If our lives are dominated by a search for happiness, then perhaps few activities reveal as much about the dynamics of this quest – in all its ardour and paradoxes – than our travels. They express, however inarticulately, an understanding of what life might be about, outside the constraints of work and the struggle for survival. Yet rarely are they considered to present philosophical problems – that is, issues requiring thought beyond the practical. We are inundated with advice on *where* to travel to; we hear little of *why* and *how* we should go – though the art of travel seems naturally to sustain a number of questions neither so simple nor so trivial and whose study might in modest ways contribute to an understanding of what the Greek philosophers beautifully termed *eudaimonia* or human flourishing.

3.

One question revolves around the relationship between the anticipation of travel and its reality. I came upon a copy of J. -K. Huysmans's novel *A Rebours*, published in 1884, whose effete and misanthropic hero, the aristocratic Duc des Esseintes, anticipated a journey to London and offered in the process an extravagantly pessimistic analysis of the difference between what we imagine of a place and what can occur when we reach it.

Huysmans recounts that the Duc des Esseintes lived alone in a vast villa on the outskirts of Paris. He rarely went anywhere to avoid what he took to be the ugliness and stupidity of others. One afternoon in his youth, he had ventured into a nearby village for a few hours and had felt his detestation of people grow fierce. Since then, he had chosen to spend his days alone in bed in his study, reading the classics of literature and moulding acerbic thoughts about humanity. However, early one morning, the Duc surprised himself by an intense wish to travel to London. The desire came upon him as he sat by the fire reading a volume of Dickens. The book evoked visions of English life which he contemplated at length and grew increasingly keen to see. Unable to withhold his excitement, he ordered his servants to pack his bags, dressed himself in a grey tweed suit, a pair of laced ankle boots, a little bowler hat and a flax-blue Inverness cape and took the next train to Paris. Because he had time to spare before the departure of the London train, he went to Galignani's English bookshop on the Rue de Rivoli and there bought a volume of Baedeker's *Guide to London*. He was thrown into delicious reveries by its terse descriptions of London's attractions. He moved on to a wine bar nearby frequented by a largely English clientele. The atmosphere was out of Dickens: he thought of scenes where Little Dorrit, Dora Copperfield and Tom Pinch's sister Ruth sat in similarly cosy, bright rooms. One customer had Mr Wickfield's white hair and ruddy complexion and the sharp, expressionless features and unfeeling eyes of Mr Tulkinghorn.

Hungry, Des Esseintes went next to an English tavern in the Rue d'Amsterdam, near the Gare Saint Lazare. It was dark and smoky there, with a line of beer pulls along a counter, which was spread with hams as brown as violins and lobsters the colour of red lead. Seated at small wooden tables were robust Englishwomen with boyish faces, teeth as big as palette knives, cheeks as red as apples and long hands and feet. Des Esseintes found a table and ordered some oxtail soup, a smoked haddock, a helping of roast beef and potatoes, a couple of pints of ale and a chunk of Stilton.

However, as the moment to board his train approached, along with the chance to turn dreams of London into reality, Des Esseintes was abruptly overcome with lassitude. He thought how wearing it would be actually to go to London, how he would have to run to the station, fight for a porter, board the train, endure an unfamiliar bed, stand in queues, feel cold and move his fragile frame around the sights that Baedeker had so tersely described – and thus soil his dreams: 'What was the good of moving when a person could travel so wonderfully sitting in a chair? Wasn't he already in London, whose smells, weather, citizens, food, and even cutlery were all about him? What could he expect to find over there except fresh disappointments?' Still seated at his table, he reflected, 'I must have been suffering from some mental aberration to have rejected the visions of my obedient imagination and to have believed like any old ninny that it was necessary, interesting and useful to travel abroad.'

So Des Esseintes paid the bill, left the tavern and took the first train back to his villa, along with his trunks, his packages, his portmanteaux, his rugs, his umbrellas and his sticks – and never left home again.

4.

We are familiar with the notion that the reality of travel is not what we anticipate. The pessimistic school, of which Des Esseintes might be an honorary patron, therefore argues that reality must always be disappointing. It may be truer and more rewarding to suggest that it is primarily *different*.

After two months of anticipation, on a cloudless February mid-afternoon, I touched down, along with my travelling companion, M, at Barbados's Grantley Adams Airport. It was a short walk from the plane to the low airport buildings, but long enough to register a revolution in the climate. In only a few hours, I had travelled to a heat and a humidity that at home would not have occurred for another five months, and even then would never have achieved such intensity.

Nothing was as I had imagined – surprising only if one considers *what* I had imagined. In the preceding weeks, the thought of the island had circled exclusively around three immobile mental images, assembled during the reading of a brochure and an airline timetable. The first was of a beach with a palm tree against the setting sun. The second was of a hotel bungalow with a view through French doors into a room decorated with wooden floors and white bedlinen. And the third was of an azure sky.

If pressed, I would naturally have recognized that the island had to include other elements, but I had not needed them in order to build an impression of it. My behaviour was like that of theatre-goers who imagine without difficulty that the actions on stage are unfolding in Sherwood Forest or ancient Rome because the backdrop has been painted with a single branch of an oak or one Doric pillar.

But on arrival, a range of things insisted that they too deserved to be included within the fold of the word Barbados. For example, a large petrol storage facility, decorated with the yellow and green logo of British Petroleum, and a small plywood box where an immigration official sat in an immaculate brown suit and gazed with an air of curiosity and unhurried wonder (like a scholar scanning the pages of a manuscript in the stacks of a library) at the passports of a line of tourists that began to stretch out of the terminal and on to the edge of the airfield. There was an advertisement for rum above the baggage carousel, a picture of the Prime Minister in the customs corridor, a bureau de change in the arrivals hall and a confusion of taxi drivers and tour guides outside the terminal building. And if there was a problem with this profusion of images, it was that they made it strangely harder to *see* the Barbados I had come to find.

In anticipation, there had simply been a vacuum between the airport and my hotel. Nothing had existed in my mind between the last line on the itinerary (the beautifully rhythmic 'Arrival BA 2155 at 15.35') and the hotel room. I had had no thought of, and now protested inwardly at the appearance of, a luggage carousel with a frayed rubber mat, two flies dancing above an overflowing ashtray, a giant fan turning inside the arrivals hall, a white taxi with a fake leopard-skin-lined dashboard, a stray dog in a stretch of waste ground beyond the airport, an advertisement for 'Luxury condos' at a roundabout, a factory called 'Bardak Electronics', a row of buildings with red and green tin roofs, a rubber strap in the central pillar of the car upon which was written in very small print 'Volkswagen, Wolfsburg', a brightly coloured bush whose name I didn't know, a hotel reception area which showed the time in six different locations and a card pinned on the wall nearby that read, with two months' delay, 'Merry Christmas'. Only several hours after my arrival did I find myself united with my imagined room, though I had had no prior mental image of its vast air-conditioning unit nor, even if it was welcome, its bathroom, which was made of Formica panels and sternly advised residents not to waste water.

If we are inclined to forget how much there is in the world besides that which we anticipate, then works of art are perhaps a little to blame, for in them we find the same process of simplification or selection at work as in the imagination. Artistic accounts involve severe abbreviations of what reality will force upon us. A travel book may tell us, for example, that a narrator journeyed through the afternoon to reach the hill town of X and, after a night in its medieval monastery, awoke to a misty dawn. But we never simply journey through an afternoon. We sit in a train. Lunch digests awkwardly within us. The seat cloth is grey. We look out of the window at a field. We look back inside. A drum of anxieties revolves in consciousness. We notice a luggage label affixed to a suitcase in a rack above the opposing seats. We tap a finger on the window-ledge. A broken nail on an index finger catches a thread. It starts to rain. A drop wends a muddy path down the dust-coated window. We wonder where the ticket might be. We look back out at the field. It continues to rain. At last the train starts to move. It passes an iron bridge, after which it stops inexplicably. A fly lands on the window. And still we might only have reached the end of the first minute of a comprehensive account of the events lurking within the deceptive sentence 'he journeyed through the afternoon'.

A story-teller who provided us with such a profusion of details would rapidly grow maddening. Unfortunately, life itself often subscribes to this mode of story-telling, wearing us with repetitions, misleading emphases and inconsequential plotlines. It insists on showing us Bardak Electronics, the safety handle in the car, a stray dog, a Christmas card and a fly that lands first on the rim and then in the centre of a laden ashtray.

Which explains the curious phenomenon whereby valuable elements may be easier to experience in art and in anticipation than in reality. The anticipatory and artistic imaginations omit and compress, they cut away the periods of boredom and direct our attention to critical moments and, without either lying or embellishing, thus lend to life a vividness and a coherence that it may lack in the distracting woolliness of the present.

As I lay awake in bed on my first Caribbean night looking back on my journey (there were crickets and shufflings in the bushes outside), already the confusion of the present moment began to recede and certain events to assume prominence, for memory was in this respect similar to anticipation: an instrument of simplification and selection.

The present might be compared to a long-winded film from which memory and anticipation select photographic highlights. Of my nine-and-a-half-hour flight to the island, active memory retained only six or seven static images. Just one survives today: the in-flight tray. Of my experience at the airport, only an image of the passport line remained accessible. My layers of experience settled into a compact and well-defined narrative: I became a man who had flown in from London and checked into his hotel.

I fell asleep early and the next morning awoke to my first Caribbean dawn – though there was, inevitably, a lot more beneath these brisk words than that.

5.

There was one other country that, many years before his intended trip to England, Des Esseintes had wanted to see: Holland. He had imagined the place to resemble the paintings of Teniers and Jan Steen, Rembrandt and Ostade; he had anticipated patriarchal simplicity and riotous joviality; quiet small brick courtyards and pale-faced maids pouring milk. And so he had journeyed to Haarlem and Amsterdam – and been greatly disappointed. It was not that the paintings had lied, there had been some simplicity and joviality, some nice brick courtyards and a few serving women pouring milk, but these gems were blended in a stew of ordinary images (restaurants, offices, uniform houses and featureless fields) which these Dutch artists had never painted and which made the experience of travelling in the country strangely diluted compared with an afternoon in the Dutch galleries of the Louvre, where the essence of Dutch beauty found itself collected in just a few rooms.

Des Esseintes ended up in the paradoxical position of feeling more *in* Holland – that is, more intensely in contact with the elements he loved in Dutch culture – when looking at selected images of Holland in a museum than when travelling with sixteen pieces of luggage and two servants through the country itself.

6.

Awakening early on that first morning, I slipped on a dressing gown provided by the hotel and went out on to the veranda. In the dawn light the sky was a pale grey-blue and, after the rustlings of the night before, all the creatures and even the wind seemed in deep sleep. It was as quiet as a library. Beyond the hotel room stretched a wide beach which was covered at first with coconut trees and then sloped unhindered towards the sea. I climbed over the veranda's low railing and walked across the sand. Nature was at her most benevolent. It was as if, in creating this small horseshoe bay, she had chosen to atone for her ill-temper in other regions and decided for once to display only her munificence. The trees provided shade and milk, the floor of the sea was lined with shells, the sand was powdery and the colour of sun-ripened wheat, and the air – even in the shade – had an enveloping, profound warmth to it so unlike the fragility of northern European heat, always prone to cede, even in midsummer, to a more assertive, proprietary chill.

I found a deck chair at the edge of the sea. I could hear small lapping sounds beside me, as if a kindly monster was taking discreet sips of water from a large goblet. A few birds were waking up and beginning to career through the air in matinal excitement. Behind me, the raffia roofs of the hotel bungalows were visible through gaps in the trees. Before me was a view that I recognized from the brochure: the beach stretched away in a gentle curve towards the tip of the bay, behind it were junglecovered hills, and the first row of coconut trees inclined irregularly towards the turquoise sea, as though some of them were craning their necks to catch a better angle of the sun.

Yet this description only imperfectly reflects what occurred within me that morning, for my attention was in truth far more fractured and confused than the foregoing paragraphs suggest. I may have noticed a few birds careering through the air in matinal excitement, but my awareness of them was weakened by a number of other, incongruous and unrelated elements, among these, a sore throat that I had developed during the flight, a worry at not having informed a colleague that I would be away, a pressure across both temples and a rising need to visit the bathroom. A momentous but until then overlooked fact was making its first appearance: that I had inadvertently brought myself with me to the island.

It is easy to forget ourselves when we contemplate pictorial and verbal descriptions of places. At home, as my eyes had panned over photographs of Barbados, there were no reminders that those eyes were intimately tied to a body and mind which would travel with me wherever I went and that might, over time, assert their presence in ways that would threaten or even negate the purpose of what the eyes had come there to see. At home, I could concentrate on pictures of a hotel room, a beach or a sky and ignore the complex creature in which this observation was taking place and for whom this was only a small part of a larger, more multifaceted task of living.

My body and mind were to prove temperamental accomplices in the mission of appreciating my destination. The body found it hard to sleep, it complained of heat, flies and difficulties digesting hotel meals. The mind meanwhile revealed a commitment to anxiety, boredom, free-floating sadness and financial alarm.

It seems that, unlike the continuous, enduring contentment that we anticipate, happiness with, and in, a place must be a brief and, at least to the conscious mind, apparently haphazard phenomenon: an interval in which we achieve receptivity to the world around us, in which positive thoughts of past and future coagulate and anxieties are allayed. But the condition rarely endures for longer than ten minutes. New patterns of anxiety inevitably form on the horizon of consciousness, like the weather fronts that mass themselves every few days off the western coast of Ireland. The past victory no longer seems so impressive, the future acquires complications and the beautiful view becomes as invisible as anything which is always around.

I was to discover an unexpected continuity between the melancholic self I had been at home and the person I was to be on the island, a continuity quite at odds with the radical discontinuity in the landscape and climate, where the very air seemed to be made of a different and sweeter substance.

At mid-morning on that first day, M and I sat on deck chairs outside our beach hut. A single cloud hung shyly above the bay. M put on her headphones and began annotating Emile Durkheim's *On Suicide*. I looked around me. It would have seemed to observers that I was where I lay. But 'I' – that is, the conscious part of my self – had in truth abandoned the physical envelope in which it dwelt in order to worry about the future, or more specifically about the issue of whether lunches would be included in the price of the room. Two hours later, seated at a corner table in the hotel restaurant with a papaya (lunch and local taxes included), the I that had left my body on the deck chair now made another migration, quitting the island altogether, to visit a troubling project scheduled for the following year.

It was as if a vital evolutionary advantage had been bestowed centuries ago on those members of the species who lived in a state of concern about what was to happen next. These ancestors might have failed to savour their experiences appropriately, but they had at least survived and shaped the character of their descendants; while their more focused siblings, at one with the moment and with the place where they stood in, had met violent ends on the horns of unforeseen bison.

It is unfortunately hard to recall our quasi-permanent concern with the future, for on our return from a place, perhaps the first thing to disappear from memory is just how much of the past we spent dwelling on what was to come; how much of it, that is, we spent somewhere other than where we were. There is a purity both in the remembered and in the anticipated visions of a place: it is the place itself that is allowed to stand out.

If fidelity to a place had seemed possible from home, it was perhaps because I had never tried to stare at a picture of Barbados for any length of time. Had I laid one on a table and forced myself to look at it exclusively for twenty-five minutes, my mind and body would naturally have migrated towards a range of extrinsic concerns, and I might thereby have gained a more accurate sense of how little the place in which I stood had the power to influence what travelled through my mind.

In another paradox that Des Esseintes would have appreciated, it seems we may best be able to inhabit a place when we are not faced with the additional challenge of having to be there.

7.

A few days before our departure, M and I decided to explore the island. We rented a Mini Moke and headed north, to an area of rugged hills called Scotland, to which Oliver Cromwell had exiled

English Catholics in the seventeenth century. At Barbados's northernmost tip, we visited Animal Flower Cave, a series of caverns hollowed out of the rock-face by the pounding of the waves, in which giant sea anemones grew along the pitted walls and looked like yellow and green flowers when they opened their tendrils.

At midday, we headed south towards the parish of St John and there, on a tree-covered hill, found a restaurant in one wing of an old colonial mansion. In the garden were a cannonball tree and an African tulip tree, the latter bearing flowers in the shape of upside-down trumpets. A leaflet informed us that the house and gardens had been built by the administrator Sir Anthony Hutchison in 1745, and had cost the apparently enormous trade of 100,000 pounds of sugar. Ten tables were set out along a gallery, with a view of the gardens and the sea. We took our place at the far end, beside an efflorescent bougainvillea bush. M ordered jumbo shrimp in sweet pepper sauce, I had a kingfish with onions and herbs in red wine. We talked about the colonial system and the curious ineffectiveness of even the most powerful sunblocks. For dessert, we ordered two crèmes caramel.

When the crèmes arrived, M received a large, but messy portion which looked as if it had fallen over in the kitchen and I a tiny, but perfectly formed one. As soon as the waiter had stepped out of eyeshot, M reached over and swapped my plate for hers. 'Don't steal my dessert,' I said, incensed. 'I thought you wanted the bigger one,' she replied, no less affronted. 'You're just trying to get the better one.' 'I'm not, I'm trying to be nice to you. Stop being suspicious.' 'I will if you give me back my portion.'

In only a few moments, we had plunged into a shameful interlude where beneath infantile rounds of bickering there stirred mutual terrors of incompatibility and infidelity.

M handed back my plate grimly, took a few spoons from hers and pushed the dessert to one side. We said nothing. We paid and drove back to the hotel, the sound of the engine disguising the intensity of our sulks. The room had been cleaned in our absence. The bed had fresh linen. There were flowers on the chest of drawers and new beach towels in the bathroom. I tore one from the pile and went to sit on the veranda, closing the French doors violently behind me. The coconut trees were throwing a gentle shade, the criss-cross patterns of their palms occasionally rearranging themselves in the afternoon breeze. But there was no pleasure for me in such beauty. I had enjoyed nothing aesthetic or material since the struggle over the crèmes caramel several hours before. It had become irrelevant that there were soft towels, flowers and attractive views. My mood refused to be lifted by any external prop; it even felt insulted by the perfection of the weather and the prospect of the beach-side barbecue scheduled for that evening.

Our misery that afternoon, in which the smell of tears mixed with the scents of suncream and air-conditioning, was a reminder of the rigid, unforgiving logic to which human moods appear to be subject, a logic that we ignore at our peril when we encounter a picture of a beautiful land and imagine that happiness must naturally accompany such magnificence. Our capacity to draw happiness from aesthetic objects or material goods in fact seems critically dependent on our first satisfying a more important range of emotional or psychological needs, among them the need for understanding, for love, expression and respect. We will not enjoy – we are not able to enjoy – sumptuous tropical gardens and attractive wooden beach huts when a relationship to which we are committed abruptly reveals itself to be suffused with incomprehension and resentment.

If we are surprised by the power of one sulk to destroy the beneficial effects of an entire hotel, it is because we misunderstand what holds up our moods. We are sad at home and blame the weather and the ugliness of the buildings, but on the tropical island we learn (after an argument in a raffia bungalow under an azure sky) that the state of the skies and the appearance of our dwellings can never on their own underwrite our joy nor condemn us to misery.

There is a contrast between the vast projects we set in motion, the construction of hotels and the dredging of bays, and the basic psychological knots that undermine them. How quickly the advantages of civilization are wiped out by a tantrum. The intractability of the mental knots points to the austere, wry wisdom of certain ancient philosophers who walked away from prosperity and sophistication and argued, from within a barrel or mud hut, that the key ingredients of happiness could not be material or aesthetic, but must always be stubbornly psychological – a lesson that never seemed truer than when M and I made up at nightfall, in the shadow of a beach-side barbecue whose luxury had become a humbling irrelevance.

8.

After Holland and his abortive visit to England, Des Esseintes did not attempt another journey abroad. He remained in his villa and surrounded himself with a series of objects which facilitated the finest aspect of travel, its anticipation. He had coloured prints hung on his walls, like those in travel agents' windows, showing foreign cities, museums, hotels and steamers bound for Valparaiso or the River Plate. He had the itineraries of the major shipping companies framed and lined his bedroom with them. He filled an aquarium with seaweed, bought a sail, some rigging and a pot of tar and, with their help, was able to experience the most pleasant aspects of a long sea voyage without any of its inconveniences. Des Esseintes concluded, in Huysmans's words, that 'the imagination could provide a more-than-adequate substitute for the vulgar reality of actual experience'. Actual experience where what we have come to see is always diluted in what we could see anywhere, where we are drawn away from the present by an anxious future and where our appreciation of aesthetic elements remains at the mercy of perplexing physical and psychological demands.

I travelled in spite of Des Esseintes. And yet there were times when I too felt there might be no finer journeys than those provoked in the imagination by staying at home slowly turning the Bible-paper pages of the British Airways Worldwide Timetable.

II On Travelling Places

Places

The service station

The airport

The plane

The train

Guides

Charles Baudelaire

Edward Hopper

1.

Overlooking the motorway between London and Manchester, in a flat, featureless expanse of country, stands a single-storey glass and red-brick service station. In its forecourt hangs a giant laminated flag that advertises to motorists and to sheep in an adjacent field a photograph of a fried egg, two sausages and a peninsula of baked beans.

I arrived at the service station towards evening. The sky was turning red in the west and in a row of ornamental trees to the side of the building birds could be heard against the incessant bass note of the traffic. I had been on the road for two hours, alone with clouds forming on the horizon, with the lights of commuter towns beyond the grass banks, with motorway bridges and the silhouettes of overtaking cars and coaches. I felt dizzy stepping out of my craft, which gave off a series of clicks as it cooled, as if paper clips were being dropped through the bonnet. My senses needed to readjust themselves to firm land, to the wind and to the discreet sounds of night drawing in.

The restaurant was brightly illuminated and exaggeratedly warm. Large photographs of coffee cups, pastries and hamburgers hung on the walls. A waitress was refilling a drinks dispenser. I slid a damp tray along a metal runway, bought a bar of chocolate and an orange juice and sat by a window that made up one wall of the building. Vast panes were held in place by strips of beige putty, into whose chewy clamminess I was tempted to dig my nails. Beyond the window, the grass sloped down to the motorway, where traffic ran in silent, elegant symmetry along six lanes, the differences in makes and colours of cars disguised by the gathering darkness, leaving a uniform ribbon of red and white diamonds extending into infinity in two directions.

There were few other customers in the service station. A woman was idly rotating a teabag in a cup. A man and two small girls were eating hamburgers. A bearded elderly man was doing a crossword. No one was talking. There was an air of reflection, of sadness too – only heightened by the faint sound of piped upbeat music and the enamel smile of a woman about to bite into a bacon sandwich in a photograph above the counter. In the middle of the room, hanging from the ceiling and dancing nervously in the breeze of an air vent, was a cardboard box announcing an offer of free onion rings with every hotdog. Misshapen and upside down, the box seemed only a rough approximation of what head office must have stipulated, like those milestones in distant parts of the Roman Empire whose form strayed from the designs of the centre.

The building was architecturally miserable, it smelt of frying oil and lemon-scented floor polish, the food was glutinous and the tables were dotted with islands of dried ketchup from the meals of long-departed travellers, and yet something about the scene moved me. There was poetry in this forsaken service station, perched on the ridge of the motorway far from all habitation. Its appeal made me think of certain other equally and unexpectedly poetic travelling places – airport terminals, harbours, train stations and motels – and the work of a nineteenth-century writer and a twentieth-century painter he had inspired, who had, in different ways, been unusually alive to the power of the liminal travelling place.

2.

Charles Baudelaire was born in Paris in 1821. From an early age, he felt uncomfortable at home. His father died when he was five, and a year later his mother married a man her son disliked. He was sent to a succession of boarding schools from which he was repeatedly expelled for insubordination. In adulthood, he could find no place in bourgeois society. He quarrelled with his mother and stepfather, wore theatrical black capes and hung reproductions of Delacroix's *Hamlet* lithographs around his bedroom. In his diary, he complained of suffering from 'that appalling disease: the Horror of Home' and from a 'feeling of loneliness, from earliest childhood. Despite the family – and with school friends especially – a feeling of being destined to an eternally solitary life'.

He dreamt of leaving France for somewhere else, somewhere far away, on another continent, with no reminders of 'the everyday' – a term of horror for the poet; somewhere with warmer weather; a place, in the words of the legendary couplet from *L'Invitation au voyage*, where everything would be 'ordre et beauté/Luxe, calme et volupté'. But he was aware of the difficulties. He had once left the leaden skies of northern France and returned dejected. He had set off on a journey to India. Three months into the sea crossing, the ship had run into a storm and had stopped in Mauritius for repairs. It was the lush, palm-fringed island that Baudelaire had dreamt of. But he could not shake off a feeling of lethargy and sadness and suspected that India would be no better. Despite efforts by the captain to persuade him otherwise, he insisted on sailing back to France.

The result was a lifelong ambivalence towards travel. In *Le Voyage*, he sarcastically imagined the accounts of travellers returned from afar:

We saw stars
And waves; we saw sand too;
And, despite many crises and unforeseen disasters
We were often bored, just as we are here.

And yet he remained sympathetic to the wish to travel and observed its tenacious hold on him. No sooner had he returned to Paris from his Mauritian trip than he began to dream once again of going somewhere else, noting: 'Life is a hospital in which every patient is obsessed with changing beds. This one wants to suffer in front of the radiator, and that one thinks he'd get better if he was by the window.' He was, nevertheless, unashamed to count himself among the patients: 'It always seems to me that I'll be well where I am not and this question of moving is one that I'm forever entertaining with my soul.' Sometimes Baudelaire dreamt of going to Lisbon. It would be warm there and he would, like a lizard, gain strength from stretching himself out in the sun. It was a city of water, marble and light, conducive to thought and calm. But almost from the moment he conceived of this Portuguese fantasy, he would start to wonder if he might not be happier in Holland. Then again, why not Java or else the Baltic or even the North Pole, where he could bathe in shadows and watch comets fly across the Arctic skies? The destination was not really the point. The true desire was to get away, to go, as he concluded, 'Anywhere! Anywhere! So long as it is out of the world!'

Baudelaire honoured reveries of travel as a mark of those noble questing souls whom he described as 'poets', who could not be satisfied with the horizons of home even as they appreciated the limits of other lands, whose temperaments oscillated between hope and despair, childlike idealism and cynicism. It was the fate of poets, like Christian pilgrims, to live in a fallen world while refusing to surrender their vision of an alternative, less compromised realm.

Against such ideas, one detail stands out in Baudelaire's biography: that he was, throughout his life, strongly drawn to harbours, docks, railway stations, trains, ships and hotel rooms; that he felt more at home in the transient places of travel than in his own dwelling. When he was oppressed by the atmosphere in Paris, when the world seemed 'monotonous and small', he would leave, 'leave for leaving's sake', and travel to a harbour or train station, where he would inwardly exclaim:

Carriage, take me with you! Ship, steal me away from here!
Take me far, far away. Here the mud is made of our tears!

In an essay on the poet, T. S. Eliot proposed that Baudelaire had been the first nineteenth-century artist to give expression to the beauty of modern travelling places and machines. 'Baudelaire ... invented a new kind of romantic nostalgia,' wrote Eliot, 'the *poésie des départs*, the *poésie des salles d'attente*.' And, one might add, the *poésie des stations-service* and the *poésie des aéroports.*

3.

When feeling sad at home, I have often boarded a train or airport bus and gone to Heathrow, where, from an observation gallery in Terminal 2 or from the top floor of the Renaissance Hotel along the north runway, I have drawn comfort from the sight of the ceaseless landing and take-off of aircraft.

In the difficult year of 1859, in the aftermath of the *Fleurs du mal* trial and the breakup with his mistress Jeanne Duval, Baudelaire visited his mother at her home in Honfleur and, for much of his two-month stay, occupied a chair at the quayside, watching vessels docking and departing. 'Those large and beautiful ships, invisibly balanced (hovering) on tranquil waters, those hardy ships that look dreamy and idle, don't they seem to whisper to us in silent tongues: When shall we set sail for happiness?'

Seen from a car park beside 09L/27R, as the north runway is known to pilots, the 747 appears at first as a small brilliant white light, a star dropping towards earth. It has been in the air for twelve hours. It took off from Singapore at dawn. It flew over the Bay of Bengal, Delhi, the Afghan desert and the Caspian Sea. It traced a course over Romania, the Czech Republic and southern

Germany, before beginning its descent, so gently that few passengers would have noticed a change of tone in the engines, above the grey-brown, turbulent waters off the Dutch coast. It followed the Thames over London, turned north near Hammersmith (where the flaps began to unfold), pivoted over Uxbridge and straightened course over Slough. From the ground, the white light gradually takes shape as a vast two-storeyed body with four engines suspended like earrings beneath implausibly long wings. In the light rain, clouds of water form a veil behind the plane on its matronly progress towards the airfield. Beneath it are the suburbs of Slough. It is three in the afternoon. In detached villas, kettles are being filled. A television is on in a living room with the sound switched off. Green and red shadows move silently across walls. The everyday. And above Slough is a plane that a few hours ago was flying over the Caspian Sea. Caspian Sea – Slough: the plane a symbol of worldliness, carrying within itself a trace of all the lands it has crossed; its eternal mobility offering an imaginative counterweight to feelings of stagnation and confinement. This morning the plane was over the Malay peninsula, a place-name in which there linger the smells of guava and sandalwood. And now, a few metres above the earth which it has avoided for so long, the plane appears motionless, its nose raised upwards, seeming to pause before its sixteen rear wheels meet the tarmac with a blast of smoke that makes manifest its speed and weight.

On a parallel runway, an A340 ascends for New York and, over the Staines reservoir, retracts its flaps and wheels, which it won't require again until the descent over the white clapboard houses of Long Beach, 3,000 miles and eight hours of sea-and-cloud away. Visible through the heat haze of turbofans, other planes wait to start their journeys. All across the airfield, planes are on the move, their fins a confusion of colours against the grey horizon, like sails at a regatta.

Along the glass and steel back of Terminal 3 rest four giants, whose liveries indicate a varied provenance: Canada, Brazil, Pakistan, Korea. For a few hours, their wing-tips will lie only a few metres apart, until each set begins another journey into the stratospheric winds. As every ship turns into a gate, a choreographed dance begins. Trucks slip to the underbelly, black fuel hoses are fastened to the wings, a gangway bends its rectangular rubber lips over the fuselage. The doors of the holds are opened to disgorge battered aluminium cargo crates, perhaps containing fruit that only a few days ago hung from the branches of tropical trees or vegetables that had their roots in the soil of high silent valleys. Two men in overalls set up a small ladder next to one engine and open its casing to reveal an intricate terrain of wires and small steel pipes. Sheets and pillows are lowered from the front of one cabin. Passengers disembark for whom this ordinary English afternoon will have a supernatural tinge.

Nowhere is the appeal of the airport more concentrated than in the television screens which hang in rows from terminal ceilings announcing the departure and arrival of flights and whose absence of aesthetic self-consciousness, whose workmanlike casing and pedestrian typefaces, do nothing to disguise their emotional charge or imaginative allure. Tokyo, Amsterdam, Istanbul. Warsaw, Seattle, Rio. The screens bear all the poetic resonance of the last line of James Joyce's *Ulysses*: at once a record of where the novel was written and, no less importantly, a symbol of the cosmopolitan spirit behind its composition: 'Trieste, Zurich, Paris.' The constant calls of the screens, some accompanied by the impatient pulsing of a cursor, suggest with what ease our seemingly entrenched lives might be altered, were we to walk down a corridor and on to a craft that in a few hours would land us in a place of which we had no memories and where no one knew our names. How pleasant to hold in mind, through the crevasses of our moods, at three in the afternoon when lassitude and despair threaten, that there is always a plane taking off for somewhere, for Baudelaire's 'Anywhere! Anywhere!': Trieste, Zurich, Paris.

4.

Baudelaire admired not only the places of departure and arrival, but also the machines of motion, in particular ocean-going ships. He wrote of 'the profound and mysterious charm that arises from looking at a ship'. He went to see flat-bottomed boats, the 'caboteurs', in the Port Saint Nicolas in Paris and larger ships in Rouen and the Normandy ports. He marvelled at the technological achievements behind them, at how objects so heavy and multifarious could be made to move with elegance and cohesion across the seas. A great ship made him think of 'a vast, immense, complicated, but agile creature, an animal full of spirit, suffering and heaving all the sighs and ambitions of humanity'.

Similar sentiments may arise when looking at one of the larger species of aeroplane, it too a 'vast' and 'complicated' creature which defies its size and the chaos of the lower atmosphere to steer serenely across the firmament. Seeing one parked at a gate, dwarfing luggage carts and mechanics, one is induced to feel surprise, overriding any scientific explanation, at how such a thing might move – a few metres, let alone to Japan. Buildings, among the few man-made structures of comparable size, do not prepare us for a plane's agility or self-possession; for these buildings are cracked by slight movements of the earth, they leak air and water and lose parts of themselves to the wind.

Few seconds in life are more releasing than those in which a plane ascends to the sky. Looking out of a window from inside a machine standing stationery at the beginning of a runway, we face a vista of familiar proportions: a road, oil cylinders, grass and hotels with copper-tinted windows; the earth as we have always known it, where we make slow progress, even with the help of a car, where calf muscles and engines strain to reach the summit of hills, where, half a mile ahead or less, there is almost always a line of trees or buildings to restrict our view. Then suddenly, accompanied by the controlled rage of the engines (with only a slight tremor from glasses in the galley), we rise fluently into the atmosphere and an immense horizon opens up across which we can wander without impediment. A journey which on earth would have taken an afternoon can be accomplished with an infinitesimal movement of the eye; we can cross Berkshire, visit Maidenhead, skirt over Bracknell and survey the M4.

There is psychological pleasure in this take-off too, for the swiftness of the plane's ascent is an exemplary symbol of transformation. The display of power can inspire us to imagine analogous, decisive shifts in our own lives; to imagine that we too might one day surge above much that now looms over us.

The new vantage point lends order and logic to the landscape: roads curve to avoid hills, rivers trace paths to lakes, pylons lead from power stations to towns, streets that from earth seemed laid out without thought emerge as well-planned grids. The eye attempts to match what it can see with what the mind knows should be there, like a reader trying to decipher a familiar book in a new language. Those lights must be Newbury, that road the A33 as it leaves the M4. And to think that all along, hidden from our sight, our lives were this small: the world we live in but almost never see; the way we must appear to the hawk and to the gods.

The engines show none of the effort required to take us to this place. They hang in the inconceivable cold, patiently and invisibly powering the craft, their sole requests, painted on their inner flanks in red letters, being that we not walk on them and feed them 'Oil only: D50 TFI-S4', a message for a forthcoming set of men in overalls, 4,000 miles away and still asleep.

There is not much talk about the clouds visible up here. No one seems to think it remarkable that somewhere above an ocean we are flying past a vast white candy-floss island which would have made a perfect seat for an angel or even God himself in a painting by Piero della Francesca. In the cabin, no one stands up to announce with requisite emphasis that, out of the window, *we are flying over a cloud*, a matter that would have detained Leonardo and Poussin, Claude and Constable.

Food that, if sampled in a kitchen, would have been banal or even offensive, acquires a new taste and interest in the presence of the clouds (like a picnic of bread and cheese that delights us when eaten on a cliff-top above a pounding sea). With the inflight tray, we make ourselves at home in this unhomely place: we appropriate the extraterrestrial landscape with the help of a chilled bread roll and a plastic tray of potato salad.

Our airborne companions outside the window look unexpected when scrutinized. In paintings and from the ground, they appear like horizontal ovaloids, but here they resemble giant obelisks made of piles of unsteady shaving foam. Their kinship with steam is clearer, they are more volatile, the product of something that may have just exploded and is still mutating. It remains perplexing that it would be impossible to sit on one.

Baudelaire knew how to love the clouds.

THE OUTSIDER

Tell me, whom do you love most, you enigmatic man: your father, your mother, your sister or your brother?

I have neither father, nor mother, nor sister, nor brother.

Your friends?

You're using a word I've never understood.

Your country?

I don't know where that might lie.

Beauty?
I would love her with all my heart, if only she were a goddess and immortal.
Money?
I hate it as you hate God.
Well then, what do you love, you strange outsider?
I love the clouds … the clouds that pass by … over there … over there … those lovely clouds!

The clouds usher in tranquillity. Below us are enemies and colleagues, the sites of our terrors and our griefs; all of them now infinitesimal, scratches on the earth. We may know this old lesson in perspective well enough, but rarely does it seem as true as when we are pressed against the cold plane window, our craft a teacher of profound philosophy – and a faithful disciple of the Baudelairean command:

Carriage, take me with you! Ship, steal me away from here!
Take me far, far away. Here the mud is made of our tears!

5.

There was, apart from the motorway, no road linking the service station to other places, no footpath even; it seemed not to belong to the city, nor to the country either, but rather to some third, travellers' realm, like a lighthouse at the edge of the ocean.

This geographical isolation enforced the atmosphere of solitude in the dining area. The lighting was unforgiving, bringing out pallor and blemishes. The chairs and seats, painted in childishly bright colours, had the strained jollity of a fake smile. No one was talking, no one admitting to curiosity or fellow feeling. We gazed blankly past one another at the serving counter or out into the darkness. We might have been seated among rocks.

I remained in one corner, eating fingers of chocolate and taking occasional sips of orange juice. I felt lonely but, for once, this was a gentle, even pleasant kind of loneliness because, rather than unfolding against a backdrop of laughter and fellowship, in which I would suffer from a contrast between my mood and the environment, it had its locus in a place where everyone was a stranger, where the difficulties of communication and the frustrated longing for love seemed to be acknowledged and brutally celebrated by the architecture and lighting.

The collective loneliness brought to mind certain canvases by Edward Hopper which, despite the bleakness they depicted, were not themselves bleak to look at, but rather allowed their viewers to witness an echo of their own grief and thereby feel less personally persecuted and beset by it. It is perhaps sad books that best console us when we are sad, and to lonely service stations that we should drive when there is no one for us to hold or love.

In 1906, at the age of twenty-four, Hopper went to Paris and discovered the poetry of Baudelaire, whose work he was to read and recite throughout his life. The attraction is not hard to understand: there was a shared interest in solitude, in city life, in modernity, in the solace of the night and in the places of travel. In 1925, Hopper bought his first car, a second-hand Dodge, and drove from his home in New York to New Mexico, and from then on spent several months on the road every year, sketching and painting on the way, in motel rooms, in the backs of cars, outdoors and in diners. Between 1941 and 1955, he crossed America five times. He stayed in Best Western motels, Del Haven Cabins, Alamo Plaza Courts and Blue Top Lodges. He was drawn to the neon signs that blink 'Vacancy, TV, Bath' from the side of the road, to the beds with their thin mattresses and crisp sheets, to the large windows that give out on to car parks or small patches of manicured lawn, to the mystery of the guests who arrive late and set off at dawn, the brochures for local attractions in the reception area and the laden housekeeping trolleys parked in silent corridors. For meals Hopper would stop at diners, at Hot Shoppe Mighty Mo Drive-Ins, Steak 'N' Shakes or Dog 'N' Sudds – and he would fill up his car at petrol stations displaying the logos of Mobil, Standard Oil, Gulf and Blue Sunoco.

And in these ignored, often derided landscapes, Hopper found poetry: the *poésie des motels*, the *poésie des petits restaurants au bord d'une route*. His paintings (and their resonant titles) suggest a consistent interest in five different kinds of travelling place:

1. HOTELS

Hotel Room, 1931

Hotel Lobby, 1943

Rooms for Tourists, 1945

Hotel by a Railroad, 1952

Hotel Window, 1956

Western Motel, 1957

2. ROADS AND PETROL STATIONS

Road in Maine, 1914

Gas, 1940

Route 6, Eastham, 1941

Solitude, 1944

Four Lane Road, 1956

3. DINERS AND CAFETERIAS

Automat, 1927

Sunlight in a Cafeteria, 1958

4. VIEWS FROM TRAINS

House by the Railroad, 1925

New York, New Haven and Hartford, 1931

Railroad Embankment, 1932

Toward Boston, 1936

Approaching a City, 1946

Road and Trees, 1962

5. VIEWS INSIDE TRAINS AND OF ROLLING STOCK

Night on the El Train, 1920

Locomotive, 1925

Compartment C, Car 293, 1938

Dawn in Pennsylvania, 1942

Chair Car, 1965

Loneliness is the dominant theme. Hopper's figures seem far from home; they sit or stand alone, looking at a letter on the edge of a hotel bed or drinking in a bar, they gaze out of the window of a moving train or read a book in a hotel lobby. Their faces are vulnerable and introspective. They have perhaps just left someone or been left; they are in search of work, sex or company, adrift in transient places. It is often night and through the window lie the darkness and threat of the open country or of a strange city.

In *Automat* (1927), a woman sits alone drinking a cup of coffee. It is late and, to judge by her hat and coat, cold outside. The room seems large, brightly lit and empty. The décor is functional, with a stone-topped table, hard-wearing black wooden chairs and white walls. The woman looks self-conscious and slightly afraid, unused to sitting alone in a public place. Something appears to have gone wrong. She unwittingly invites the viewer to imagine stories for her, stories of betrayal or loss. She is trying not to let her hand shake as she moves the coffee cup to her lips. It may be eleven at night in February in a large North American city.

Automat is a picture of sadness – and yet it is not a sad picture. It has the power of a great melancholy piece of music. Despite the starkness of the furnishings, the location itself does not seem wretched. Others in the room may be on their own as well, men and women drinking coffee by themselves, similarly lost in thought, similarly distanced from society: a common isolation with the beneficial effect of lessening the oppressive sense within any one person that they are alone in being alone. In roadside diners and late-night cafeterias, hotel lobbies and station cafés, we may dilute a feeling of isolation in a lonely public place and hence rediscover a distinctive sense of community. The lack of domesticity, the bright lights and anonymous furniture may come as a relief from what are often the false comforts of home. It may be easier to give way to sadness here than in a living room with wallpaper and framed photos, the décor of a refuge that has let us down.

Hopper invites us to feel empathy with the woman in her isolation. She seems dignified and generous, only perhaps a little too trusting, a little naïve – as if she has knocked against a hard corner of the world. Hopper puts us on her side, the side of the outsider against the insiders. The figures in Hopper's art are not opponents of home *per se*, it is simply that, in a variety of undefined ways, home appears to have betrayed them, forcing them out into the night or on to the road. The twenty-four-hour diner, the station waiting room and the motel are sanctuaries for those who have, for noble reasons, failed to find a home in the ordinary world, sanctuaries for those whom Baudelaire might have dignified with the honorific 'poets'.

6.

As the car slips along a winding road through the woods at dusk, its powerful headlamps momentarily light up whole sections of meadow and tree trunks, so brightly that the texture of the bark and individual stalks of grass can be made out in a clinical white light better suited to a hospital ward than woodland, and then dip them back into the undifferentiated murkiness as the car rounds the corner and the beams turn their attention to another patch of slumbering ground.

There are few other cars on the road, only an occasional set of lights moving in the opposite direction, away from the night. The car's instrument panel casts a purple glow over the darkened interior. Suddenly, in a clearing ahead, a floodlit expanse appears: a petrol station, the last before the road heads off into the longest, densest stretch of forest and night completes its hold over the land – *Gas* (1940). The manager has left his cabin to check the level on a pump. It is warm inside and light as brilliant as that of the midday sun washes across the forecourt. A radio may be playing. There may be cans of oil neatly lined up against one wall, along with sweets, magazines, maps and window cloths.

Like *Automat*, painted thirteen years before it, *Gas* is a picture of isolation. A petrol station stands on its own in the impending darkness. But in Hopper's hands, the isolation is once again made poignant and enticing. The darkness that spreads like a fog from the right of the canvas, a harbinger of fear, contrasts with the security of the station. Against the backdrop of night and wild woods, in this last outpost of humanity, a sense of kinship may be easier to develop than in daylight in the city. The coffee machine and magazines, tokens of small human desires and vanities, stand in opposition to the wide non-human world outside, to the miles of forest in which branches crack occasionally under the footfall of bears and foxes. There is something touching in the suggestion – made in bold pink on the cover of one magazine – that we paint our nails purple this summer and in the invocation above the coffee machine to sample the aroma of freshly roasted beans. In this last stop before the road enters the endless forest, it is what we have in common with others that looms larger than what separates us.

7.

Hopper also took an interest in trains. He was drawn to the atmosphere inside half-empty carriages making their way across a landscape: the silence that reigns inside while the wheels beat in rhythm against the rails outside, the dreaminess fostered by the noise and the view from the windows, a dreaminess in which we seem to stand outside our normal selves and have access to thoughts and memories that may not arise in more settled circumstances. The woman in *Compartment C, Car 293* (1938) seems in such a frame of mind, reading her book and shifting her gaze between the carriage and the view.

Journeys are the midwives of thought. Few places are more conducive to internal conversations than a moving plane, ship or train. There is an almost quaint correlation between what is in front of our eyes and the thoughts we are able to have in our heads: large thoughts at times requiring large views, new thoughts new places. Introspective reflections which are liable to stall are helped along by the flow of the landscape. The mind may be reluctant to think properly when thinking is all it is supposed to do. The task can be as paralysing as having to tell a joke or mimic an accent on demand. Thinking improves when parts of the mind are given other tasks, are charged with listening to music or following a line of trees. The music or the view distracts for a time that nervous, censorious, practical part of the mind which is inclined to shut down when it notices something difficult emerging in consciousness and which runs scared of memories, longings, introspective or original ideas and prefers instead the administrative and the impersonal.

Of all modes of transport, the train is perhaps the best aid to thought: the views have none of the potential monotony of those on a ship or plane, they move fast enough for us not to get exasperated but slowly enough to allow us to identify objects. They offer us brief, inspiring glimpses into private domains, letting us see a woman at the precise moment when she takes a cup from a shelf in her kitchen, then carrying us on to a patio where a man is sleeping and then to a park where a child is catching a ball thrown by a figure we cannot see.

On a journey across flat country, I think with a rare lack of inhibition about the death of my father, about an essay I am writing on Srendhal and about a mistrust that has arisen between two friends. Every time the mind goes blank, having hit on a difficult idea, the flow of my consciousness is assisted by the possibility of looking out of the window, locking on to an object and following it for a few seconds, until a new coil of thought is ready to form and can unravel without pressure.

At the end of hours of train-dreaming, we may feel we have been returned to ourselves – that is, brought back into contact with emotions and ideas of importance to us. It is not necessarily at home that we best encounter our true selves. The furniture insists that we cannot change because it does not; the domestic setting keeps us tethered to the person we are in ordinary life, but who may not be who we essentially are.

Hotel rooms offer a similar opportunity to escape our habits of mind. Lying in bed in a hotel, the room quiet except for the occasional swooshing of an elevator in the innards of the building, we can draw a line under what preceded our arrival, we can overfly great and ignored stretches of our experience. We can reflect upon our lives from a height we could not have reached in the midst of everyday business – subtly assisted in this by the unfamiliar world around us: by the small wrapped soaps on the edge of the basin, by the gallery of miniature bottles in the mini-bar, by the room-service menu with its promises of allnight dining and the view on to an unknown city stirring silently twenty-five floors below us.

Hotel notepads can be the recipients of unexpectedly intense, revelatory thoughts, taken down in the early hours while the breakfast menu ('to be hung outside before 3 a. m.') lies unattended on the floor, along with a card announcing the next day's weather and the management's hopes for a peaceful night.

8.

The value we ascribe to the process of travelling, to wandering without reference to a destination, connects us, the critic Raymond Williams once proposed, to a broad shift in sensibilities dating back some 200 years, whereby the outsider came to seem morally superior to the insider:

From the late 18th century onwards, it is no longer from the practice of community but from being a wanderer that the instinct of fellowfeeling is derived. Thus an essential isolation and silence and loneliness become the carriers of nature and community against the rigours, the cold abstinence, the selfish ease of ordinary society.

Raymond Williams, *The Country and the City*

If we find poetry in the service station and motel, if we are drawn to the airport or train carriage, it is perhaps because, in spite of their architectural compromises and discomforts, in spite of their garish colours and harsh lighting, we implicitly feel that these isolated places offer us a material setting for an alternative to the selfish ease, the habits and confinement of the ordinary, rooted world.

MOTIVES

III On the Exotic

Place *Amsterdam*

Guide *Gustave Flaubert*

1.

On disembarking at Amsterdam's Schiphol Airport, only a few steps inside the terminal, I am struck by a sign hanging from the ceiling that announces the ways to the arrivals hall, the exit and the transfer desks. It is a bright yellow sign, one metre high and two across, simple in design, a plastic fascia in an illuminated aluminum box suspended on steel struts from a ceiling webbed with cables and air-conditioning ducts. Despite its simplicity, even mundanity, the sign delights me, a delight for which the adjective 'exotic', though unusual, seems apt. The exoticism is located in particular areas: in the double *a* of *Aankomst*, in the neighbourliness of a *u* and an *i* in *Uitgang*, in the use of English subtitles, in the word for desks, *balies*, and in the choice of practical modernist fonts, Frutiger or Univers.

If the sign provokes such pleasure, it is in part because it offers the first conclusive evidence of having arrived elsewhere. It is a symbol of abroad. Though it may not seem distinctive to the casual eye, such a sign would never exist in precisely this form in my own country. There it would be less yellow, the typeface would be softer and more nostalgic, there would – out of greater indifference to the confusion of foreigners – probably be no subtitles and the language would contain no double *a*s – a repetition in which I sensed, confusedly, the presence of another history and mindset.

A plug socket, a bathroom tap, a jam jar or an airport sign may tell us more than its designers intended, it may speak of the nation that made it. And the nation that had made the sign at Schiphol Airport seemed very far from my own. A bold archaeologist of national character might have traced the influence of the lettering back to the De Stijl movement of the early twentieth century, the prominence of the English subtitles to the Dutch openness towards foreign influences and the foundation of the East India Company in 1602 and the overall simplicity of the sign to the Calvinist aesthetic that became a part of Holland's identity during the war between the United Provinces and Spain in the sixteenth century.

That a sign could evolve so differently in two places was evidence of a simple but pleasing idea: that countries are diverse and practices variable across borders. Yet difference alone would not have been enough to elicit pleasure, or not for long. Difference had to seem like an improvement on what my own country was capable of. If I called the Schiphol sign exotic, it was because it succeeded in suggesting, vaguely but intensely, that the country which had made it and which lay beyond the *uitgang* might in critical ways prove more congenial than my own to my temperament and concerns. The sign was a promise of happiness.

2.

The word exotic has traditionally been attached to more colourful things than Dutch signs: among them, to snake charmers, harems, minarets, camels, souks and mint tea poured from a great height into a tray of small glasses by a mustachioed servant.

In the first half of the nineteenth century, the term became synonymous with the Middle East. When Victor Hugo published his cycle of poems *Les Orientales* in 1829, he could declare in the preface, 'We are all much more concerned with the Orient than ever before. The Orient has become a subject of general preoccupation – to which the author of this book has deferred.'

Hugo's poems featured the staples of European Orientalist literature: pirates, pashas, sultans, spices, moustaches and dervishes. Characters drank mint tea from small glasses. His work found an eager audience – as did the *Arabian Nights*, the Oriental novels of Walter Scott and Byron's *The Giaour*. In January 1832, Eugène Delacroix set off for North Africa to capture the exoticism of the Orient in painting. Within three months of arriving in Tangier, he was wearing local dress and signing himself in letters to his brother as 'your African'.

Even European public places were becoming more Oriental in appearance. On 14 September 1833, a crowd lined the banks of the Seine near Rouen and cheered as a French navy boat, the *Louxor*, sailed upstream to Paris on its way from Alexandria bearing, in a specially constructed hold, the giant obelisk lifted from the temple complex at Thebes, destined for a traffic island on the Place de la Concorde.

One of those standing in the crowd was a moody twelve-year-old boy named Gustave Flaubert, whose greatest wish was to leave Rouen, become a camel driver in Egypt and lose his virginity in a harem to an olive-skinned woman with a trace of down on her upper lip.

The twelve-year-old held Rouen – and indeed the whole of France – in profound contempt. As he put it to his schoolfriend

Ernest Chevalier, he had only disdain for this ‘good civilization’ which prided itself on having produced ‘railways, poisons, cream tarts, royalty and the guillotine’. His life was ‘sterile, banal and laborious’. ‘Often I’d like to be able to blow the heads off passers-by,’ he told his diary. ‘I am bored, I am bored, I am bored.’ He returned repeatedly to the theme of how boring it was to live in France and especially in Rouen. ‘Today my boredom was terrible,’ he reported at the end of one bad Sunday. ‘How beautiful are the provinces and how chic are the comfortably off who live there. Their talk is … of taxes and road improvements. The *neighbour* is a wonderful institution. To be given its full social due, his position should always be written in capitals: NEIGHBOUR.’

It was as a source of relief from the prosperous pettiness and civic-mindedness of his surroundings that Flaubert contemplated the Orient. References to the Middle East pervaded his early writings and correspondence. In *Rage et impuissance*, a story written in 1836 when he was fifteen (he was at school and fantasized about killing the mayor of Rouen), the author projected his Eastern fantasies on to his central character, Monsieur Ohmlin, who longed for: ‘The Orient with her burning sun, her blue skies, her golden minarets … her caravans through the sands; the Orient! … the tanned, olive skin of Asiatic women!’

In 1839 (Flaubert was reading Rabelais and wanted to fart loudly enough for all Rouen to hear), he wrote another story, *Les Mémoires d’un fou*, whose autobiographical hero looked back on a youth spent yearning for the Middle East: 'I dreamt of faraway journeys through the lands of the South; I saw the Orient, her vast sands and her palaces teeming with camels wearing brass bells ... I saw blue seas, a pure sky, silvery sand and women with tanned skin and fiery eyes who could whisper to me in the language of the Houris.'

Two years later (by which time Flaubert had left Rouen and was studying law in Paris, in deference to his father's wishes), he wrote another story, *Novembre*, whose hero had no time for railways, bourgeois civilization or lawyers – but identified with the traders of the East instead: 'Oh! To be riding now on the back of a camel! Ahead of you, a red sky and brown sands, on the burning horizon, the undulating landscape stretches out into infinity ... In the evening, one puts up the tents, waters the dromedaries and lights fires to scare off the jackals that one can hear wailing far off in the desert; and in the morning, one fills the gourds at the oasis.'

In Flaubert's mind, the word *happiness* became interchangeable with the word *Orient*. In a moment of despair over his studies, his lack of romantic success, the expectations of his parents, the weather and the accompanying complaints of farmers (it had been raining for two weeks and several cows had drowned in flooded fields near Rouen), Flaubert wrote to Chevalier, 'My life, which I dream will be so beautiful, so poetic, so vast, so filled with love, will turn out to be like everyone else's – monotonous, sensible, stupid. I'll attend law school, be admitted to the bar, and end up as a respectable assistant district attorney in a small provincial town, such as Yvetot or Dieppe ... Poor madman, who dreamt of glory, love, laurels, journeys, the Orient.'

The people who lived along the coasts of North Africa, Saudi Arabia, Egypt, Palestine and Syria might have been surprised to learn that their lands had been grouped by a young Frenchman into a vague synonym for all that was good. 'Long live the sun, long live orange trees, palm trees, lotus flowers and cool pavilions paved in marble with wood-panelled chambers that talk of love!' he exclaimed. 'Will I never see necropolises where, towards evening, when the camels have come to rest by their wells, hyenas howl from beneath the mummies of kings?'

As it happened, he would, for when Gustave was twentyfour, his father died unexpectedly, leaving him a fortune that allowed him to side-step the bourgeois career and attendant small-talk about drowned cattle he had seemed destined for. He began at once to plan an Egyptian trip, assisted in the task by his friend Maxime du Camp, a fellow student who shared his passion for the East and combined it with the practical turn of mind that was a necessary requirement for anyone wishing to undertake a journey there.

The two Oriental enthusiasts left Paris at the end of October 1849 and, after a stormy sea crossing from Marseilles, arrived in Alexandria in the middle of November. 'When we were two hours out from the coast of Egypt I went into the bow with the chief quartermaster and saw the seraglio of Abbas Pasha like a black dome on the blue of the Mediterranean,' Flaubert reported to his mother. 'The sun was beating down on it. I had my first sight of the Orient through, or rather in, a glowing light that was like melted silver on the sea. Soon the shore became distinguishable, and the first thing we saw on land was a pair of camels led by their driver; then, on the dock, some Arabs peacefully fishing. Landing took place amid the most deafening uproar imaginable: negroes, negresses, camels, turbans, cudgellings to right and left, and ear-splitting guttural cries. I gulped down a whole bellyful of colours, like a donkey filling himself with hay.'

3.

In Amsterdam, I took a room in a small hotel in the Jordaan district and, after lunch in a café (*roggebrood met haring en uitjes*), went for a walk in the western parts of the city. In Flaubert's Alexandria, the exotic had collected around camels, Arabs peacefully fishing and guttural cries. Modern-day Amsterdam provided different, but analogous examples: buildings with elongated pale pink bricks put together with curiously white mortar (far more regular than English or North American brickwork and exposed to view unlike the bricks on French or German buildings); long rows of narrow apartment buildings from the early twentieth century with large ground-floor windows; bicycles parked outside every house or block (recalling university towns); a democratic scruffiness to street furniture; an absence of ostentatious buildings; straight streets interspersed with small parks, suggesting the hand of planners with ideas of a socialist garden city. In one street lined with uniform apartment buildings,

I stopped by a red front door and felt an intense longing to spend the rest of my life there. Above me on the second floor, I could see an apartment with three large windows and no curtains. The walls were painted white and decorated with a single large painting covered with small blue and red dots. There was an oak desk against a wall, a large bookshelf and an armchair. I wanted the life that this space implied. I wanted a bicycle. I wanted to put my key through the red front door every evening. I wanted to stand by the curtainless window at dusk looking out at an identical apartment opposite and snack my way through an *erwentsoep met roggebrood en spek* before retiring to read in bed in a white room with white sheets.

Why be seduced by something as small as a front door in another country? Why fall in love with a place because it has trams and its people seldom have curtains in their homes? However absurd the intense reactions provoked by such small (and mute) foreign elements may seem, the pattern is at least familiar from personal life. There too we may find ourselves anchoring emotions of love to the way a person butters bread or turning against them because of their taste in shoes. To condemn ourselves for these minute concerns is to ignore how rich in meaning details may be.

My love for the apartment building was based on what I perceived to be its modesty. The building was comfortable, but not grand. It suggested a society attracted to a financial mean. There was an honesty in the design. Whereas front doorways in London were prone to ape the look of classical temples, in

Amsterdam they accepted their status, they avoided pillars and plaster, they settled on neat undecorated brick. The building was modern in the best sense, it spoke of order, cleanliness and light.

In the more fugitive, trivial association of the word exotic, the charm of a foreign place arises from the simple idea of novelty and change: from finding camels where at home there had been horses; from finding unadorned apartment buildings where at home they had had pillars. But there may be a more profound pleasure: we may value foreign elements not only because they are new, but because they seem to accord more faithfully with our identity and commitments than anything our homeland could provide.

My enthusiasms in Amsterdam were connected to my dissatisfactions with my own country, with its lack of modernity and aesthetic simplicity, with its resistance to urban life and its net-curtained mentality.

What we find exotic abroad may be what we hunger for in vain at home.

4.

To understand why Flaubert found Egypt exotic, it may therefore be useful first to examine his feelings towards France. What would strike him as exotic – that is, both new and valuable – about Egypt was in many ways the obverse of what had driven him to rage at home. And these were, baldly stated, the beliefs and behaviour of the French bourgeoisie, which had, since the fall of Napoleon, become the dominant force in society, determining the tenor of the press, politics, manners and public life. For Flaubert, the French bourgeoisie was a repository of the most extreme prudery, snobbery, smugness, racism and pomposity. 'It's strange how the most banal utterances [of the bourgeoisie] sometimes make me marvel,' he complained in stifled rage. 'There are gestures, sounds of people's voices, that I cannot get over, silly remarks that almost give me vertigo ... the bourgeois ... is for me something unfathomable.' He nevertheless spent thirty years trying to fathom it, most comprehensively in his *Dictionary of Received Ideas*, a satirical catalogue of the French bourgeoisie's more striking sheep-like prejudices.

To group only a few of these dictionary entries into themes indicates the direction of his complaints against his homeland, upon which his enthusiasm for Egypt would be built.

A SUSPICION OF ARTISTIC ENDEAVOUR

ABSINTHE – Exceptionally violent poison: one glass and you're a dead man. Journalists drink it while writing their articles. Has killed more soldiers than the bedouins.

ARCHITECTS – All idiots; they always forget to put staircases in houses.

INTOLERANCE AND IGNORANCE OF OTHER COUNTRIES (and their animals)

ENGLISH WOMEN – Express surprise that they can have pretty children.

CAMEL – Has two humps and the dromedary one; or else the

camel has one and the dromedary two – nobody can ever remember which.

ELEPHANTS – Noted for their memories and worship the sun.

FRENCH – The greatest people in the world.

HOTELS – Are first-rate only in Switzerland.

ITALIANS – All musical. All treacherous.

JOHN BULL – When you don't know an Englishman's name, call him John Bull.

KORAN – Book by Mohammed, which is all about women.

BLACKS – Express surprise that their saliva is white and that they can speak French.

BLACK WOMEN – Hotter than white women (see also *Brunettes* and *Blondes*).

BLACK – Always followed by 'as ebony'.

OASIS – An inn in the desert.

HAREM WOMEN – All Oriental women are harem women.

PALM TREE – Lends local colour.

MACHISMO, EARNESTNESS

FIST – To govern France, an iron fist is needed.

GUN – Always keep one in the countryside.

BEARD – Sign of strength. Too much beard causes baldness. Helps to protect ties.

Flaubert to Louise Colet, August 1846: What stops me from taking myself seriously, even though I'm essentially a serious person, is that I find myself extremely ridiculous, not in the sense of the small-scale ridiculousness of slapstick comedy, but rather in the sense of a ridiculousness that seems intrinsic to human life and that manifests itself in the simplest actions and most ordinary gestures. For example, I can never shave without starting to laugh, it seems so idiotic. But all this is very difficult to explain …

SENTIMENTALITY

ANIMALS – 'If only animals could speak! There are some which are more intelligent than humans.'

COMMUNION – One's first communion: the greatest day of one's life.

INSPIRATION (POETIC) – Aroused by: the sight of the sea, love, women, etc.

ILLUSIONS – Pretend to have had a great many, and complain that you have lost them all.

FAITH IN PROGRESS, PRIDE IN TECHNOLOGY

RAILWAYS – Enthuse about them, saying, 'I, my dear sir, who am speaking to you now, was at X this morning. I took the train to X, I transacted my business there, and by X o'clock I was back here.'

PRETENSION

BIBLE – The oldest book in the world.

BEDROOM – In an old castle: Henri IV always spent a night in it.

MUSHROOMS – Should be bought only at the market.

CRUSADES – Benefited Venetian trade.

DIDEROT – Always followed by d'Alembert.

MELON – Nice topic for dinner-time conversation. Is it a vegetable or a fruit? The English eat it for dessert, which is astonishing.

STROLL – Always take one after dinner, it helps with digestion.

SNAKES – All poisonous.

OLD PEOPLE – When discussing a flood, thunderstorm, etc., they cannot remember ever having seen a worse one.

PRISSINESS, REPRESSED SEXUALITY

BLONDES – Hotter than brunettes (see also *Brunettes*).

BRUNETTES – Hotter than blondes (see also *Blondes*).

SEX – Word to avoid. Say instead, 'Intimacy occurred ... '

5.

Given all this, it appears to be no coincidence, no mere accident of fashion, that it was specifically the Middle East that Flaubert was interested in. It was temperamentally a logical fit. What he loved in Egypt could be traced back to central facets of his personality. Egypt lent support to ideas and values that were part of his identity but for which his own society had had little sympathy.

(I) THE EXOTICISM OF CHAOS

From the day he disembarked in Alexandria, Flaubert noticed and felt at home in the chaos, both visual and auditory, of Egyptian life: boatmen shouting, Nubian porters hawking, merchants bargaining, the sounds of chickens being killed, donkeys being whipped, camels groaning. In the streets there were, he said, 'guttural intonations that sound like the cries of wild beasts, and laughter, and flowing white robes, and ivory teeth flashing between thick lips and flat negro noses, and dusty feet and necklaces and bracelets'. 'It is like being hurled while still asleep into the midst of a Beethoven symphony, with the brasses at their most ear-splitting, the basses rumbling, and the flutes sighing away; each detail reaches out to grip you; it pinches you; and the more you concentrate on it the less you grasp the whole ... it is such a bewildering chaos of colours that your poor imagination is dazzled as though by continuous fireworks as you go about staring at minarets thick with white storks, at tired slaves stretched out in the sun on house terraces, at the patterns of sycamore branches against walls, with camel bells ringing in your ears and great herds of black goats bleating in the streets amid the horses and the donkeys and the pedlars.'

Flaubert's aesthetic was rich. He liked purple, gold and turquoise and so welcomed the colours of Egyptian architecture. In his book *The Manners and Customs of the Modern Egyptians*, first published in 1833 and revised in 1842, the English traveller Edward Lane described the interiors typical of Egyptian merchants' houses: 'There are, besides the windows of lattice-work, others, of coloured glass, representing bunches of flowers, peacocks, and other gay and gaudy objects, or merely fanciful patterns ... On the plastered walls of some apartments are rude paintings of the temple of Mekkeh, or of the tomb of the Prophet, or of flowers and other objects, executed by native Muslim artists ... Sometimes the walls are beautifully ornamented with Arabic inscriptions of maxims in an embellished style.'

The baroque quality of Egypt extended to the language used by Egyptians in even the most ordinary situations. Flaubert recorded examples: 'A while ago when I was looking at seeds in a shop a woman to whom I had given something said, "Blessings on you, my sweet Lord: God grant that you return safe and sound to your native land" ... When [Maxime du Camp] asked a groom if he wasn't tired, the answer was: "The pleasure of being seen by you suffices."'

Why did the chaos, the richness, so touch Flaubert? Because of his belief that life is fundamentally chaotic and that, aside from art, attempts to create order imply a censorious and prudish denial of our condition. He expressed his feelings to his mistress Louise Colet in a letter written during a trip to London in September 1851, only a few months after his return from Egypt: 'We've just come back from a walk in Highgate cemetery. What gross corruption of Egyptian and Etruscan architecture it all is! How neat and tidy it is! The people in there seem to have died wearing white gloves. I hate little gardens around graves, with well-raked flower beds and flowers in bloom. This antithesis has always seemed to me to have come out of a bad novel. When it comes to cemeteries, I like those that are run-down, ravaged, in ruins, full of thorns or tall weeds and where a cow escaped from a neigbouring field has come to graze quietly. Admit that this is better than some policeman in uniform! How stupid order is!'

(II) THE EXOTICISM OF SHITTING DONKEYS

'Yesterday we were at a café which is one of the best in Cairo,' wrote Flaubert a few months after his arrival in the capital, 'and where there were at the same time as ourselves, inside, a donkey shitting and a gentleman pissing in a corner. No one finds that odd; no one says anything.' And, in Flaubert's eyes, they were right not to.

Central to Flaubert's philosophy was the belief that we are not simply spiritual creatures, but also pissing and shitting ones and that we should integrate the ramifications of this blunt idea into our view of the world. 'I can't believe that our body, composed as it is of mud and shit and equipped with instincts lower than those of the pig or the crab-louse, contains anything pure and immaterial,' he told Ernest Chevalier. Which wasn't to say that we were without any higher dimensions. It was just that the prudery and self-righteousness of the age aroused in Flaubert a desire to remind others of mankind's impurities. And occasionally to take the side of café urinators – or even the Marquis de Sade, advocate of buggery, incest, rape and underage sex. ('I've just read a biographical article about de Sade by [the famous critic] Janin,' he informed Chevalier, 'which filled me with revulsion – revulsion against Janin, needless to say; who held forth on behalf of morality, philanthropy, deflowered virgins ...')

Flaubert found and welcomed in Egyptian culture a readiness to accept life's duality: shit-mind, death-life, sexuality-purity, madness-sanity. People belched to their hearts' content in restaurants. A boy of six or seven, passing Flaubert in a Cairo street, cried out in greeting, 'I wish you all kinds of prosperity, especially a long prick.' Edward Lane also noticed this duality, though reacted to it more in the manner of Janin than of Flaubert: 'The most immodest freedom of conversation is indulged in by persons of both sexes, and of every station of life, in Egypt; even by the most virtuous and respectable women. From persons of the best education, expressions are often heard so obscene as only to be fit for a low brothel; and things are named, and subjects talked of, by the most genteel women, without any idea of their being indecorous, in the hearing of men, that many prostitutes in our country would probably abstain from mentioning.'

(III) THE EXOTICISM OF CAMELS

'One of the finest things is the camel,' wrote Flaubert from Cairo. 'I never tire of watching this strange beast that lurches like a donkey and sways its neck like a swan. Its cry is something that I wear myself out trying to imitate – I hope to bring it back with me – but it's hard to reproduce – a rattle with a kind of tremulous gargling as an accompaniment.' A few months after leaving Egypt, he wrote to a family friend listing all that had most impressed him in the country: the Pyramids, the temple at Karnak, the Valley of the Kings, some dancers in Cairo, a painter called Hassan el Bilbeis. 'But my real passion is the camel (please don't think I'm joking), nothing has a more singular grace than this melancholic animal. You have to see a group of them in the desert when they advance in single file across the horizon, like soldiers; their necks stick out like those of ostriches, and they keep going, going ... '

Why did Flaubert admire the camel so much? Because he identified with its stoicism and ungainliness. He was touched by its sad expression, and the combination of awkwardness and fatalistic resilience. The people of Egypt seemed to share some of the qualities of the camel: a silent strength and humility that contrasted with the bourgeois arrogance of Flaubert's Normand neighbours.

Flaubert had since boyhood resented the optimism of his country – a resentment expressed in *Madame Bovary* in the description of the cruel scientific faith of the most detestable character, the pharmacist, Homais – and he held a predictably darker outlook: 'At the end of the day, shit. With that mighty word, you can console yourself for all human miseries, so I enjoy repeating it: shit, shit.' It was a philosophy reflected in the sad, noble yet slightly mischievous eyes of the Egyptian camel.

6.

In Amsterdam, on the corner of Tweede Helmets Straat and Eerste Constantijn Huygens Straat, I notice a woman in her late twenties pushing a bicycle along the pavement. Her auburn hair is drawn into a bun; she is wearing a long grey coat, an orange pullover, flat brown shoes and a pair of practical-looking glasses. It seems that this is her part of town, for she walks confidently and without curiosity. In a basket attached to the handlebars of her bicycle is a loaf of bread and a carton on which is written *Goudappeltje*. She sees nothing peculiar in a *t* and *j* stuck together without a vowel on her apple juice carton. There is nothing exotic for her about pushing a bicycle to the shops or in the tall apartment blocks with their hooks on the top floor for hoisting furniture.

Desire elicits a need to understand. Where is she going? What are her thoughts? Who are her friends? On the river boat that carried Flaubert and Du Camp to Marseilles, whence they caught the steamer for Alexandria, Flaubert had been overcome by similar questions about another woman. While other passengers gazed absent-mindedly at the scenery, Flaubert fixed his eyes on a woman on deck. She was, he wrote in his Egyptian travel journal, 'a young and slender creature wearing a long green veil over her straw hat. Under her silk jacket, she had on a short frock coat with a velvet collar and pockets on either side in which she had put her hands. Two rows of buttons ran down her front, holding her in tightly and tracing the outline of her hips, from which flowed the numerous pleats of her dress, which rubbed against her knees in the wind. She wore tight black gloves and spent most of the journey leaning against the railing looking out at the banks of the river ... I'm obsessed with inventing stories for people I come across. An overwhelming curiosity makes me ask myself what their lives might be like. I want to know what they do, where they're from, their names, what they're thinking about at that moment, what they regret, what they hope for, their past loves, their current dreams ... and if they happen to be women (especially youngish ones) then the urge becomes intense. How quickly you would want to see her naked, admit it, and naked through to her heart. How you try to learn where she comes from, where she's going, why she's here and not elsewhere! While letting your eyes wander all over her, you imagine love affairs for her, you ascribe her deep feelings. You think of the bedroom she must have, and a thousand things besides ... right down to the battered slippers into which she must slip her feet when she gets out of bed.'

To the appeal that an attractive person might possess in our own country is added, in an exotic land, an attraction deriving from their location. If it is true that love is a pursuit in others of qualities we lack in ourselves, then in our love of someone from another country, one ambition may be to weld ourselves more closely to values missing from our own culture.

In his Moroccan paintings, Delacroix appeared to suggest how desire for a place might fuel desire for the people within it. Of the subjects of his *Women of Algiers in Their Apartment* (1834), for example, the viewer might long to know, as Flaubert longed to know of the women he passed, 'their names, what they're thinking about at that moment, what they regret, what they hope for, whom they have loved, what they dream of ...'

Flaubert's legendary sexual experience in Egypt was commercial, but not unfeeling. It took place in the small town of Esna, on the western bank of the Nile, some fifty kilometres south of Luxor. Flaubert and Du Camp had stopped in Esna for the night and been introduced to a famous courtesan, who also had a reputation as an *almeh* or learned woman. The word prostitute does not capture the dignity of Kuchuk Hanem's role. Flaubert desired her at first sight: 'Her skin, particularly on her body, is slightly coffee-coloured. When she bends, her flesh ripples into bronze ridges. Her eyes are dark and enormous. Her eyebrows black, her nostils open and wide; heavy shoulders, full, apple-shaped breasts ... her black hair, wavy, unruly, pulled straight back on each side from a centre parting beginning at the forehead ... she has one upper incisor, right, which is beginning to go bad.'

Kuchuk invited Flaubert back to her modest house. It was an unusually cold night, with a clear sky. In his notebook, the Frenchman recorded: 'We went to bed ... She falls asleep with her hand in mine. She snores. The lamp, shining feebly, casts a triangular gleam, the colour of pale metal, on her beautiful forehead; the rest of her face was in shadow. Her little dog slept on my silk jacket on the divan. Since she complained of a cough, I put my pelisse over her blanket ... I gave myself over to intense reveries, full of reminiscences. Feeling of her stomach against my buttocks. Her mound warmer than her stomach, heated me like a hot iron ... we told each other a great many things through touch. As she slept she kept contracting her hands and thighs mechanically, like involuntary shudders ... How flattering it would be to one's pride if at the moment of leaving you were sure that you left a memory behind, that she would think of you more than of the others who have been there, that you would remain in her heart.'

Dreams of Kuchuk Hanem accompanied Flaubert down the

Nile. On their way back from Philae and Aswan, he and Du Camp stopped off at Esna to visit her once more. The second meeting made Flaubert more melancholy than the first: 'Infinite sadness ... this is the end; I'll not see her again, and gradually her face will fade from my memory.' It never did.

7.

We are taught to be suspicious of the exotic reveries of European men who spend nights with locals while travelling through Oriental lands. Was Flaubert's enthusiasm for Egypt anything more than a fantasy of an alternative to the homeland he resented, a childhood idealization of the 'Orient' extended into adulthood?

However vague his vision of Egypt might have been at the beginning of his journey, Flaubert could – after a stay of nine months – claim a genuine understanding of the country. Within three days of arriving in Alexandria, he began to study its language and history. He paid a teacher to talk him through Muslim customs, for three francs an hour, four hours a day. After two months, he sketched plans for a book to be entitled *Muslim Customs* (never written), which was to have had chapters on birth, circumcision, marriage, the pilgrimage to Mecca, death rites and the Last Judgement. He memorized passages of the Koran from Guillaume Pauthier's *Les Livres sacrés de l'Orient* and read the major European works on Egypt, among them C. F. Volney's *Voyage en Egypte et en Syrie* and Chardin's *Voyages en Perse et autres lieux de l'Orient*. In Cairo, he had conversations with the Copt bishop and explored the Armenian, Greek and

Sunnite communities. Because of his dark skin tone, his beard and moustache and his command of the language, he was often mistaken for a native. He wore a large white cotton Nubian shirt, trimmed with red pompons, and shaved his head, except for one lock at the occiput 'by which Mohammed lifts you up on Judgement Day'. He acquired a local name, as he explained to his mother: 'Since the Egyptians have great difficulty in pronouncing French names, they invent their own for us Franks. Can you guess? Abu-Chanab, which means "Father of the Moustache". That word, *abu*, father, is applied to everything important in what is being spoken about – thus for merchants selling various commodities they say Father of the Shoes, Father of the Glue, Father of the Mustard, etc.'

For Flaubert, understanding Egypt properly meant discovering that it was not everything it had seemed to be from the distance of Rouen. Naturally there were disappointments. To judge by the account of their Egyptian journey written many years after the fact by an embittered Maxime du Camp – keen to take aim at an author more celebrated than he was and to whom he was no longer so close – Flaubert was, implausibly, as bored on the Nile as he had been in Rouen: 'Flaubert shared none of my exultation; he was quiet and withdrawn. He was averse to movement and action. He would have liked to travel, if he could, stretched out on a sofa and not stirring, watching landscapes, ruins and cities pass before him like the screen of a panorama mechanically unwinding. From our very first days in Cairo I had been aware of his lassitude and boredom: this journey, which he had so cherished as a dream and whose realization had seemed to him impossible, did not satisfy him. I was very direct; I said to him: "If you wish to return to France I will give you my servant to accompany you." He replied: "No, I began it, and I'll go through with it; you take care of the itineraries and I'll fit in – it's the same to me whether I go right or left." The temples seemed to him always alike, the mosques and the landscapes all the same. I am not sure that when gazing on the island of Elephantine he did not sigh for the meadows of Sotteville, or long for the Seine when he saw the Nile.'

Du Camp's charge was not altogether unfounded. In a moment of dejection near Aswan, Flaubert had written in his diary: 'The Egyptian temples bore me profoundly. Are they going to become like the churches in Brittany, the waterfalls in the Pyrenees? Oh, necessity! To do what you are supposed to do; to be always, according to the circumstances (and despite the aversion of the moment), what a young man, or a tourist, or an artist, or a son, or a citizen, etc. is supposed to be!' Camped at Philae a few days later, he continued: 'I don't stir from the island and am depressed. What is it, O Lord, this permanent lassitude that I drag about with me? ... Deianeira's tunic was no less completely welded to Hercules' back than boredom to my life! It eats into it more slowly, that's all.'

And though Flaubert had hoped to escape what he deemed to be the extraordinary stupidity of the modern European bourgeoisie, he found that it followed him everywhere: 'Stupidity is something immovable; you can't try to attack it without being broken by it ... In Alexandria, a certain Thompson from Sunderland has inscribed his name in letters six feet high on Pompey's Pillar. You can read it a quarter of a mile away. You can't see the Pillar without seeing the name of Thompson, and consequently, without thinking of Thompson. This cretin has become part of the monument and perpetuates himself along with it. What am I saying? He overwhelms it by the splendour of his gigantic lettering ... All imbeciles are more or less Thompsons from Sunderland. How many one comes across in life in the most beautiful places and in front of the finest views. When travelling, one meets many ... but as they go by quickly, one can laugh. It's not like in ordinary life where they end up making you fierce.'

Yet none of this meant that Flaubert's attraction to Egypt had been misconceived. He simply replaced an absurdly idealized image with a more realistic but nevertheless still profoundly admiring one, he exchanged a youthful crush for a knowledgeable love. Irritated by Du Camp's caricature of him as the disappointed tourist, he told Alfred le Poitevin: 'A bourgeois would say, "If you go, you'll be greatly disillusioned." But I have rarely experienced disillusion, having had few illusions. What a stupid platitude, always to glorify the lie and say that poetry lives on illusions!'

To his mother, he accurately defined what his journey had brought him: 'You ask me whether the Orient is up to what I imagined it to be. Yes, it is; and more than that, it extends far beyond the narrow idea I had of it. I have found, clearly delineated, everything that was hazy in my mind.'

8.

When the time came to leave Egypt, Flaubert was distraught. 'When will I see a palm tree again? When will I climb on a dromedary again? ... ' he asked, and for the rest of his life, he was to return constantly to the country in his mind. A few days before his death in 1880, he told his niece Caroline: 'For the past two weeks I have been gripped by the longing to see a palm-tree standing out against a blue sky, and to hear a stork clacking its beak at the top of a minaret.'

Flaubert's lifelong relationship with Egypt seems like an invitation to deepen and respect our attraction to certain countries. From his adolescence onwards, Flaubert insisted that he was not French. His hatred of his country and its people was so profound, it made a mockery of his civil status. And hence he proposed a new way of ascribing nationality: not according to the country one was born in or to which one's family belonged, but according to the places to which one was attracted. (It was only logical for him to extend this more flexible concept of identity to gender and species and for him to declare on occasion that, contrary to appearances, he was in truth a woman, a camel and a bear. 'I want to buy myself a beautiful bear, a painting of one, frame it and hang it in my bedroom, with written beneath it *Portrait of Gustave Flaubert* to suggest my moral disposition and social habits.')

Flaubert's first development of the idea that he belonged somewhere other than France came in a letter written as a schoolboy on his return from a holiday in Corsica: 'I'm disgusted to be back in this damned country where you see the sun in the sky about as often as a diamond in a pig's arse. I don't give a shit for Normandy and la belle France ... I think I must have been transplanted by the winds to this land of mud; surely I was born elsewhere – I've always had what seem like memories or intuitions of perfumed shores and blue seas. I was born to be the emperor of Cochin-China, to smoke 100-foot pipes, to have 6,000 wives and 1,400 catamites, scimitars to slice off heads I don't like the look of, Numidian horses, marble pools ... '

The alternative to la belle France may have been impractical, but the underlying principle of the letter, the belief that he had been 'transplanted by the winds', was to find repeated and more reasoned expression in his maturity. On his return from Egypt, Flaubert attempted to explain his theory of national identity (but not of species or gender) to Louise Colet ('my sultan'): 'As for the idea of a native country, that is to say, of a certain bit of ground traced out on a map and separated from others by a red or blue line: no. My native country is for me the country that I love, that is, the one that makes me dream, that makes me feel well. I am as much Chinese as French, and I don't rejoice about our victories over the Arabs because I'm saddened by their defeats. I love those harsh, enduring, hardy people, the last of the primitives, who at midday, lie down in the shade under the bellies of their camels, and while smoking their chibouks, poke fun at our good civilization, which quivers with rage about it ... '

Louise replied that she found it absurd to think of Flaubert as being either Chinese or Arab, and so, in a letter a few days later, the novelist returned to the charge with greater emphasis and irritation: 'I'm no more modern than ancient, no more French than Chinese, and the idea of a native country, that is to say, the imperative to live on one bit of ground marked red or blue on the map and to hate the other bits in green or black, has always seemed to me narrow-minded, blinkered and profoundly stupid. I am a soul brother to everything that lives, to the giraffe and to the crocodile as much as to man.'

We have all, without choosing, been scattered at birth by the wind on to a country, but, like Flaubert, we are in adulthood granted the freedom imaginatively to re-create our identity in line with our true allegiances. When weary with our official nationality (from Flaubert's *Dictionary of Received Ideas*: FRENCH 'How proud one is to be French when one looks at the Colonne Vendôme'), we may withdraw to the parts of ourselves that are more bedouin than Normand, that delight in riding on a camel through a khamsin, in sitting in cafés beside shitting donkeys and in engaging in what Edward Lane called 'licentious conversation'.

When he was asked where he came from, Socrates said not from Athens but from the world. Flaubert was from Rouen (in his youthful account, a place drowning in 'merde' and where the good citizens 'wank themselves silly' on a Sunday from boredom), and yet Abu-Chanab, the Father of the Moustache, might have answered, perhaps a little from Egypt too.

IV On Curiosity

Place	*Madrid*
Guide	*Alexander von Humboldt*

1.

In the springtime, I was invited to Madrid to attend a three-day conference which was scheduled to end on a Friday afternoon. Because I had never visited the city before and had been told of its attractions (which were apparently not limited to museums) on several occasions, I decided to extend my stay by a few days. My hosts had booked a room for me in a hotel on a wide, treelined avenue in the south-eastern part of the city. It overlooked a courtyard, in which a short man with a resemblance to Philip II occasionally stood and smoked a cigarette while tapping his foot on the steel door of what I supposed to be a cellar. On the Friday evening, I retired early to my room. I had not revealed to my hosts that I would be staying the weekend, for fear of forcing them into half-hearted hospitality from which neither side would benefit. But the decision also meant that I had to go without dinner, for I realized on walking back to the hotel that I was too shy to venture alone into any of the neighbourhood restaurants, dark, wood-panelled places, many with a ham hanging from the ceiling, where I risked becoming an object of curiosity and pity. So I ate a packet of paprika-flavoured crisps from the mini-bar and, after watching the news on satellite television, fell asleep.

When I awoke the next morning, it was to an intense lethargy, as though my veins had become silted up with fine sugar or sand. Sunlight shone through the pink and grey plasticcoated curtains and traffic could be heard along the avenue. On the desk lay several magazines offered by the hotel with information on the city and two guidebooks that I had brought from home. In their different ways, they conspired to suggest that an exciting and multifarious phenomenon called Madrid was waiting to be discovered outside, made up of monuments, churches, museums, fountains, plazas and shopping streets. And yet these elements, about which I had heard so much and which I knew I was privileged to see, merely provoked in me a combination of listlessness and self-disgust at the contrast between my own indolence and what I imagined to be the eagerness of more normal visitors. My overwhelming wish was to remain in bed and, if possible, catch an early flight home.

2.

In the summer of 1799, a twenty-nine-year-old German by the name of Alexander von Humboldt set sail from the Spanish port of La Coruña, bound for a voyage of exploration of the South American continent.

'From my earliest days I had felt the urge to travel to distant lands seldom visited by Europeans,' he would later recall. 'The study of maps and the perusal of travel books aroused in me a secret fascination that was at times almost irresistible.' The young German was ideally suited to follow up on his fascination. Along with great physical stamina, he had expertise in biology, geology, chemistry, physics and history. As a student at the University of Göttingen, he had befriended Georg Forster, the naturalist who had accompanied Captain Cook on his second voyage, and he had mastered the art of classifying plant and animal species. Since finishing his studies, Humboldt had been looking for opportunities to travel to somewhere remote and unknown. Plans to go to Egypt and Mecca had fallen through at the last moment, but in the spring of 1799, he had had the good fortune to meet King Carlos IV of Spain and had persuaded him to underwrite his exploration of South America.

Humboldt was to be away from Europe for five years. On his return, he settled in Paris and over the next twenty years published a thirty-volume account of his travels entitled *Fourney to the Equinoctial Regions of the New Continent*. The length of the work was an accurate measure of Humboldt's achievements. Surveying these, Ralph Waldo Emerson was to write: 'Humboldt was one of those wonders of the world, like Aristotle, like Julius Caesar, like the Admirable Crichton, who appear from time to time as if to show us the possibilities of the human mind, the force and range of the faculties – a universal man.'

Much about South America was still unknown to Europe when Humboldt set sail from La Coruña: Vespucci and Bougainville had travelled around the shores of the continent, La Condamine and Bouguer had surveyed the streams and mountains of the Amazon and of Peru – but there were still no accurate maps and little information on geology, botany and the life of indigenous people. Humboldt transformed the state of knowledge. He travelled 15,000 kilometres around the northern coastlines and interior and, on the way, collected 1,600 plants and identified 600 new species. He redrew the map of South America based on readings from accurate chronometers and sextants. He researched the earth's magnetism, and was the first man to discover that magnetic intensity declines the further one is from the poles. He gave the first account of the rubber and cinchona trees. He mapped the streams connecting the Orinoco and the Rio Negro river systems. He measured the effects of air pressure and altitude on vegetation. He studied the kinship rituals of the people of the Amazon basin and inferred connections between geography and cultural characteristics. He compared the salinity of the water in the Pacific and Atlantic and conceived of the idea of sea currents, recognizing that the temperature of the sea owes more to drifts than to latitude.

Humboldt's early biographer, F. A. Schwarzenberg, subtitled his life of Humboldt *What May be Accomplished in a Lifetime*, and summarized the areas of his extraordinary curiosity: '1. The knowledge of the earth and its inhabitants. 2. The discovery of the higher laws of nature, which govern the universe, men, animals, plants and minerals. 3. The discovery of new forms of life. 4. The discovery of territories hitherto but imperfectly known, and their various productions. 5. The acquaintance with new species of the human race – their manners, language and historical traces of their culture.'

What may be accomplished in a lifetime – and seldom or never is.

3.

It was a maid who was ultimately responsible for my voyage of exploration around Madrid. Three times she burst into my room with a broom and basket of cleaning fluids and, at the sight of a huddled shape in the sheets, exclaimed with theatrical alarm, '¡Holà! Perdone', before leaving again, taking care to let her utensils collide loudly with the door as she slammed it. Because I did not wish to encounter this apparition a fourth time, I dressed, ordered a hot chocolate and a plate of batter sticks in the hotel bar and made my way to a part of town identified by one of my guidebooks as 'Old Madrid':

When Felipe II chose Madrid as his capital in 1561, *it was a small Castilian town with a population of barely 20,000. In the following years, it was to grow into the nerve centre of a mighty empire. Narrow streets with houses and medieval churches began to grow up behind the old Moorish fortress, which was later replaced by a Gothic palace and eventually by the present-day Bourbon palace, the Palacio Real. The 16th century city is known as the 'Madrid de los Austrias' after the Habsburg dynasty. At this time, monasteries were endowed and churches and palaces were built. In the 17th century, the Plaza Mayor was added and the Puerta del Sol became the spiritual and geographical heart of Spain.*

I stood on the corner of the Calle de Carretas and the Puerta del Sol, an undistinguished half-moon-shaped junction, in the middle of which Carlos III (1759—88) sat astride a horse. It was a sunny day and crowds of tourists were stopping to take photographs and listen to guides. And I wondered, with mounting anxiety, what I was to do here, what I was to think.

4.

Humboldt had not been pursued by such questions. Everywhere he went, his mission was unambiguous: to discover facts and to carry out experiments towards that end.

Already on the ship carrying him to South America, he had begun his factual researches. He measured the temperature of the sea water every two hours from Spain to the ship's destination, Cumaná, on the coast of New Granada (part of modern Venezuela). He took readings with his sextant and recorded the different marine species that he saw or found in a net he had hung from the stern. And once he landed in Venezuela, he threw himself into study of the vegetation around Cumaná. The hills of calcareous rock on which the town stood were dotted with cacti and opunda, their trunks branching out like candelabras coated with lichen. One afternoon, Humboldt measured a cactus (*Tuna macho*) and noted its circumference. It was 1.54 metres. He spent three weeks measuring many more plants on the coast, then ventured inland into the jungle-covered New Andalusia mountains. He took with him a mule bearing a trunk containing a sextant, a dipping needle, an instrument to calibrate magnetic variation, a thermometer and Saussure's hygrometer, which measured humidity and was made of hair and whalebone. He put the instruments to good use. In his journal he wrote: 'As we entered the jungle the barometer showed that we were gaining altitude. Here the tree trunks offered us an extraordinary view: a gramineous plant with verticillate branches climbs like a liana to a height of 8 to 10 feet, forming garlands that cross our path and swing in the wind. At about three in the afternoon we stopped on a small plain known as Quetepe, some 190 toises above sea level. A few huts stand by a spring whose water is known by the Indians to be fresh and healthy. We found the water delicious. Its temperature was only 22.5C while the air was 28.7C.'

5.

But in Madrid everything was already known, everything had already been measured. The northern side of the Plaza Mayor was 101 metres and 52 centimetres long. It was built by Juan Gómez de Mora in 1619. The temperature was 18.5 centigrade, the wind was from the west. The equestrian statue of Philip III in the middle of the Plaza Mayor was 5 metres and 43 centimetres high and had been crafted by Giambologua and Pietro Tacca. The guidebook occasionally seemed impatient in presenting its facts. It sent me to the Pontificia de San Miguel, a grey building designed to repel the casual glances of passers-by, and declared:

The basilica by Bonavia is one of the rare Spanish churches to have been inspired by 18C Italian Baroque. Its convex façade designed as an interplay of inward and outward curves, is adorned with fine statues. Above the doorway is a low relief of saints Justus and Pastor to whom the basilica was previously dedicated. The interior is graceful and elegant with an oval cupola, intersecting ribbed vaulting, flowing cornices and abundant stuccowork.

If my level of curiosity was so far removed from Humboldt's (and my impulse to return to bed so strong), it was in part because of the range of advantages with which any traveller on a factual, as opposed to touristic, mission is blessed.

Facts have utility. Measuring the dimensions of the north face of the Plaza Mayor will prove useful to architects and students of the work of Juan Gómez de Mora. Knowledge of the barometric pressure on an April day in central Madrid will be useful to meteorologists. Humboldt's discovery that the circumference of the Cumanán cactus (*Tuna macho*) was 1.54 metres was of interest to biologists throughout Europe, who had not suspected that cacti could grow so large.

And with utility comes an (approving) audience. When Humboldt returned to Europe with his South American facts in August 1804, he was besieged and fêted by interested parties. Six weeks after arriving in Paris, he read his first travel report before a packed audience at the Institut National. He informed them of the sea temperature on both the Pacific and Atlantic coasts of South America and of the fifteen different species of monkey in the jungles. He opened twenty cases of fossil and mineral specimens and many pressed around the podium to see them. The Bureau of Longitude Studies asked for a copy of his astronomic facts, the Observatory for his barometric measurements. He was invited to dinner by Chateaubriand and Madame de Staël and admitted to the élite Society of Arcueil, a scientific salon whose members included Laplace, Berthollet and Gay-Lussac. In

Britain, his work was read by Charles Lyell and Joseph Hooker. Charles Darwin learnt large parts of his findings by heart.

As Humboldt walked around a cactus or stuck his thermometer in the Amazon, his own curiosity must have been guided by a sense of others' interests – and bolstered by it in the inevitable moments when lethargy or sickness threatened. It was fortunate for him that almost every existing fact about South America was wrong or questionable. When he sailed into Havana in November 1800, he discovered that even this most important strategic base for the Spanish navy had not been placed correctly on the map. He unpacked his measuring instruments and worked out the correct geographical latitude. A grateful Spanish admiral invited him to dinner.

6.

Sitting in a café on the Plaza Provincia, I acknowledged the impossibility of new factual discoveries. My guidebook enforced the point with a lecture:

The neo-classical façade of the Iglesia de San Francisco El Grande is by Sabatini but the building itself, a circular edifice with six radial chapels and a large dome 33m/108ft wide, is by Francisco Cabezas.

Anything I learnt would have to be justified by private benefit rather than by the interest of others. My discoveries would have to enliven me: they would have in some way to prove 'lifeenhancing'.

The term was Nietzsche's. In the autumn of 1873, Friedrich Nietzsche composed an essay in which he distinguished between collecting facts like an explorer or academic and using already well-known facts for the sake of inner, psychological enrichment. Unusually for a university professor, he denigrated the former activity and praised the latter. Entitling his essay *On the Uses and Disadvantages of History for Life*, Nietzsche began with the extraordinary assertion that collecting facts in a quasiscientific way was a sterile pursuit. The real challenge was to use facts to enhance 'life'. He quoted a sentence from Goethe: 'I hate everything that merely instructs me without augmenting or directly invigorating my activity.'

What would it mean to seek knowledge 'for life' from one's travels? Nietzsche offered suggestions. He imagined a person depressed about the state of German culture and the lack of any attempt to improve it, going to an Italian city, Siena or Florence, and there discovering that the phenomenon broadly known as 'the Italian Renaissance' had in fact been the work of only a few individuals who, with luck, perseverance and the right patrons, had been able to shift the mood and values of a whole society. This tourist would learn to seek in other cultures 'that which in the past was able to expand the concept "man" and make it more beautiful'. 'Again and again there awaken some who, gaining strength through reflecting on past greatness, are inspired by the feeling that the life of man is a glorious thing.'

Nietzsche suggested a second kind of tourism, whereby we may learn how our societies and identities have been formed by the past and so acquire a sense of continuity and belonging. The person practising this kind of tourism 'looks beyond his own individual transitory existence and feels himself to be the spirit of his house, his race, his city'. He can gaze at old buildings and feel 'the happiness of knowing that one is not wholly accidental and arbitrary but grown out of a past as its heir, flower and fruit, and that one's existence is thus excused and, indeed, justified'.

To follow the Nietzschean line, the point of looking at an old building might be nothing more, but then again nothing less, than recognizing that 'architectural styles are more flexible than they seem, as are the uses for which buildings are made'. We might look at the Palacio de Santa Cruz ('*constructed between 1629 and 1643, this building is one of the jewels of Habsburg architecture*') and think, 'If it was possible then, why not something similar now?' Instead of bringing back 1,600 plants, we might return from our journeys with a collection of small, unfêted but life-enhancing thoughts.

7.

There was another problem: the explorers who had come before and discovered facts had at the same time laid down distinctions between what was significant and what was not, distinctions which had, over time, hardened into almost immutable truths about where value lay in Madrid. The Plaza de la Villa had one star, the Palacio Real two stars, the Monasterio de las Descalzas Reales three stars and the Plaza de Oriente no stars at all.

The distinctions were not necessarily false, but their effect was pernicious. Where guidebooks praised a site, they pressured a visitor to match their authoritative enthusiasm, where they were silent, pleasure or interest seemed unwarranted. Long before entering the three-star Monasterio de las Descalzas Reales, I knew the official enthusiasm that my response would have to accord with: '*The most beautiful convent in Spain. A grand staircase decorated with frescoes leads to the upper cloister gallery where each of the chapels is more sumptuous than its predecessor.*' The guidebook might have added '*and where there must be something wrong with the traveller who cannot agree*'.

Humboldt did not suffer such intimidation. Few Europeans had crossed the regions through which he travelled and their absence offered him an imaginative freedom. He could unselfconsciously decide what interested him. He could create his own categories of value without either following or deliberately rebelling against the hierarchies of others. When he arrived at the San Fernando mission on the Rio Negro, he had the freedom to think that everything, or perhaps nothing, would be interesting. The needle of his curiosity followed its own magnetic north and, unsurprisingly to readers of his *Journey*, ended up pointing at plants. 'In San Fernando we were most struck by the *pihiguado* or *pirijao* plant, which gives the countryside its peculiar quality. Covered with thorns, its trunk reaches more than sixty feet high,' he reported at the top of his list of what was interesting in San Fernando. Next, Humboldt measured the temperature (very hot), then noted that the missionaries lived in attractive houses matted with liana and surrounded by gardens.

I tried to imagine an uninhibited guide to Madrid, how I might have ranked its sights according to a subjective hierarchy of interest. I had three-star levels of interest in the under-representation of vegetables in the Spanish diet (at the last proper meal I had eaten, only a few limp, bleached and apparently tinned asparagus had appeared between a succession of meat dishes) and in the long and noble-sounding surnames of ordinary citizens (the assistant in charge of organizing the conference had owned a train of surnames connected by de and la, an appellation which suggested an ancestral castle, faithful servants, an old well and a coat of arms, and contrasted with the reality of her life: a dust-coated SEAT Ibiza and a studio flat near the airport). I was interested in the smallness of male feet and in the attitude towards modern architecture evident in many newer districts of the city: specifically the way it appeared to be less important that a building was attractive than that it was obviously modern, even if this meant giving something a vile bronze façade (as though modernity were a longed-for good that one needed in extra-strong doses to compensate for an earlier lack). All of these would have appeared on my subjective list of interesting things in Madrid if my compass of curiosity had been allowed to settle according to its own logic – rather than being spun by the unexpectedly powerful forcefield of a small green object by the name of *The Michelin Streetguide to Madrid*, which pointed its needle resolutely towards, among other targets, a brown-looking staircase in the echoing corridors of the Monasterio de las Descalzas Reales.

8.

In June 1802, Humboldt climbed up what was then thought to be the highest mountain in the world, the volcanic peak of Mount Chimborazo in Peru, 6,267 metres above sea level. 'We were constantly climbing through clouds,' he reported. 'In many places, the ridge was not wider than eight or ten inches. To our left was a precipice of snow whose frozen crust glistened like glass. On the right lay a fearful abyss, from 800 to 1,000 feet deep, huge masses of rocks projecting from it.' Despite the danger, Humboldt found time to spot elements that would have passed most mortals by: 'A few rock lichens were seen above the snow lines, at a height of 16,920 feet. The last green moss we noticed about 2,600 feet lower down. A butterfly was captured by M. Bonpland [his travelling companion] at a height of 15,000 feet and a fly was seen 1,600 feet higher ...'

How does a person come to be interested in the exact height at which he sees a fly? How does he begin to care about a piece of moss growing on a volcanic ridge ten inches wide? In Humboldt's case, such curiosity was far from spontaneous; his concern had a long history. The fly and the moss attracted his attention because they were related to prior, larger and – to the layman – more understandable questions.

Curiosity might be pictured as being made up of chains of small questions extending outwards, sometimes over huge distances, from a central hub composed of a few blunt, large questions. In childhood we ask: 'Why is there good and evil?' 'How does nature work?' 'Why am I me?' If circumstances and temperament allow, we then build on these questions during adulthood, our curiosity encompassing more and more of the world until, at some point, we may reach that elusive stage where we are bored by nothing. The blunt large questions become connected to smaller, apparently esoteric ones. We end up wondering about flies on the sides of mountains or about a particular fresco on the wall of a sixteenth-century palace. We start to care about the foreign policy of a long-dead Iberian monarch or about the role of peat in the Thirty Years War.

The chain of questions which led Humboldt to his curiosity about a fly on the ten-inch-wide ledge of Mount Chimborazo in June 1802 had begun as far back as his seventh year, when, as a boy living in Berlin, he had visited relatives in another part of Germany and asked himself: 'Why don't the same things grow everywhere?' Why were there trees near Berlin that did not grow in Bavaria and vice versa? His curiosity was encouraged by others. He was given a library of books about nature, a microscope and tutors who understood botany. He became known as 'the little chemist' in the family and his mother hung his drawings of plants on her study wall. By the time he set out for South America, Humboldt was attempting to formulate laws about how flora and fauna were shaped by climate and geography. His seven-year-old's sense of inquiry was still alive within him, but it was now articulated through more sophisticated questions such as, 'Are ferns affected by northern exposure?' and 'Up to what height will a palm tree survive?'

On reaching the base camp below Mount Chimborazo, Humboldt

washed his feet, had a short siesta and almost immediately began writing his *Essai sur la géographie des plantes* – in which he defined the distribution of vegetation at different heights and temperatures. He stated that there were six altitude zones. From sea level to 3,000 feet approximately, palms and pisang plants grew. Up to 4,900 feet, there were ferns and up to 9,200 feet, oak trees. Then came a zone that nurtured the evergreen shrubs (*Wintera*, *Escalloniceae*), followed on the highest levels by two alpine zones: between 10,150 and 12,600 feet, herbs grew, and between 12,600 and 14,200 feet, alpine grasses and lichens. Flies were, he wrote excitedly, unlikely to be found above 16,600 feet.

9.

Humboldt's excitement testifies to the importance of having the right question to ask of the world. It may mean the difference between irritation with a fly and a run down the mountain to begin work on an *Essai sur la géographie des plantes.*

Unfortunately for the traveller, most objects don't come affixed with the question that will generate the excitement they deserve. There is usually nothing fixed to them at all, or if there is it tends to be the wrong thing. There was a lot fixed to the Iglesia de San Francisco El Grande, which stood at the end of the long traffic-choked Carrera de San Francisco – but it hardly helped me to be curious about it.

The walls and ceilings of the church are decorated with 19C frescoes and paintings except those in the chapels of saints Anthony and Bernadino which date from the 18C. The Capilla de San Bernardino, the first chapel on the north side, contains in the centre of the wall a St Bernardino of Siena preaching before the King of Aragon (1781), painted by Goya as a young man. The 16C stalls in the sacristy and chapter-house come from the Cartuja de El Paular, the Carthusian monastery near Segovia.

The information gave no hint as to how curiosity might arise. It was as mute as the fly on Humboldt's mountain. If a traveller was to feel personally involved with (rather than guiltily obedient towards) the '*walls and ceilings of the church ... decorated with 19C frescoes and paintings*', he would have to be able to connect these facts – as boring as a fly – to one of the large, blunt questions to which genuine curiosity must be anchored.

For Humboldt, the question had been, 'Why are there regional variations in nature?' For the person standing before the Iglesia de San Francisco El Grande, a question might be, 'Why have people felt the need to build churches?' or even, 'Why do we worship God?' From such a naïve starting point, a chain of curiosity would have the chance to grow, involving questions like, 'Why are churches different in different places?', 'What have been the main styles of churches?' and 'Who were the main architects and why did they achieve success?' Only through such a slow evolution of curiosity could a traveller stand a chance of greeting the news that the church's vast neo-classical façade was by Sabatini with anything other than boredom or despair.

A danger of travel is that we see things at the wrong time, before we have had a chance to build up the necessary receptivity and when new information is therefore as useless and fugitive as necklace beads without a connecting chain.

The risk is compounded by geography: the way that cities contain buildings or monuments that are only a few feet apart in space, but leagues apart in terms of what would be required to appreciate them. Having made a journey to a place we may never revisit, we feel obliged to admire a sequence of things without any connection to one another besides a geographic one, a proper understanding of which would require qualities unlikely to be found in the same person. We are asked to be curious about Gothic architecture on one street and then promptly Etruscan archaeology on the next.

The visitor to Madrid is asked to be interested in both the Palacio Real, an eighteenth-century royal residence famed for its chambers decorated with lavish rococo chinoiserie by the Neapolitan designer Gasparini, and – a few moments later – the Centro de Arte Reina Sofia, a whitewashed gallery devoted to twentieth-century art, whose highlight is Picasso's *Guernica*. Yet the natural progression for someone deepening their appreciation of eighteenth-century royal architecture would be to ignore the gallery and head for the royal palaces of Prague and St Petersburg instead.

Travel twists our curiosity according to a superficial geographical logic, as superficial as if a university course were to prescribe books according to their size rather than subject matter.

10.

Towards the end of his life, his South American adventures long behind him, Humboldt complained, with a mixture of selfpity and pride, 'People often say that I'm curious about too many things at once: botany, astronomy, comparative anatomy. But can you really forbid a man from harbouring a desire to know and embrace everything which surrounds him?'

We cannot of course forbid him such a thing – a pat on the back feels more appropriate. But perhaps admiration for his journey does not preclude a degree of sympathy for those who, in fascinating cities, have occasionally been visited by a strong wish to remain in bed and take the next flight home.

LANDSCAPE

V On the Country and the City

Place	*The Lake District*
Guide	*William Wordsworth*

1.

We left London by an afternoon train. I had arranged to meet M below the departure board at Euston Station. Watching crowds step off the escalators and on to the concourse, I thought it miraculous that, in the midst of so many people, I should ever be able to find her – as well as testimony to the strange particularities of desire that it should have been precisely her I needed to find.

We travelled up the spine of England and, as night fell, there were intimations of countryside, though gradually all we could see was our own faces in windows that had turned into long black mirrors. Somewhere above Stoke-on-Trent, I visited the buffet car, sensing once again, on my way through a succession of carriages that swayed as if I were drunk, the excitement caused by the prospect of eating something cooked in a moving train. The timer on the microwave gave off a chunky mechanical sound, like a detonator in an old war film, then rang a dainty bell to signal that it had finished with my hot dog – just as the train went over a level crossing, behind which I could make out the shadow of a group of cows.

We arrived at Oxenholme Station, subtitled 'The Lake District', shortly before nine. Only a few others alighted with us and we walked silently along the platform, our breaths visible in the night chill. Back inside the train, passengers were dozing or reading. The Lake District would, for them, be one stop among many, somewhere to look up from their book for a moment and take in the concrete pots arranged symmetrically along the platform, check the station clock and perhaps let out an uninhibited yawn – before the Glasgow train pulled off again into the darkness and they returned to a new paragraph.

The station was deserted, though it could not always have been thus, for, remarkably, many of the signs were translated into Japanese. We had called from London to rent a car and found it at the end of a parking bay under a street-lamp. The rental company had evidently run out of the small models we had asked for and had delivered instead a large burgundy family saloon, which had a heady new-car smell to it and an immaculate grey carpet, across which the marks of a vacuum cleaner were still visible.

2.

The immediate motives for our journey were personal; but they might also be said to have belonged to a broader historical movement dating back to the second half of the eighteenth century, in which city dwellers began for the first time to travel in great numbers through the countryside in an attempt to restore health to their bodies and, more importantly, harmony to their souls. In 1700, 17 per cent of the population of England and Wales lived in a town; in 1850, it was 50 per cent, by 1900, 75.

We headed north towards the village of Troutbeck, a few miles above Lake Windermere. We had reserved a room at an inn called the Mortal Man. Two narrow beds with stained blankets had been pushed together. The landlord showed us the bathroom, warned us of the high phone charges which he suspected (from our clothes and our hesitant manner at the reception desk) that we would be unable to afford and, as he took his leave, promised us three days of perfect weather and welcomed us to the Lake District.

We tried the television and found news from London, but after a moment switched off and opened the window. There was an owl hooting outside – and we thought of its strange existence, out there in the otherwise silent night.

I had come in part because of a poet. That evening in the room, I read another section of Wordsworth's *Prelude*. The cover of the paperback was illustrated with a portrait by Benjamin Haydon, which showed Wordsworth severe and aged. M declared him an old toad, and went to have a bath, though later, while standing by the window applying face cream, she recited several lines from a poem whose title she had forgotten, which she said had moved her perhaps more than anything she had ever read:

What though the radiance which was once so bright
Be now for ever taken from my sight,
Though nothing can bring back the hour
Of splendour in the grass, of glory in the flower;
We will grieve not, rather find
Strength in what remains behind

Ode: Intimations of Immortality, X

We went to bed and I tried to read further, though it became hard to concentrate after I found a long blonde hair caught on the headboard that belonged neither to M nor to me, and hinted at the many guests who had stayed in the Mortal Man before us, one of whom was perhaps now on another continent, unaware of having left a part of herself behind. We fell into fitful sleep to the sound of the owl outside.

3.

William Wordsworth was born in 1770 in the small town of Cockermouth, on the northern edge of the Lake District. He spent, in his words, 'half his boyhood in running wild among the Mountains' and, aside from interludes in London and Cambridge and travels around Europe, lived his whole life in the Lake District: first in a modest two-storeyed stone dwelling, Dove Cottage, in the village of Grasmere, and then, as his fame increased, in a more substantial home in nearby Rydal.

And almost every day, he went on a long walk in the mountains or along the lakeshores. He was unbothered by the rain, which, as he admitted, tended to fall in the Lake District 'with a vigour and perseverance that may remind the disappointed traveller of those deluges of rain which fall among the Abyssinian mountains for the annual supply of the Nile'. His acquaintance Thomas de Quincey estimated that Wordsworth had walked 175,000 to 180,000 miles in his life – all the more remarkable, added De Quincey, given his physique: 'For Wordsworth was, upon the whole, not a well-made man. His legs were pointedly condemned by all the female connoisseurs in legs that I ever heard lecture upon the topic.' Sadly, continued De Quincey, 'the total effect of Wordsworth's person was always worst in a state of motion, for, according to the remark I have heard from many country people, "he walked like a cade" – a cade being some sort of insect which advances by an oblique motion'.

It was during his cadeish walks that Wordsworth derived the inspiration for many of his poems, including *To a Butterfly*, *To the Cuckoo*, *To a Skylark*, *To the Daisy* and *To the Small Celandine* – poems about natural phenomena which poets had hitherto looked at casually or ritualistically, but which Wordsworth now declared to be the noblest subjects of his craft. On 16 March 1802 – according to the journal of his sister Dorothy, a record of her sibling's movements around the Lake District – Wordsworth walked across a bridge at Brothers Water, a placid lake near Patterdale, then sat down to write the following:

The cock is crowing
The stream is flowing
The small birds twitter,
The lake doth glitter ...
There's joy in the mountains;
There's life in the fountains;
Small clouds are sailing,
Blue sky prevailing

A few weeks afterwards, the poet found himself moved to write by the beauty of a sparrow's nest:

Look, five blue eggs are gleaming there!
Few visions have I seen more fair,
Nor many prospects of delight
More pleasing than that simple sight!

A need to express joy that he experienced again a few summers later on hearing the sound of a nightingale:

O Nightingale! thou surely art
A creature of a fiery heart –
Thou sing'st as if the god of wine
Had help'd thee to a Valentine.

They were not haphazard articulations of pleasure. Behind them lay a well-developed philosophy of nature, which – infusing all of Wordsworth's work – made an original and, in the history of Western thought, hugely influential claim about our requirements for happiness and the origins of our unhappiness. The poet proposed that Nature, which he took to comprise, among other elements, birds, streams, daffodils and sheep, was an indispensable corrective to the psychological damage inflicted by life in the city.

The message met with vicious initial resistance. Lord Byron, reviewing Wordsworth's *Poems in Two Volumes* in 1807, was bewildered at how a grown man could make such claims on behalf of flowers and animals. 'What will any reader out of the nursery say to such namby-pamby ... an imitation of such minstrelsy as soothed our cries in the cradle?' The *Edinburgh Review* sympathized, declaring Wordsworth's poetry 'a piece of babyish absurdity', and wondered whether it was not a deliberate attempt by the author to turn himself into a laughing stock. 'It is possible that the sight of a garden spade or a sparrow's nest might really have suggested to Wordsworth a train of powerful impressions … but it is certain that to most minds, such associations will always appear forced, strained and unnatural. All the world laughs at *Elegiac stanzas to a Sucking-pig*, *A Hymn on Washing-day*, *Sonnets to one's Grandmother*, or *Pindaric odes on Gooseberry-pie*; and yet, it seems, it is not easy to convince Mr Wordsworth of this.'

Parodies of the poet's work began to circulate in the literary journals:

When I see a cloud,
I think out loud,
How lovely it is,
To see the sky like this

ran one.

Was it a robin that I saw?
Was it a pigeon or a daw?

ran another.

Wordsworth was stoic. 'Trouble not yourself upon the present reception of these poems,' he advised Lady Beaumont. 'Of what moment is that when compared with what I trust is their destiny, to console the afflicted, to add sunshine to daylight by making the happy happier, to teach the young and the gracious of every age to see, to think and feel, and therefore to become more actively and securely virtuous; this is their office, which I trust they will faithfully perform long after we (that is, all that is mortal of us) are mouldered in our graves.'

He was wrong only about how long it would take. 'Up to 1820, the name of Wordsworth was trampled under foot,' explained De Quincey, 'from 1820 to 1830 it was militant; and from 1830 to 1835 it has been triumphant.' Taste underwent a slow but radical transformation. The reading public gradually ceased guffawing and learnt to be charmed and even recite by heart hymns to butterflies and sonnets on celandines. Wordsworth's poetry attracted tourists to the places that had inspired it. New hotels were opened in Windermere, Rydal and Grasmere. By 1845, it was estimated that there were more tourists in the Lake District than sheep. They prized glimpses of the cadeish creature in his garden in Rydal, and on hillsides and lakeshores sought out the sites whose power he had described in verse. On the death of Southey in 1843, Wordsworth was appointed Poet Laureate. Plans were drawn up by a group of well-wishers in London to have the Lake District renamed Wordsworthshire.

By the time of the poet's death at the age of eighty in 1850 (by which year half of the population of England and Wales was urban), serious critical opinion seemed almost universally sympathetic to his suggestion that regular travel through nature was a necessary antidote to the evils of the city.

4.

Part of the complaint was directed towards the smoke, congestion, poverty and ugliness of cities, but clean-air bills and slum clearance would not by themselves have eradicated Wordsworth's critique. For it was the effect of cities on our souls, rather than on our health, that concerned him.

The poet accused cities of fostering a family of lifedestroying emotions: anxiety about our position in the social hierarchy, envy at the success of others, pride and a desire to shine in the eyes of strangers. City-dwellers had no perspective, he alleged; they were in thrall to what was spoken of in the street or at the dinner table. However well provided for, they had a relentless desire for new things, which they did not genuinely lack and on which happiness did not depend. And in this crowded, anxious sphere, it seemed harder than on an isolated homestead to begin sincere relationships with others. 'One thought baffled my understanding,' wrote Wordsworth of his residence in London, 'how men lived even next-door neighbours, as we say, yet still strangers, and knowing not each other's names.'

Myself afflicted by a few of these ills, I had, several months before my journey to the Lake District, emerged from a gathering held in the centre of London, that 'turbulent world/of men and things' (*The Prelude*). Walking away from the venue, envious and worried about my position, I found myself deriving unexpected relief from the sight of a vast object overhead which, despite the darkness, I attempted to photograph with a pocket camera – and which served to bring home to me, as rarely before, the redemptive power of natural forces with which so much of Wordsworth's poetry was concerned. The cloud had floated over that part of the city only a few minutes before and, given the strong westerly wind, was not destined to remain above it long. The lights of surrounding offices lent to its edges an almost decadent fluorescent orange glow, making it look like a grave old man bedecked with party decorations, and yet its granite grey centre testified to its origins in the slow interplay of air and sea. Soon it would be over the fields of Essex, then the marshes and oil refineries, before heading out over the mutinous North Sea waves.

Keeping my eyes fixed on the apparition while walking towards the bus stop, I felt my anxieties abate, and turned over in my mind lines that the cadeish poet had once composed in honour of a Welsh valley.

... [Nature] can so inform
The mind that is within us, so impress
With quietness and beauty, and so feed
With lofty thoughts, that neither evil tongues,
Rash judgements, nor the sneers of selfish men,
Nor greetings where no kindness is, nor all
The dreary intercourse of daily life,
Shall e'er prevail against us, or disturb
Our chearful faith that all which we behold

Is full of blessings.

Lines written a few miles
above Tintern Abbey

5.

In the summer of 1798, Wordsworth and his sister went on a walking holiday along the Wye valley in Wales, where William had a moment of revelation about the power of Nature which was to resonate through his poetry for the rest of his life. It was his second visit to the valley; he had walked along it five years before and in the intervening period he had gone through a succession of unhappy experiences. He had spent time in London, a city he feared, he had altered his political views by reading Godwin, he had transformed his sense of a poet's mission through his friendship with Coleridge and he had travelled across a revolutionary France wrecked by Robespierre's Great Terror.

Back by the Wye, Wordsworth found an elevated spot, sat under a sycamore tree, looked out across the valley and its river, cliffs, hedgerows and forests – and was inspired to write perhaps his greatest poem. At least, 'no poem of mine was composed under circumstances more pleasant for me to remember than this,' he later explained of *Lines written a few miles above Tintern Abbey*, which he subtitled *On revisiting the banks of the Wye during a Tour. July 13, 1798*, an ode to the restorative powers of nature.

Though absent long,
These forms of beauty have not been to me,
As is a landscape to a blind man's eye:
But oft, in lonely rooms, and 'mid the din
Of towns and cities, I have owed to them,
In hours of weariness, sensations sweet ...
With tranquil restoration.

The dichotomy of town and country formed a backbone to the poem, the latter repeatedly invoked as a counter to the pernicious influence of the former.

how oft,
In darkness, and amid the many shapes
Of joyless day-light; when the fretful stir
Unprofitable, and the fever of the world,
Have hung upon the beatings of my heart,
How oft, in spirit, have I turned to thee
O sylvan Wye! Thou wanderer through the woods,
How often has my spirit turned to thee!

An expression of gratitude that was to recur in *The Prelude*, where the poet once more acknowledged his debt to Nature for allowing him to dwell in cities without succumbing to the base emotions he held they habitually fostered:

If, mingling with the world, I am content

With my own modest pleasures, and have lived

... removed

From little enmities and low desires,

The gift is yours ...

Ye winds and sounding cataracts! 'tis yours,

Ye mountains! thine, O Nature!

6.

Why? Why would proximity to a cataract, a mountain or any other part of nature render one less likely to experience 'enmities and low desires' than proximity to crowded streets?

The Lake District offered suggestions. M and I rose early on our first morning and went down to the Mortal Man's breakfast room, which was painted pink and overlooked a luxuriant valley. It was raining heavily, but the landlord assured us, before serving us porridge and informing us that eggs would cost extra, that this was but a passing shower. A tape recorder was playing Peruvian pipe music, interspersed with highlights of Handel's *Messiah.* Having eaten, we packed a rucksack and drove to the town of Ambleside, where we bought a few items to take with us on a walk: a compass, a waterproof map holder, water, chocolate and some sandwiches.

Little, Ambleside had the bustle of a metropolis. Lorries were noisily unloading their goods outside shops, there were placards everywhere advertising restaurants and hotels, and though it was still early the teashops were full. On racks outside newsagents, the papers carried the latest development in a political scandal in

London.

A few miles north-west of the town, in the Great Langdale valley, the atmosphere was transformed. For the first time since arriving in the Lake District, we were in deep countryside, where nature was more in evidence than humans. On either side of the path stood a number of oak trees. Each one grew far from the shadow of its neighbour, in fields so appetizing to sheep as to have been eaten down to a perfect lawn. The oaks were of noble bearing: they did not trail their branches on the ground like willows, nor did their leaves have the dishevelled appearance of certain poplars, which can look from close-up as though they have been awoken in the middle of the night and not had time to fix their hair. Instead they gathered their lower branches tightly under themselves while their upper branches grew in small orderly steps, producing a rich green foliage in an almost perfect circle – like an archetypal tree drawn by a child.

The rain, which continued to fall confidently despite the promises of the landlord, gave us a sense of the mass of the oaks. From under their damp canopy, rain could be heard falling on 40,000 leaves, creating a harmonious pitter-patter, varying in pitch according to whether water dripped on to a large or a small leaf, a high or a low one, one loaded with accumulated water or not. The trees were an image of ordered complexity: the roots patiently drew nutrients from the soil, the capillaries of their trunks sent water twenty-five metres upwards, each branch took enough but not too much for the needs of its own leaves, each leaf contributed to the maintenance of the whole. The trees were an image of patience too, for they would sit out this rainy morning and the many that would follow it without complaint, adjusting themselves to the slow shift of the seasons – showing no ill-temper in a storm, no desire to wander from their spot for an impetuous journey across to another valley; content to keep their many slender fingers deep in the clammy soil, metres from their central stems and far from the tallest leaves which held the rainwater in their palms.

Wordsworth enjoyed sitting beneath oaks, listening to the rain or watching sunbeams fracture across their leaves. What he saw as the patience and dignity of the trees struck him as characteristic of Nature's works, which were to be valued for holding up:

before the mind intoxicate
With present objects, and the busy dance
Of things that pass away, a temperate show
Of objects that endure

Nature would, he proposed, dispose us to seek out in life and in each other, 'Whate'er there is desirable and good'. She was an 'image of right reason' that would temper the crooked impulses of urban life.

To accept even in part Wordsworth's argument may require that we accept a prior principle: that our identities are to a greater or lesser extent malleable; that we change according to whom – and sometimes *what* – we are with. The company of certain people excites our generosity and sensitivity, of others, our competitiveness and envy. A's obsession with status and hierarchy may – almost imperceptibly – lead B to worry about his significance. A's jokes may quietly lend assistance to B's hitherto submerged sense of the ridiculous. But move B to another environment and his concerns will subtly shift in relation to a new interlocutor.

What may then be expected to occur to a person's identity in the company of a cataract or mountain, an oak tree or a celandine – objects which, after all, have no conscious concerns and so, it would seem, cannot either encourage or censor behaviour? And yet an inanimate object may, to come to the linchpin of Wordsworth's claim for the beneficial effects of nature, still work an influence on those around it. Natural scenes have the power to suggest certain values to us – oaks dignity, pines resolution, lakes calm – and, in unobtrusive ways, may therefore act as inspirations to virtue.

In a letter written to a young student in the summer of 1802, while discussing the task of poetry, Wordsworth came close to specifying the values he felt Nature embodied: 'A great Poet ... ought to a certain degree to rectify men's feelings ... to render their feelings more *sane*, *pure and permanent*, in short, more consonant to Nature.'

In every natural landscape, Wordsworth found instances of this sanity, purity and permanence. Flowers, for example, were models of humility and meekness.

TO THE DAISY

Sweet silent Creature!
That breath'st with me in sun and air,
Do thou, as thou art wont, repair
My heart with gladness, and a share
Of thy meek nature!

Animals, for their part, were paragons of stoicism. Wordsworth at one point became quite attached to a bluetit that, even in the worst weather, sang in the orchard above Dove Cottage. During their first, freezing winter there, the poet and his sister were inspired by a pair of swans that were also new to the area and endured the cold with greater patience than the Wordsworths.

An hour up the Langdale valley, the rain having abated, M and I hear a faint *tseep*, rapidly repeated, alternating with a louder *tissip*. Three meadow pipits are flying out of a patch of rough grass. A black-eared wheatear is looking pensive on a conifer branch, warming its pale sandy-buff feathers in the late summer sun. Stirred by something, it takes off and circles the valley, releasing a rapid and high-pitched *schwer*, *schwee*, *schweeoo*. The sound has no effect on a caterpillar walking strenuously across a rock, nor on the many sheep dotted over the valley floor.

One of the sheep ambles towards the path and looks curiously at her visitors. Humans and sheep stare at one another in wonder. After a moment, the sheep sits down and takes a lazy mouthful of grass, chewing from the side of her mouth as though it was gum. Why am I me and she she? Another sheep approaches and lies next to her companion, wool to wool, and for a second they exchange what appears to be a knowing, mildly amused glance.

A few metres ahead, inside a deep green bush that grows down to a stream, comes a noise like that of a lethargic old man clearing his throat after a heavy lunch. This is followed by an incongruously frantic rustle, as though someone were rifling through a bed of leaves in an irritated search for a valuable possession. But on noticing that it has company, the creature falls silent, the tense silence of a child holding its breath at the back of a clothes cupboard during a game of hide-and-seek. In Ambleside, people are buying newspapers and eating scones. And here, buried in a bush, is a thing, probably with fur, perhaps a tail, interested in eating berries or flies, scurrying in the foliage, grunting – and yet still for all its oddities *a contemporary*, a fellow sleeping and breathing creature alive on this singular planet in a universe otherwise made up chiefly of rocks and vapours and silence.

One of Wordsworth's poetic ambitions was to induce us to see the many animals living alongside us whom we typically ignore, registering them only out of the corner of our eyes, having no appreciation of what they are up to and want: shadowy, generic presences; the bird up on the steeple, the rustling creature in the bush. He invited his readers to abandon their usual perspectives and to consider for a time how the world might look through other eyes, to shuttle between the human and natural perspective. Why might this be interesting, or even inspiring? Perhaps because unhappiness can stem from having only one perspective to play with. A few days before travelling to the Lake District I had happened upon a nineteenth-century book that discussed Wordsworth's interest in birds and in its preface hinted at the benefits of the alternative perspective they offered:

> I am sure it would give much pleasure to many of the public if the local, daily and weekly press throughout this country would always record, not only the arrivals and departures of Lords, Ladies, MPs and the great people of this land, but also the arrivals and departures of birds.

If we are pained by the values of the age or of the élite, it can be a source of relief to come upon reminders of the diversity of life on the planet, to hold in mind that, alongside the business of the great people of the land, there are also pipits *tseeping* in meadows.

Looking back on Wordsworth's early poems, Coleridge would assert that their genius had been to:

> give the charm of novelty to things of every day, and to excite a feeling analogous to the supernatural, by awakening the mind's attention from the lethargy of custom, and directing it to the loveliness and wonders of the world before us; an inexhaustible treasure, but for which, in consequence of the film of familiarity and selfish solicitude we have eyes, yet see not, ears that hear not, and hearts that neither feel nor understand.

Nature's 'loveliness' might in turn, according to Wordsworth, encourage us to locate the good in ourselves. Two people standing on the edge of a rock overlooking a stream and a grand wooded valley might transform their relationship not just with nature but, as significantly, with each other.

There are concerns that seem indecent when one is in the company of a cliff; others to which cliffs naturally lend their assistance, their majesty encouraging the steady and highminded in ourselves, their size teaching us to respect with good grace and an awed humility all that surpasses us. It is of course still possible to feel envy for a colleague before a mighty cataract. It is just, if the Wordsworthian message is to be believed, a little more unlikely. Wordsworth argued that, through a life spent in nature, his character had been shaped to resist competition, envy and anxiety – and so he celebrated,

... that first I looked
At Man through objects that were great or fair;
First communed with him by their help. And thus
Was founded a sure safeguard and defence
Against the weight of meanness, selfish cares,
Coarse manners, vulgar passions, that beat in
On all sides from the ordinary world
In which we traffic

7.

M and I were unable to stay long in the Lake District. Three days after our arrival, we were back on the London train, seated opposite a man who was making calls on his mobile phone in a vain search, the carriage learnt during conversations extending across many fields and industrial cities, for someone called Jim who owed him money.

Even if we allow how beneficial contact with nature might be, its influence must surely be limited by its brevity. Three days in nature can scarcely be expected to work a psychological effect lasting longer than a few hours.

Wordsworth was less pessimistic. In the autumn of 1790, the poet went on a walking tour of the Alps. He travelled from Geneva to the Vale of Chamouni, then crossed the Simplon pass and descended through the ravine of Gondo to Lake Maggiore. In a letter to his sister describing what he had seen, he wrote: 'At this moment when many of these landscapes are floating before my mind, I feel a high enjoyment in reflecting that perhaps *scarce a day of my life* [my italics] will pass in which I shall not derive some happiness from these images.'

This was no hyperbole. Decades later, the Alps continued to live within him and strengthened him whenever he evoked them. Their survival in memory led him to argue that we may witness in nature certain scenes that stay with us throughout our lives and, every time they enter consciousness, can offer us a contrast to, and relief from, present difficulties. He termed such experiences in nature 'spots of time'.

There are in our existence spots of time,
That with distinct pre-eminence retain
A renovating virtue ...
That penetrates, enables us to mount,

When high, more high, and lifts us up when fallen.

This belief in small, critical moments in nature explains Wordsworth's unusually specific way of subtitling many of his poems. For example, the subtitle of *Tintern Abbey*, *On revisiting the banks of the Wye during a Tour. July 13, 1798*, cites the exact day, month and year to suggest that a few moments in the countryside overlooking a valley could number among the most significant and useful of one's life, and be as worthy of precise remembrance as a birthday or a wedding.

I too was granted a ' spot of time '. It occurred in the late afternoon on the second day of the visit to the Lake District. M and I were sitting on a bench near Ambleside eating chocolate bars. We had exchanged a few words about the chocolate bars we preferred. M said she liked caramel-filled ones, I expressed a greater interest in dry biscuity ones, then we fell silent and I looked out across a field to a clump of trees by a stream. There were a host of different colours in the trees, sharp gradations of green, like someone had fanned out samples from a colour chart. These trees gave off an impression of astonishing health and exuberance. They seemed not to care that the world was old and often sad. I was tempted to bury my face in them so as to be restored by their smell. It seemed extraordinary that nature could on its own, without any concern for the happiness of two people eating chocolate on a bench, have come up with a scene so utterly suited to a human sense of beauty and proportion.

My receptivity to the scene lasted only a minute. Thoughts of work then intruded and M suggested we return to the inn so that she could make a phone call. I was unaware of having fixed the scene in memory, until one mid-afternoon in London, while waiting in a traffic jam, oppressed by cares, the trees came back to me, pushing aside a raft of meetings and unanswered correspondence, and asserting themselves in consciousness. I was carried away from the traffic and the crowds and returned to trees whose names I didn't know, but which I could see as clearly as if they stood before me. These trees provided a ledge against which I could rest my thoughts, they protected me from the eddies of anxiety and, in a small way that afternoon, contributed a reason to be alive.

At eleven in the morning on 15 April 1802, Wordsworth saw some daffodils along the western shore of Ullswater lake, a few miles north of where M and I had stayed. There were some 10,000 of these flowers 'dancing in the breeze', he wrote. The waves of the lake seemed to dance beside them too, though the daffodils 'outdid the sparkling waves in glee'. 'What wealth the shew to me had brought,' he explained of a moment that became a spot of time:

For oft when on my couch I lie
In vacant or in pensive mood,
They flash upon that inward eye
... And then my heart with pleasure fills,
And dances with the Daffodils.

An unfortunate last line perhaps, open to Byronic accusations of being ' namby-pamby ', but nevertheless offering the consoling idea that in vacant or pensive moods, in traffic in the city's ' turbulent world ', we may also draw on images of our travels through nature, images of a group of trees or a spread of daffodils on the shores of a lake, and with their help blunt a little the forces of ' enmity and low desires '.

On Travelling in the Lake District, 14 – 18 September 2000

VI On the Sublime

Place *Sinai desert*

Guides *Edmund Burke* *Job*

1.

Long partial to deserts, drawn to photographs of the American West (bits of tumbleweed blowing across a wasteland) and to the names of the great deserts (Mojave, Kalahari, Taklamakan, Gobi), I booked a charter flight to the Israeli resort of Eilat and went to wander in the Sinai. On the plane journey over, I talked to a young Australian woman beside me who was taking up a job as a lifeguard at the Eilat Hilton – and I read Pascal:

When I consider ... the small space I occupy and which I see swallowed up in the infinite immensity of spaces of which I know nothing and which know nothing of me ['l' infinie immensité des espaces que j'ignore et qui m'ignorent'], I take fright and am amazed to see myself here rather than there: there is no reason for me to be here rather than there, now rather than then. Who put me here?

Pascal, *Pensées*, 68

Wordsworth had urged us to travel through landscapes to feel emotions that would benefit our souls. I set out for the desert in order to be made to feel small.

It is usually unpleasant to be made to feel small – by doormen in hotels or by comparison with the achievements of heroes. But there may be another and more satisfying way to feel diminished. There are intimations of it in front of *Rocky Mountains*, '*Lander's*

Peak' (1863) by Albert Bierstadt, in front of *An Avalanche in the Alps* (1803) by Philip James de Loutherbourg or the *Chalk Cliffs in Rügen* (1810) by Caspar David Friedrich. What do such barren, overwhelming spaces bring us?

2.

Two days into my Sinai trip, the group of twelve which I have joined reaches a valley empty of life, without trees, grass, water or animals. Only boulders lie strewn across a sandstone floor, as though the stamping of a petulant giant had caused them to roll off the sides of the surrounding mountains. These mountains look like naked alps and their nudity reveals geological origins normally concealed beneath coats of earth and pine forest. There are gashes and fissures that speak of the pressures of millennia, there are cross-sections through disproportionate expanses of time. The earth's tectonic plates have rippled granite as though it were linen. The mountains spread out in seeming infinity on the horizon until eventually the high plateau of the southern Sinai gives way to a featureless, baking gravelpan described by the bedouins as 'El Tih', or the desert of the Wandering.

3.

There are few emotions about places for which adequate single words exist: we have to make awkward piles of words to convey what we felt when watching light fade on an early autumn evening or when encountering a pool of perfectly still water in a clearing.

But at the beginning of the eighteenth century, a word came to prominence with which it became possible to indicate a specific response towards precipices and glaciers, the night skies and boulder-strewn deserts. In their presence, we were likely to experience, and could count on being understood for later reporting that we had felt, a sense of the sublime.

The word itself had originated around AD 200 in a treatise, *On the Sublime*, ascribed to the Greek author Longinus, though it languished until a retranslation of the essay into English in 1712 renewed intense interest among critics. While the writers often differed in their specific analyses of the word, their shared assumptions were more striking. They grouped into a single category a variety of hitherto unconnected landscapes by virtue of their size, emptiness or danger, and argued that such places provoked an identifiable feeling that was both pleasurable and morally good. The value of landscapes was no longer to be decided solely on formal aesthetic criteria (the harmony of colours or arrangement of lines) or on economic or practical concerns, but according to the power of places to arouse the mind to sublimity.

Joseph Addison, in his *Essay on the Pleasures of the Imagination*, wrote of 'a delightful stillness and amazement' that he had felt before 'the prospects of an open champian country, a vast uncultivated desert, huge heaps of mountains, high rocks and precipices and a wide expanse of waters'. Hildebrand Jacob, in an essay on *How the Mind is raised by the Sublime*, offered a list of places most likely to set off the prized feeling: oceans, either in calm or storm, the setting sun, precipices, caverns and Swiss mountains.

Travellers went to investigate. In 1739, the poet Thomas Gray undertook a walking tour of the Alps, the first of many selfconscious pursuits of the sublime, and reported: 'In our little journey up to the Grande Chartreuse, I do not remember to have gone ten paces without an exclamation that there was no restraining. Not a precipice, not a torrent, not a cliff, but is pregnant with religion and poetry.'

4.

The southern Sinai at dawn. What then is this feeling? It is generated by a valley created 400 million years ago, by a granite mountain 2,300 metres high and by the erosion of millennia marked on the walls of a succession of steep canyons. Beside all three man seems merely dust postponed: the sublime as an encounter, pleasurable, intoxicating even, with human weakness in the face of the strength, age and size of the universe.

In my backpack, I am carrying a torch, a sunhat and Edmund Burke. At the age of twenty-four, after giving up his legal studies in London, Burke composed *A Philosophical Enquiry into the Origin of our Ideas of the Sublime and Beautiful.* He was categorical: sublimity had to do with a feeling of weakness. Many landscapes were beautiful. Meadows in spring, soft valleys, oak trees, banks of flowers (daisies especially). But they were not sublime. 'The ideas of the sublime and beautiful are frequently confounded,' he complained, 'both are indiscriminately applied to things greatly differing and sometimes of natures directly opposite' – a trace of irritation in the young philosopher with those who might have gasped at the Thames from Kew and called that sublime. A landscape could arouse the sublime only when it suggested power, power greater than that of humans and threatening to them. Sublime places embodied a defiance to our will. Burke illustrated the argument with an analogy about oxen and bulls: 'An ox is a creature of vast strength; but he is an innocent creature, extremely serviceable, and not at all dangerous; for which reason the idea of an ox is by no means grand. A bull is strong too; but his strength is of another kind; often very destructive ... the idea of a bull is therefore great, and it has frequently a place in sublime descriptions, and elevating comparisons.'

There were ox-like landscapes: innocent and 'not at all dangerous', pliable to the human will. Burke had spent his youth in one, at a Quaker boarding school in the village of Ballitore in County Kildare, thirty miles south-west of Dublin, a landscape of farms, orchards, hedges, rivers and gardens. Then there were bulllike landscapes. Burke enumerated their features: vast, empty, often dark and apparently infinite, because of the uniformity and succession of their elements. The Sinai was among them.

5.

But why the pleasure? Why seek out this feeling of smallness – delight in it even? Why leave the comforts of Eilat, join a group of desert devotees and walk for miles with a heavy pack along the shores of the Gulf of Aqaba, to reach a place of rocks and silence, in which one must shelter from the sun like a fugitive in the scant shadow of giant boulders? Why contemplate with exhilaration rather than despair beds of granite and baking gravel pans and a frozen lava of mountains extending into the distance until the peaks dissolve on the edge of a hard blue sky?

One answer is that not everything which is more powerful than us must always be hateful to us. What defies our will can provoke anger and resentment; it may also arouse awe and respect. It depends on whether the obstacle appears noble in its defiance or squalid and insolent. We begrudge the defiance of the cocky doorman, we honour the defiance of the mistshrouded mountain. We are humiliated by what is powerful and mean, but awed by what is powerful and noble. To return to and extend Burke's animal analogy, a bull may arouse a feeling of the sublime, a piranha does not. It seems a matter of motives: we interpret the piranha's power as vicious and predatory, the bull's as guileless and impersonal.

Even when we are not in deserts, the behaviour of others and our own flaws are prone to leave us feeling small. Humiliation is a perpetual risk in the world of men. It is not unusual for our will to be defied and our wishes frustrated. Sublime landscapes do not therefore introduce us to our inadequacy. Rather, to touch on the crux of their appeal, they allow us to conceive of a familiar inadequacy in a new and more helpful way. Sublime places repeat in grand terms a lesson that ordinary life typically teaches viciously: that the universe is mightier than we are, that we are frail and temporary and have no alternative but to accept limitations on our will; that we must bow to necessities greater than ourselves.

This is the lesson written into the stones of the desert and the icefields of the poles. So grandly is it written there that we may come away from such places, not crushed, but inspired by what lies beyond us; privileged to be subject to such majestic necessities. The sense of awe may even shade into a desire to worship.

6.

Because what is mightier than man has traditionally been called God, it does not seem unusual to start thinking of a deity in the Sinai. The mountains and valleys spontaneously suggest that the planet was built by something other than our own hands, by a force greater than we could gather, long before we were born, and set to continue long after our extinction (something we may forget when there are flowers and fast-food restaurants by the roadside).

God is said to have spent much time in the Sinai, most notably two years in the central region looking after a group of irascible Israelites, who complained about the lack of food and had a weakness for foreign gods. 'The LORD came from Sinai,' said Moses shortly before his death (Deut. 33.2). 'And mount Sinai was altogether on a smoke, because the LORD descended upon it in fire: and the smoke thereof ascended as the smoke of a furnace, and the whole mount quaked greatly,' explains Exodus (19.18). 'And all the people saw the thunderings, and the lightnings, and the noise of the trumpet, and the mountain smoking: and when the people saw it, they removed, and stood afar off ... And Moses said unto the people, Fear not: for God is come to prove you ... ' (ibid. 20.18-20).

But biblical history only serves to reinforce an impression that would anyway have occurred to a traveller encamped in the Sinai: an impression that some intentional being must have had a hand in this, something greater than man and with an intelligence that mere 'nature' does not possess; a 'something' for which the word God still seems, even to the secular mind, a far from unlikely appellation. The knowledge that natural rather than supernatural forces can also create beauty and an impression of power seems peculiarly ineffective as one stands before a sandstone valley rising towards what appears to be a giant altar, above which hangs a slender crescent moon.

Early writers on the sublime repeatedly connected sublime landscapes with religion:

Joseph Addison, *On the Pleasures of the Imagination*, 1712:

'A vast space naturally raises in my thoughts the idea of an Almighty Being.'

Thomas Gray, *Letters*, 1739:

'There are certain scenes that would awe an atheist into belief without the help of any other argument.'

Thomas Cole, *Essay on American Scenery*, 1835:

'Amid those scenes of solitude from which the hand of nature has never been lifted, the associations are of God the creator – they are his undefiled works, and the mind is cast into the contemplation of eternal things.'

Ralph Waldo Emerson, *Nature*, 1836:

'The noblest ministry of nature is to stand as the apparition of God.'

It is no coincidence that the Western attraction to sublime landscapes developed at precisely the moment when traditional beliefs in God began to wane. It is as if these landscapes allowed travellers to experience transcendent feelings that they no longer felt in cities and the cultivated countryside. The landscapes offered them an emotional connection to a greater power, even as they freed them of the need to subscribe to the more specific and now less plausible claims of biblical texts and organized religions.

7.

The link between God and sublime landscapes is made most explicit in one book of the Bible. The circumstances are peculiar. God is asked by a righteous but desperate man to explain why his life has grown full of suffering. And God answers him by bidding him to contemplate the deserts and the mountains, rivers and icecaps, oceans and skies. Seldom have sublime places been asked to bear the burden of such a weighty, urgent question.

At the beginning of the Book of Job, described by Edmund

Burke as the most sublime book of the Old Testament, we hear that Job was a wealthy, devout man from the land of Uz. He had seven sons, three daughters, 7,000 sheep, 3,000 camels, 500 yoke of oxen and 500 donkeys. His wishes were obeyed and his virtue rewarded. Then one day disaster struck. The Sabaeans stole Job's oxen and asses, lightning killed his sheep and the Chaldeans raided his camels. A hurricane blew in from the desert and wrecked the house of his eldest son, killing him and his siblings. Painful sores developed from the soles of Job's feet to the top of his head and, as he sat in the ashes of his house, he scratched them with a piece of broken pottery and wept.

Why had Job been so afflicted? Job's friends had the answer. He had sinned. Bildad the Shuhite told Job that his children could not have been killed by God unless they and Job had done wrong. 'God will not reject a righteous man,' said Bildad. Zophar the Naamathite ventured that God must have been generous in his treatment of Job: 'Know therefore that God exacteth of thee less than thine iniquity deserveth.'

But Job could not accept these words. He called them 'proverbs of ashes' and 'defences of clay'. He had not been a bad man – why therefore had bad things occurred to him?

It is one of the most acute questions asked of God in all the books of the Old Testament. And from a whirlwind in the desert, a furious God answered Job as follows:

Who is this that darkeneth counsel by words without knowledge? Gird up now thy loins like a man; for I will demand of thee, and

answer thou me.
Where was thou when I laid the foundations of the earth? declare, if thou has understanding.
Who hath laid the measures thereof, if thou knowest? or who hath stretched the line upon it? …
By what way is the light parted, which scattereth the east wind upon the earth?
Who hath divided a watercourse for the overflowing of waters, or a way for the lightning of thunder; …
Out of whose womb came the ice? and the hoary frost of heaven, who hath gendered it? …
Knowest thou the ordinances of heaven? canst thou set the dominion thereof in the earth?
Canst thou lift up thy voice to the clouds, that abundance of waters may cover thee? …
Hast thou an arm like God? or canst thou thunder with a voice like him? …
Doth the hawk fly by thy wisdom, and stretch her wings toward the south? …
Canst thou draw out leviathan with a hook?

Asked to explain to Job why he has been made to suffer though he has been good, Gòd draws Job's attention to the mighty phenomena of nature. Do not be surprised that things have not gone your way: the universe is greater than you. Do not be surprised that you do not understand *why* they have not gone your way: for you cannot fathom the logic of the universe. See how small you are next to the mountains. Accept what is bigger than you and you do not understand. The world may appear illogical *to Job*, but it does not follow that it is illogical *per se*. Our lives are not the measure of all things: consider sublime places for a reminder of human insignificance and frailty.

There is a strictly religious message here. God assures Job that he has a place in his heart, even if all events do not centre around him and may at times appear to run contrary to his interest. When divine wisdom eludes human understanding, the righteous, made aware of their limitations by the spectacle of sublime nature, must continue to trust in God's plans for the universe.

8.

But the religious answer to Job's question does not invalidate the story for secular spirits. Sublime landscapes, through their grandeur and power, retain a symbolic role in bringing us to accept without bitterness or lamentation the obstacles we cannot overcome and events we cannot make sense of. As the Old Testament God knew, it can be helpful to back up deflationary points about mankind with reference to the very elements in nature which physically surpass it – the mountains, the girdle of the earth, the deserts.

If the world is unfair or beyond our understanding, sublime places suggest it is not surprising things should be thus. We are the playthings of the forces that laid out the oceans and chiselled the mountains. Sublime places gently move us to acknowledge limitations that we might otherwise encounter with anxiety or anger in the ordinary flow of events. It is not just nature that defies us. Human life is as overwhelming, but it is the vast spaces of nature that perhaps provide us with the finest, the most respectful reminder of all that exceeds us. If we spend time in them, they may help us to accept more graciously the great unfathomable events that molest our lives and will inevitably return us to dust.

ART

Ⅶ On Eye-opening Art

Place	*Provence*
Guide	*Vincent van Gogh*

1.

One summer, I was invited to spend a few days with friends in a farmhouse in Provence. I knew that the word 'Provence' was for many people rich in associations, though it meant little to me. I tended to switch off at its mention out of a sense, founded on little, that the place would not be congenial to me. What I did know was that Provence was generally held by sensible people to be very beautiful – 'Ah, Provence!' they would sigh, with a reverence otherwise reserved for opera or Delft earthenware.

I flew to Marseilles and, after renting a small Renault at the airport, headed for the home of my hosts, which lay at the foot of the Alpilles hills, between the towns of Arles and Saint-Rémy. At the exit out of Marseilles, I grew confused and ended up at the giant oil refinery at Fos-sur-Mer, whose tangle of pipes and cooling towers spoke of the complexity involved in the manufacture of a liquid that I was used to putting into my car with scant thought for its origins.

I found my way back to the N568, which led me inland across the wheat-growing plain of La Crau. Outside the village of St-Martin-de-Crau, a few miles from my destination, being too early, I pulled off the road and turned off the engine. I had come to a stop on the edge of an olive grove. It was quiet save for the sounds of cicadas hidden in the trees. Behind the grove were wheat fields bordered by a row of cypresses, over whose tops rose the irregular ridge of the Alpilles. The sky was a cloudless blue.

I scanned the view. I was not looking for anything in

particular: not for predators, holiday homes or memories. My motive was simple and hedonistic: I was looking for beauty. 'Delight and enliven me' was my implicit challenge to the olive trees, cypresses and skies of Provence. It was a vast, loose agenda and my eyes were bewildered at their freedom. Without the motives that had marked the rest of the day – to seek out the car-rental desk, the exit out of Marseilles and so on – they careered from object to object, so that if their path had been traced by the mark of a giant pencil, the sky would soon have been darkened by random impatient patterns.

Though the landscape was not ugly, I could not – after a few moments of scrutiny – detect the charm so often ascribed to it. The olive trees looked stunted, more like bushes than trees, and the wheat fields evoked the flat, dull expanses of south-eastern England, where I had attended a school and been unhappy. I lacked the energy to register the barns, the limestone of the hills or the poppies growing at the feet of a group of cypresses.

Bored and uncomfortable in the Renault's increasingly hot plastic interior, I set off for my destination and greeted my hosts with the remark that this was simply paradise.

Because we find places to be beautiful as immediately and as apparently spontaneously as we find snow to be cold or sugar sweet, it is hard to imagine that there is anything we might do to alter or expand our attractions. It seems that matters have been decided for us by qualities inherent in the places themselves or by hard-wiring in our psyches and that we would therefore be as helpless to modify our sense of the places we find beautiful as we would our preference for the ice-creams we find appetizing.

Yet aesthetic tastes may be less rigid than the analogy suggests. We overlook certain places because nothing has ever prompted us to conceive of them as worthy of appreciation, or because some unfortunate but stray association has turned us against them. Our relationship to olive trees can be improved by being directed towards the silver in their leaves or the structure of their branches. New associations can be created around wheat once we are directed to the pathos of this fragile and yet essential crop as its stalks bend their grain-filled heads in the wind. We may find something to appreciate in the skies of Provence once we are told, even if only in the crudest way, that it is the shade of blue that counts.

And perhaps the most effective way in which our sense of what to look for in a scene can be enriched is through visual art. We could conceive of many works of art as immensely subtle instruments for telling us what amounts in effect to: 'Look at the sky of Provence, redraw your notion of wheat, do justice to olive trees.' From amidst the million things in, for example, a wheat field, a successful work will draw out the features capable of exciting a sense of beauty and interest in the spectator. It will foreground elements ordinarily lost in the mass of data, it will stabilize them and, once we are acquainted with them, prompt us imperceptibly to find them in the world about us – or, if we have already found them, lend us confidence to give them weight in our lives. We will be like a person around whom a word has been mentioned on many occasions, but who only begins to hear it once he has learnt its meaning.

And in so far as we travel in search of beauty, works of art may in small ways start to influence where we would like to travel to.

2.

Vincent van Gogh arrived in Provence at the end of February 1888. He was thirty-five years old and had devoted himself to painting only eight years before, after failing in attempts to become first a teacher and then a priest. For the previous two years, he had been living in Paris with his brother Theo, an art dealer, who supported him financially. He had had little artistic training, but had befriended Paul Gauguin and Henri de Toulouse-Lautrec and exhibited his work alongside theirs at the Café du Tambourin on the Boulevard de Clichy.

'I can still remember vividly how excited I became that winter when travelling from Paris to Arles,' Van Gogh would recall of his sixteen-hour train journey to Provence. On his arrival in Arles, the most prosperous town in the region and a centre for the olive trade and railway engineering, Van Gogh carried his bags in the snow (an exceptional ten inches had fallen that day) to the small Hôtel Carrel, not far from the northern ramparts of the town. Despite the weather and the small size of his room, he was enthusiastic about his southerly move. As he told his sister, 'I believe that life here is just a little more satisfying than in many other spots.'

Van Gogh was to remain in Arles until May 1889, fifteen months during which he produced approximately 200 paintings,

100 drawings and 200 letters – a period generally agreed to have been his greatest. The earliest works show Arles lying under snow, the sky a limpid blue, the earth a frozen pink. Five weeks after Van Gogh arrived, spring came and he painted fourteen canvases of trees in bloom in the fields outside Arles. At the beginning of May, he painted the Langlois drawbridge over the Arles-Bouc Canal, on the south side of Arles, and at the end of the month, he produced a number of views from the plain of La Crau, looking towards the Alpilles hills and the ruined abbey of Montmajour. He also painted the reverse scene, climbing the rocky slopes of the abbey for a view of Arles. By the middle of June, his attention had shifted to a new subject, the harvest, of which he completed ten paintings in only two weeks. He worked with extraordinary speed: as he put it, 'quickly, quickly, quickly and in a hurry, just like a harvester who is silent under the blazing sun, intent only on his reaping'. 'I work even in the middle of the day, in the full sunshine, and I enjoy it like a cicada. My God, if I had only known this country at the age of twenty-five, instead of coming here when I was thirty-five years old!'

Later, explaining to his brother why he had moved from Paris to Arles, Van Gogh offered two reasons: because he had wanted to 'paint the south' and because he had wanted, through his work, to help other people to 'see' it. However unsure he was of his own powers to do this, he never wavered in his faith that the project was theoretically possible – that is, that artists could paint a portion of the world and in consequence open the eyes of others to it.

If he had such faith in the eye-opening power of art, it was because he had often experienced it as a spectator. Since moving to France from his native Holland, he had felt it particularly in relation to literature. He had read the works of Balzac, Flaubert, Zola and Maupassant and been grateful to these writers for opening his eyes to the dynamics of French society and psychology. *Madame Bovary* had taught him about provincial middle-class life and *Père Goriot* about penniless ambitious students in Paris – and he now recognized the characters from these novels in society at large.

Paintings had similarly opened his eyes. Van Gogh frequently paid tribute to painters who had allowed him to see certain colours and atmospheres. Velázquez, for example, had given him a map that allowed him to see grey. Several of Velázquez's canvases depicted humble Iberian interiors, with walls made of brick or a sombre plaster, where even in the middle of the day, when the shutters were closed to protect the house from the heat, the dominant colour was a sepulchral grey, occasionally pierced, where the shutters were not quite closed or a section had been chipped off them, by a shaft of brilliant yellow. Velázquez had not invented such effects, many would have witnessed them before him, but few had had the energy or talent to capture them and turn them into communicable experience. Like an explorer with a new continent, Velázquez had, for Van Gogh at least, given his name to a discovery in the world of light.

Van Gogh ate in many small restaurants in the centre of Arles. The walls were often dark, the shutters were closed and the sunlight outside was bright. One lunchtime, he wrote to his brother explaining that he had stumbled upon something utterly Velázquezian: 'This restaurant where I am is very strange. It is grey all over ... a Velasquez grey – like in the *Spinning Women* – and even the very narrow, very fierce ray of sunlight through a blind, like the one that slants across Velasquez's picture, is not missing ... In the kitchen, [there's] an old woman and a short, fat servant also in grey, black, white ... it's pure Velasquez.'

It was for Van Gogh the mark of every great painter to allow us to see certain aspects of the world more clearly. If Velázquez was his guide to grey and the coarse faces of large cooks, then Monet was his guide to sunsets, Rembrandt to morning light and Vermeer to the adolescent girls of Arles ('A perfect Vermeer,' he explained to his brother after spotting one example near the arena). The sky over the Rhône after a heavy rain shower reminded him of Hokusai, the wheat of Millet and the young women in Saintes-Maries de la Mer of Cimabue and Giotto.

3.

Nevertheless, and fortunately for his artistic ambitions, Van Gogh did not believe that previous artists had captured everything there was to see in southern France. Many had in his view completely missed the essentials. 'Good Lord, I have seen things by certain painters which did not do justice to the subject at all,' he exclaimed. 'There is plenty for me to work on here.'

No one had, for example, captured the distinctive appearance of the middle-aged, middle-class women of Arles: 'There are some women like a Fragonard and like a Renoir. But there are some *that can't be labelled with anything that's ever been done yet in painting* [my italics].' The farm labourers he saw working in the fields outside Arles had also been ignored by artists: 'Millet has reawakened our thoughts so that we can see the dweller in nature. But until now no one has painted the real *Southern* French man for us.' 'Have we in general learned to see the peasant now? *No*, hardly anyone knows how to pull one off.'

The Provence that greeted Van Gogh in 1888 had been the subject of painting for over 100 years. Among the betterknown Provençal artists were Fragonard (1732 - 1806), Constantin (1756 - 1844), Bidauld (1758 - 1846), Granet (1775 - 1849) and Aiguier (1814 - 1865). All were realistic painters, adhering to the classical and, until then, relatively undisputed notion that their task was to render on canvas an accurate version of the visual world. They went out into the fields and mountains of Provence and painted recognizable versions of cypresses, trees, grass, wheat, clouds and bulls.

Yet Van Gogh insisted that most had failed to do justice to their subjects. They had not, he claimed, produced realistic depictions of Provence. We are apt to call any painting realistic that competently conveys key elements of the world. But the world is complex enough for two realistic pictures of the same place to look very different depending on an artist's style and temperament. Two realistic artists may sit at the edge of the same olive grove and produce divergent sketches. Every realistic picture represents a choice of which features of reality are given prominence; no painting ever captures the whole, as Nietzsche mockingly pointed out in a bit of doggerel verse entitled:

THE REALISTIC PAINTER

'Completely true to nature!' – what a lie:
How could nature ever be constrained into a picture?
The smallest bit of nature is infinite!
And so he paints what he likes about it.
And what does he like? He likes what he can paint!

If we in turn like a painter's work, it is perhaps because we judge that he or she has selected the features that we believe to be the most valuable about a scene. There are selections so acute that they come to define a place, we can no longer travel through it without being reminded of what a great artist noticed there.

Alternatively, if we complain that, for example, a portrait of us does not look 'like us', we are not accusing a painter of trickery. We simply feel that the process of selection that goes on in any work of art has gone wrong, and that parts of us which we think of as belonging to our essential selves have not been given their due. Bad art might thus be defined as a series of bad choices about what to show and what to leave out.

And leaving the essential out was precisely Van Gogh's complaint against most of the artists who had painted southern France until his own day.

4.

There was a large book on him in the guest bedroom and, because I was unable to sleep on my first night, I read several chapters, eventually falling asleep with the volume open on my lap as a trace of dawn-red appeared in the corner of the window.

I awoke late and found that my hosts had gone to Saint-Rémy, leaving a note to say that they would be back at lunchtime. Breakfast was laid out on a metal table on the terrace and I ate three pains au chocolat in guilty, rapid succession, while keeping one eye out for a housekeeper, whom I feared might put an unflattering spin on my gourmandise to her employers.

It was a clear day with a mistral blowing, which ruffled the heads of the wheat in an adjacent field. I had sat in this spot the day before, but only now did I notice that there were two large cypresses growing at the end of the garden – a discovery that was not unconnected to the chapter I had read in the night on Van Gogh's treatment of them. He had sketched a series of cypresses in 1888 and 1889. 'They are constantly occupying my thoughts,' he told his brother, 'it astonishes me that they have not yet been done as I see them. The cypress is as beautiful of line and proportion as an Egyptian obelisk. And the green has a quality of such distinction. It is a splash of *black* in a sunny landscape, but it is one of the most interesting black notes, and the most difficult to hit off exactly.'

What did Van Gogh notice about cypresses that others had not? In part, the way they move in the wind. I walked to the end of the garden and there studied, thanks to certain works (*Cypresses* and *Wheat Field and Cypresses* of 1889 in particular) their distinctive behaviour in the mistral.

There are architectural reasons behind this movement. Unlike pine branches, which descend gently downwards from the top of their tree, the fronds of the cypress thrust upwards from the ground. The cypress's trunk is, moreover, unusually short, with the top third of the tree being made up wholly of branches. Whereas an oak will shake its branches in the wind while its trunk remains immobile, the cypress will bend and, furthermore, because of the way the fronds grow from a number of points along the circumference of the trunk, it will seem to bend along different axes. From a distance, the lack of synchronicity in its movements makes it look as though the cypress were being shifted by several gusts of wind blowing from different angles. With its cone-like shape (cypresses rarely exceed a metre in diameter), the tree takes on the appearance of a flame flickering nervously in the wind. All this Van Gogh noticed and would make others see.

A few years after Van Gogh's stay in Provence, Oscar Wilde remarked that there had been no fog in London before Whistler painted it. There had surely been fewer cypresses in Provence before Van Gogh painted *them.*

Olive trees must also have been less noticeable. I had the previous day dismissed one example as a squat bush-like thing but, in *Olive Trees with Yellow Sky and Sun* and *Olive Grove: Orange Sky* of 1889, Van Gogh brought out – that is, foregrounded – the olives' trunks and leaves. I now noted an angularity which I had earlier missed: the trees resemble tridents that have been flung from a great height into the soil. There is a ferocity to the olive trees' branches too, as if they were flexed arms ready to hit out. And whereas the leaves of many other trees make one think of limp lettuce emptied over racks of naked branches, the taut silvery olive leaves give an impression of alertness and contained energy.

After Van Gogh, I began to notice that there was something unusual about the colours of Provence as well. There are climatic reasons for this. The mistral, blowing along the Rhône valley from the Alps, regularly clears the sky of clouds and moisture, leaving it a pure rich blue without a trace of white. At the same time, a high water table and good irrigation promote a plant life of singular lushness for a Mediterranean climate. With no water shortages to restrict its growth, the vegetation draws full benefit from the great advantages of the south: light and heat. And fortuitously, because there is no moisture in the air, there is in Provence, unlike in the tropics, no mistiness to dampen and meld the colours of the trees, flowers and plants. The combination of a cloudless sky, dry air, water and rich vegetation leaves the region dominated by vivid primary, contrasting colours.

Painters before Van Gogh had tended to ignore these contrasts and to paint only in complementary colours, as Claude and Poussin had taught them to do. Constantin and Bidauld, for example, had depicted Provence entirely in subtle gradations of soft blue and brown. Van Gogh was incensed by this neglect of the landscape's natural colour scheme: 'The majority of [painters], because they aren't colourists ... do not see yellow, orange or sulphur in the South, and they call a painter mad if he sees with eyes other than theirs.' So he abandoned their chiaroscuro technique and soaked his canvases in primary colours, always arranging them in such a way that their contrast would be maximized: red with green, yellow with purple, blue with orange. 'The colour is exquisite here,' he wrote to his sister. 'When the green leaves are fresh, it is a rich green, the likes of which we seldom see in the North. Even when it gets scorched and dusty, the landscape does not lose its beauty, for then it gets tones of gold of various tints: green-gold, yellow-gold, pink-gold … And this combined with the blue – from the deepest royal blue of the water to the blue of the forget-me-nots; a cobalt, particularly clear bright blue.'

My own eyes grew attuned to see around me the colours that had dominated Van Gogh's canvases. Everywhere I looked, I could see primary colours in contrast. Beside the house was a violet-coloured field of lavender next to a yellow field of wheat. The roofs of the buildings were orange against a pure blue sky. Green meadows were dotted with red poppies and bordered by oleanders.

It was not only the day that abounded in colours. Van Gogh brought out the colours of the night as well. Previous Provençal painters had depicted the night sky as groupings of little white dots on a dark background. However, when we sit under the Provençal sky on a clear night far from the glow of houses and street-lamps, we notice that the sky in fact contains a profusion of colours: between the stars, it seems a deep blue, violet or very dark green, whereas the stars themselves appear a pale yellow, orange or green, diffusing rings of light far beyond their own narrow circumference. As Van Gogh explained to his sister: 'The night is even more richly coloured than the day ... If only you pay attention to it you will see that certain stars are citronyellow, others have a pink glow, or a green, blue and forget-me-not brilliance. And without expatiating on this theme it should be clear that putting little white dots on a blue-black surface is not enough.'

5.

The tourist office in Arles is housed in an undistinguished concrete block in the south-western part of the town. It offers visitors the usual fare: free maps, information on hotels, cultural festivals, child-minders, wine tastings, canoeing, ruins and markets. But one attraction is emphasized above all others. 'Welcome to the land of Vincent van Gogh,' exclaims a poster with the sunflowers in the entrance hall, while the walls inside are decorated with harvest scenes, olive trees and orchards.

The office particularly recommends what it describes as 'a Van Gogh trail'. On the hundredth anniversary of his death in 1890, Van Gogh's presence in Provence was honoured by a series of plaques – fixed on to metal rods or stone slabs – positioned in places that he painted. The plaques feature photographs of the relevant works and a few lines of commentary. They are to be found both within the town and in the wheat and olive fields that surround it. They extend as far as Saint-Rémy, where, after the ear incident, Van Gogh ended his Provençal days at the Maison de Santé.

I persuaded my hosts to spend an afternoon following the trail and so we travelled to the tourist office to collect a map. By chance, we learnt that a guided tour, a once-weekly event, was about to start in the courtyard outside and that there were still places available for a modest sum. We joined a dozen other enthusiasts and were first taken to the Place Lamartine by a guide, who told us that her name was Sophie and that she was writing a thesis on Van Gogh at the Sorbonne in Paris.

At the beginning of May 1888, finding his hotel too expensive, Van Gogh had rented a wing of a building at 2 Place Lamartine known as 'the Yellow House'. It was one half of a double-fronted building, which had been painted bright yellow by its owner but left unfinished inside. Van Gogh developed a great interest in the interior design. He wanted it solid and simple, painted in the colours of the south: red, green, blue, orange, sulphur and lilac. 'I want to make it really *an artist's house* – nothing *precious*, but everything from the chairs to the pictures having character,' he told his brother. 'About the beds, I have bought country beds, big double ones instead of iron ones. That gives an appearance of solidity, durability and quiet.' The refurbishment complete, he wrote elatedly to his sister: 'My house here is painted the yellow colour of fresh butter on the outside with glaringly green shutters, it stands in the full sunlight in a square which has a green garden with plane trees, oleanders and acacias. And it is completely whitewashed inside, and the floor is made of red bricks. And over it there is the intensely blue sky. In this I can live and breathe, meditate and paint.'

Sadly Sophie had little to show us, for the Yellow House had been destroyed in the Second World War and replaced by a student hostel, dwarfed by a giant Monoprix supermarket beside it. So we drove to Saint-Rémy and there spent more than an hour in the fields around the asylum where Van Gogh had lived and painted. Sophie had with her a large plastic-coated book containing the main Provence paintings and she frequently held it up in a spot where Van Gogh had worked and we peered around to see. At one moment, with her back to the Alpilles, she held up *Olive Trees with the Alpilles in the Background* (June 1889) and we admired both the view and Van Gogh's version of it. But there was a moment of dissent in the group. Next to me, an Australian wearing a large hat said to his companion, a small tousled-haired woman, 'Well, it doesn't look much like that.'

Van Gogh himself had feared he might encounter such accusations. To his sister, he wrote that many people already said of his work: '"This really looks too strange," not to mention those who think it a total abortion and utterly repulsive.' The reasons weren't hard to find. The walls of his houses weren't always straight, the sun wasn't always yellow or the grass green, there was an exaggerated movement in some of his trees. 'I have played hell somewhat with the truthfulness of the colours,' he admitted, and he played similar hell with proportion, line, shadow and tone.

Yet in playing hell Van Gogh was only making more explicit a process in which all artists are involved – namely, choosing what aspects of reality to include and what to leave out. As Nietzsche knew, reality itself is infinite and can never be wholly represented in art. What made Van Gogh unusual among Provençal artists was his choice of what he felt was important. A painter like Constantin had expended much effort in getting the scale right. Van Gogh, though passionately interested in producing a 'likeness', insisted that it wasn't by worrying about scale that he would end up conveying what was important in the south; his art would involve, as he mockingly told his brother, 'a likeness different from the products of the God-fearing photographer'. The part of reality that concerned him sometimes required distortion, omission and substitution of colours in order to be brought to the fore, but it was still the real – 'the likeness' – that interested him. He was willing to sacrifice a naïve realism in order to achieve a realism of a deeper sort, behaving like a poet who, though less factual than a journalist in describing an event, may nevertheless reveal truths about it that find no place in the other's literal grid.

Van Gogh elaborated on the idea in a letter to his brother in September 1888 concerning a portrait he was planning: 'Instead of trying to reproduce exactly what I have before my eyes, I use colour more arbitrarily, in order to express myself forcibly ... I'm going to give you an example of what I mean. I should like to paint the portrait of an artist friend, a man who dreams great dreams, who works as the nightingale sings, because it is his nature [this was *Poet* of early September 1888]. He'll be a blond man. *I want to put my appreciation, the love I have for him, into the picture* [my italics]. So I paint him as he is, as faithfully as I can, to begin with. But the picture is not yet finished. To finish it I am going to be the arbitrary colourist. I exaggerate the fairness of the hair, I even get to orange tones, chromes and pale citronyellow. Behind the head, instead of painting the ordinary wall of the mean room, I paint infinity, a plain background of the richest, intensest blue that I can contrive, and by this simple combination of the bright head against the rich blue background, I get a mysterious effect, like a star in the depths of an azure sky ... Oh, my dear boy ... and the nice people will only see the exaggeration as a caricature.'

A few weeks later, Van Gogh began another 'caricature'. 'Tonight I am probably going to start on the interior of the café where I eat, by gaslight, in the evening,' he told his brother. 'It is what they call a "café de nuit" (they are fairly common here), staying open all night. Night prowlers can take refuge there when they have no money to pay for a lodging or are too drunk to be taken in.' In painting what would become *The Night Café in Arles*, Van Gogh abandoned adherence to some elements of 'reality' for the sake of others. He did not reproduce the proper perspective or colour scheme of the café, his gaslights metamorphosed into glowing mushrooms, the chairs arched their backs, the floor buckled. Yet he was still interested in expressing truthful ideas about the place, ideas that would perhaps have been less well expressed if he had had to follow the classical rules of art.

6.

The complaints of the Australian man were unusual in the group. Most of us left Sophie's lecture with a new-found reverence both for Van Gogh and for the landscapes he had painted. But my enthusiasm was troubled by the memory of an exceptionally acerbic maxim that Pascal had penned two centuries before Van Gogh's southern journey:

How vain painting is, exciting admiration by its resemblance to things of which we do not admire the originals.

Pensées, 40

It seemed awkwardly true that I had not admired Provence much before I had come across its depiction in Van Gogh's work. But, in its desire to mock art lovers, Pascal's maxim was in danger of skirting two important points. To admire a painting that depicts a place we know but don't like sounds absurd and pretentious if we imagine that painters do nothing but reproduce exactly what lies before them. If that were true, then all we could admire in a painting would be the technical skills involved in the reproduction of an object and the glamorous name of the painter, in which case, we would have little difficulty in agreeing with Pascal's description of painting as a vain pursuit. But, as Nietzsche knew, painters do not merely reproduce. They select and highlight, and they are accorded genuine admiration in so far as their version of reality seems to bring out valuable features of it.

Furthermore, we do not have to resume our indifference to a

place once the painting of it that we have admired is out of sight, as Pascal hints we might. Our capacity to appreciate can be transferred from art to the world. We can find things that delight us on a canvas first but then later welcome them in the place where the canvas was painted. We can continue to see cypresses beyond Van Gogh's paintings.

7.

Provence was not the only place which I began to appreciate and wanted to explore because of its portrayal in works of art. I once visited Germany's industrial zones because of Wim Wenders's *Alice in the Cities*. The photographs of Andreas Gursky gave me a taste for the undersides of motorway bridges. Patrick Keiller's documentary *Robinson in Space* made me take a holiday around the factories, shopping malls and business parks of southern England.

In recognizing that a landscape can become more attractive to us once we have seen it through the eyes of a great artist, the tourist office in Arles was only exploiting a long-standing relationship between art and the desire to travel evident in different countries (and in different artistic media) throughout the history of tourism. Perhaps the most notable and earliest example occurred in Britain in the second half of the eighteenth century.

Historians contend that large parts of the countryside of England, Scotland and Wales went unappreciated before the eighteenth century. Places that were later taken to be naturally and unarguably beautiful – the Wye valley, the Highlands of Scotland, the Lake District – were for centuries treated with indifference, even disdain. Daniel Defoe, travelling in the Lake District in the 1720s, described it as 'barren and frightful'. In his *Journey to the Western Isles of Scotland*, Dr Johnson wrote that the Highlands were 'rough', pitifully devoid of 'vegetable decoration' and 'a wide extent of hopeless sterility'. When, at Glenshiel, Boswell attempted to cheer him up by pointing out that a mountain seemed impressively high, Johnson snapped irritably, 'No; it is no more than a considerable protuberance.'

Those who could afford to travel went abroad. Italy was the most popular destination, especially Rome, Naples and the surrounding countryside. It was perhaps no coincidence that these locales featured heavily in the very works of art most favoured by the British aristocracy: the poetry of Virgil and Horace and the paintings of Poussin and Claude. The paintings depicted the Roman exurbs and the Neapolitan coastline. It was often dawn or dusk, there were a few fleecy clouds overhead, their borders were pink and golden. One imagined that it was going to be, or had been, a very hot day. The air seemed quiet, the silence interrupted only by the flow of a refreshing brook or the sound of oars cutting through a lake. A few shepherdesses might be gambolling through a field, or tending some sheep or a goldenhaired child. Looking at such scenes in English country houses in the rain, many would have dreamt of crossing the Channel at the earliest available opportunity. As Joseph Addison observed in 1712: 'We find the Works of Nature still more pleasant, the more they resemble those of Art.'

Unfortunately for the works of British Nature, for a long time few works of art resembled them at all. Yet during the eighteenth century, this dearth was gradually overcome and so too, with uncanny synchronicity, was the reluctance of the British to travel around their own islands. In 1727, the poet James Thomson published *The Seasons*, which celebrated the agricultural life and the landscape of southern England. Its success helped to bring to prominence the work of other ' ploughmen poets ': Stephen Duck, Robert Burns and John Clare. Painters began to consider their country too. Lord Shelburne commissioned Thomas Gainsborough and George Barrett to paint a series of landscapes for his Wiltshire house, Bowood, declaring his intention ' to lay the foundation of a school of British landscape'. Richard Wilson went to paint the Thames near Twickenham, Thomas Hearne painted Goodrich Castle, Philip James de Loutherbourg Tintern Abbey and Thomas Smith Derwentwater and Windermere.

No sooner had the process begun than there was an explosion in the number of people travelling around the isles. For the first time, the Wye valley was filled with tourists, as were the mountains of North Wales, the Lake District and the Scottish Highlands – a story that seems perfectly to confirm the contention that we tend to seek out corners of the world only once they have been painted and written about by artists.

The theory must of course be a sharp exaggeration, as sharp as the suggestion that no one paid any attention to fog in London before Whistler or to cypresses in Provence before Van Gogh. Art cannot single-handedly create enthusiasm, nor does it arise from sentiments of which non-artists are devoid; it merely contributes to enthusiasm and guides us to be more conscious of feelings that we might previously have experienced only tentatively or hurriedly.

But that may – as the tourist office in Arles seemed to understand – be enough to influence where we choose to go next year.

VIII On Possessing Beauty

The Lake District

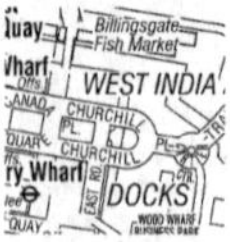

Places *Madrid* *Amsterdam* *Barbados* *London Docklands*

Guide *John Ruskin*

1.

Among all the places we go to but don't look at properly or which leave us indifferent, a few occasionally stand out with an impact that overwhelms us and forces us to take heed. They possess a quality that might clumsily be called beauty. This may not involve prettiness or any of the obvious features that guidebooks associate with beauty spots. Recourse to the word might just be another way of saying that we like a place.

There was much beauty on my travels. In Madrid, a few blocks from my hotel there lay a patch of waste ground bordered by apartment buildings and a large orange-coloured petrol station with a car wash. One evening, in the darkness, a long, sleek, almost empty train passed several metres above the roof of the station and wended its way between the middle floors of the apartment buildings. With its viaduct lost in the night, the train appeared to float above the earth, a technological feat that looked more plausible given the train's futuristic shape and the pale ghostly green light emanating from its windows. Inside their apartments, people were watching television or moving around the kitchen; meanwhile, dispersed through the carriages, the few passengers stared out at the city or read newspapers: the start of a journey to Seville or Cordoba that would end long after the dishwashers had reached the end of their cycles and the televisions fallen silent. The passengers and apartment dwellers paid little attention to one another, their lives ran along lines that would never meet, except for a brief moment in the retina of an observer who had taken a walk to escape a sad hotel room.

In Amsterdam, in a courtyard behind a wooden door, there was an old brick wall which, despite a tear-inducing wind blowing along the canals, had slowly heated itself up in a fragile early spring sun. I took my hands from my pockets and ran them along the bricks' gnarled and pitted surface. They seemed light and ready to crumble. I had an impulse to kiss them, to feel more closely a texture that reminded me of blocks of pumice or halva from a Lebanese delicatessen.

In Barbados, on the eastern shore, I had looked out across a dark-violet sea that continued unhindered to the coasts of Africa. The island had suddenly seemed small and vulnerable and its theatrical vegetation of wild pink flowers and shaggy trees a touching protest against the sober monotony of the sea. In the Lake District, I remembered the view at dawn from our window in the Mortal Man Inn: hills of soft Silurian rock covered in fine green grass above which a layer of mist was hovering. The hills undulated as though they formed part of the backbone of a giant beast that had lain down to sleep and might at any point awake and stand up several miles high, shaking off oak trees and hedgerows like pieces of fluff caught on its felt green jacket.

2.

A dominant impulse on encountering beauty is the desire to hold on to it: to possess it and give it weight in our lives. There is an urge to say, 'I was here, I saw this and it mattered to me.'

But beauty is fugitive, it is frequently found in places to which we may never return or else it results from a rare conjunction of season, light and weather. How then to possess it, how to hold on to the floating train, the halva-like bricks or the English valley?

The camera provides one option. Taking photographs can assuage the itch for possession sparked by the beauty of a place; our anxiety about losing a precious scene can decline with every click of the shutter. Or else we can try to imprint ourselves physically on a place of beauty, perhaps hoping to render it more present in us by making ourselves more present in it. In Alexandria, standing before Pompey's Pillar, we could try to carve our name in the granite, to follow the example of Flaubert's friend Thompson from Sunderland ('You can't see the Pillar without seeing the name of Thompson, and consequently, without thinking of Thompson. This cretin has become part of the monument and perpetuates himself along with it ... All imbeciles are more or less Thompsons from Sunderland'). A more modest step might be to buy something – a bowl, a lacquered box or a pair of sandals (Flaubert acquired three carpets in Cairo) – to be reminded of what we have lost, like a lock of hair that we cut from a departing lover's mane.

3.

John Ruskin was born in London in February 1819. A central part of his work was to pivot around the question of how we can possess the beauty of places.

From an early age, he was unusually alive to the smallest

features of the visual world. He recalled that at three or four: 'I could pass my days contentedly in tracing the squares and comparing the colours of my carpet – examining the knots in the wood of the floor, or counting the bricks in the opposite houses with rapturous intervals of excitement.' Ruskin's parents encouraged his sensitivity. His mother introduced him to nature, his father, a prosperous sherry importer, read the classics to him after tea and took him to a museum every Saturday. In the summer holidays, the family travelled around the British Isles and mainland Europe, not for entertainment or diversion, but for beauty, by which they understood chiefly the beauty of the Alps and of the medieval cities of northern France and Italy, in particular Amiens and Venice. They journeyed slowly in a carriage, never more than fifty miles a day, and every few miles stopped to admire the scenery – a way of travelling that Ruskin was to practise throughout his life.

From his interest in beauty and in its possession, Ruskin arrived at five central conclusions. Firstly, that beauty is the result of a complex number of factors that affect the mind psychologically and visually. Secondly, that humans have an innate tendency to respond to beauty and to desire to possess it. Thirdly, that there are many lower expressions of this desire for possession, including the desire to buy souvenirs and carpets, to carve one's name in pillars and to take photographs. Fourthly, that there is only one way to possess beauty properly and that is through *understanding* it, through making ourselves conscious of the factors (psychological and visual) that are responsible for it. And lastly, that the most effective way of pursuing this conscious understanding is by attempting to describe beautiful places through art, through writing or drawing them, irrespective of whether we happen to have any talent for doing so.

4.

Between 1856 and 1860, Ruskin's primary intellectual concern was to teach people how to draw: 'The art of drawing, which is of more real importance to the human race than that of writing and should be taught to every child just as writing is, has been so neglected and abused, that there is not one man in a thousand, even of its professed teachers, who knows its first principles.'

To begin rectifying the damage, Ruskin published two books, *The Elements of Drawing* in 1857 and *The Elements of Perspective* in 1859, and gave a series of lectures at the Working Men's College in London, where he instructed students – mostly Cockney craftsmen – in shading, colour, dimension, perspective and framing. The lectures were heavily subscribed and the books were critical and commercial successes, confirming Ruskin in his view that drawing should not be for the few: 'There is a satisfactory and available power in every one to learn drawing if he wishes, just as nearly all persons have the power of learning French, Latin or arithmetic, in a decent and useful degree.'

What was the point of drawing? Ruskin saw no paradox in stressing that it had nothing to do with drawing well, or with becoming an artist: 'A man is born an artist as a hippopotamus is born a hippopotamus; and you can no more *make* yourself one than you can make yourself a giraffe.' He did not mind if his East End students left his classes unable to draw anything that could ever hang in a gallery. 'My efforts are directed not to making a carpenter an artist, but to making him happier as a carpenter,' he told a Royal Commission into drawing in 1857. He complained that he himself was a far from talented artist. Of his childhood drawings, he mocked: 'I never saw any boy's work in my life showing so little original faculty, or grasp by memory. I could literally draw nothing, not a cat, not a mouse, not a boat, not a brush.'

If drawing had value even when it was practised by people with no talent, it was for Ruskin because drawing could teach us to see: to notice rather than to look. In the process of re-creating with our own hand what lies before our eyes, we seem naturally to move from a position of observing beauty in a loose way to one where we acquire a deep understanding of its constituent parts and hence more secure memories of it. A tradesman who had studied at the Working Men's College reported what Ruskin had told him and his fellow students at the end of their course: 'Now, remember, gentlemen, that I have not been trying to teach you to draw, only to *see*. Two men are walking through Clare Market, one of them comes out at the other end not a bit wiser than when he went in; the other notices a bit of parsley hanging over the edge of a butter-woman's basket, and carries away with him images of beauty which in the course of his daily work he incorporates with it for many a day. I want you to see things like these.'

Ruskin was distressed by how seldom people noticed details. He deplored the blindness and haste of modern tourists, especially those who prided themselves on covering Europe in a week by train (a service first offered by Thomas Cook in 1862): 'No changing of place at a hundred miles an hour will make us one whit stronger, happier, or wiser. There was always more in the world than men could see, walked they ever so slowly; they will see it no better for going fast. The really precious things are thought and sight, not pace. It does a bullet no good to go fast; and a man, if he be truly a man, no harm to go slow; for his glory is not at all in going, but in being.'

It is a measure of how accustomed we are to inattention that we would be thought unusual and perhaps dangerous if we stopped and stared at a place for as long as a sketcher would require to draw it. Ten minutes of acute concentration at least are needed to draw a tree; the prettiest tree rarely stops passersby for longer than a minute.

Ruskin connected the wish to travel fast and far to an inability to derive appropriate pleasure from any one place and, by extension, from details like single pieces of parsley hanging over the edges of baskets. In a moment of particular frustration with the tourist industry, he harangued an audience of wealthy industrialists in Manchester in 1864: 'Your *one* conception of pleasure is to drive in railroad carriages. You have put a railroad bridge over the fall of Schaffenhausen. You have tunnelled the cliffs of Lucerne by Tell's chapel; you have destroyed the Clarens shore of the Lake of Geneva; there is not a quiet valley in

England that you have not filled with bellowing fire nor any foreign city in which the spread of your presence is not marked by a consuming white leprosy of new hotels. The Alps themselves you look upon as soaped poles in a bear-garden, which you set yourselves to climb, and slide down again, with "shrieks of delight".'

The tone was hysterical, but the dilemma was genuine. Technology may make it easier to reach beauty, but it has not simplified the process of possessing or appreciating it.

What, then, is so wrong with the camera? Nothing, thought Ruskin initially. 'Among all the mechanical poison that this terrible nineteenth century has poured upon men, it has given us at any rate *one* antidote,' he wrote of Louis-Jacques-Mandé's invention of 1839. In Venice in 1845, he used a daguerreotype repeatedly and delighted in the results. To his father he wrote: 'Daguerreotypes taken by this vivid sunlight are glorious things. It is very nearly the same thing as carrying off a palace itself – every chip of stone and stain is there – and of course, there can be no mistakes about proportion.'

Yet Ruskin's enthusiasm diminished as he observed the devilish problem that photography created for the majority of its practitioners. Rather than using photography as a supplement to active, conscious seeing, they used it as an alternative, paying less attention to the world than they had done previously from a faith that photography automatically assured them possession of it.

In explaining his love of drawing (it was rare for him to travel anywhere without sketching something), Ruskin once remarked that it arose from a desire, 'not for reputation, nor for the good of others, nor for my own advantage, but from a sort of instinct *like that of eating or drinking*'. What unites the three activities is that they all involve assimilations by the self of desirable elements from the world, a transfer of goodness from without to within. As a child, Ruskin had so loved the look of grass that he had frequently wanted to eat it, he said, but he had gradually discovered that it would be better to try to draw it: 'I used to lie down on it and draw the blades as they grew – until every square foot of meadow, or mossy bank, became a *possession* [my italics] to me.'

But photography alone cannot ensure such eating. True possession of a scene is a matter of making a conscious effort to notice elements and understand their construction. We can see beauty well enough just by opening our eyes, but how long this beauty survives in memory depends on how intentionally we have apprehended it. The camera blurs the distinction between looking and noticing, between seeing and possessing; it may give us the option of true knowledge but it may unwittingly make the effort of acquiring it seem superfluous. It suggests we have done all the work simply by taking a photograph, whereas properly to eat a place, a woodland for example, implies asking ourselves a series of questions like, How do the stems connect to the roots?', 'Where is the mist coming from?', 'Why does one tree seem darker than another?' – questions implicitly raised and answered in the process of sketching.

5.

Encouraged by Ruskin's democratic vision of drawing, I tried my hand during my travels. As for what to draw, it seemed sensible to be guided by the desire to possess beauty which had previously led me to take up my camera. In Ruskin's words, 'Your art is to be the praise of something that you love. It may only be the praise of a shell or a stone.'

I decided to draw the bedroom window at the Mortal Man Inn because it was to hand and seemed attractive on a bright autumn morning. The result was a predictable yet instructive disaster. Drawing an object, however badly, swiftly takes us from a woolly sense of what it looks like to a precise awareness of its component parts and particularities. So 'a window' reveals itself to be made of a succession of ledges holding the glass in place, of a system of ridges and indentations (the hotel's was in the Georgian style), of twelve panes that might seem square but are in fact mildly but importantly rectangular, of white paint that doesn't really look white but ash-grey, brown-grey, yellow, pinky mauve and mild green depending on the light and on the relationship between this light and the condition of the wood (in the north-western edge of the window, a trace of damp gave the paint a pinky tint). Nor is glass wholly clear; it has within it minute imperfections, tiny bubbles of air like a frozen fizzy drink, and on its surface mine had been marked with the traces of dried raindrops and the impatient swipes of a window cleaner's cloth.

Drawing brutally shows up our previous blindness to the true appearance of things. Consider the case of trees. In a passage in

The Elements of Drawing, Ruskin discussed, with reference to his own illustrations, the difference between the way we usually imagine the branches of trees before we draw them and the way they reveal themselves once we have looked more closely with the help of a pad and pencil: ' The stem does not merely send off a wild branch here and there to take its own way, but all the branches share in one great fountain-like impulse. That is to say, the general type of a tree is not as 1*a* but as 1*b*, in which the boughs all carry their minor divisions right out to the bounding curve. And the type of each separate bough is not 2*a* but 2*b*; approximating, that is to say, to the structure of a plant of broccoli. '

I had seen many oak trees in my life, but only after an hour spent drawing one in the Langdale valley (the result would have shamed an infant) did I begin to appreciate, and remember, their identity.

6.

Another benefit we may derive from drawing is a conscious understanding of the reasons behind our attraction to certain landscapes and buildings. We find explanations for our tastes, we develop an ' aesthetic' , a capacity to assert judgements about beauty and ugliness. We determine with greater precision what is missing in a building we don't like and what contributes to the beauty of the one we do. We more quickly analyse a scene that impresses us and pin down whence its power arises (' the combination of limestone and evening sun' , ' the way the trees taper down to the river'). We move from a numb 'I like this' to 'I like this because ... ', and then in turn towards a generalization about the likeable. Even if they are only held in exploratory, tentative ways, laws of beauty come to mind: it is better for light to strike objects from the side than from overhead; grey goes well with green; for a street to convey a sense of space, the buildings must only be as high as the street is wide.

And on the basis of this conscious awareness, more solid memories can be founded. Carving our name on Pompey's Pillar begins to seem unnecessary. Drawing allows us, in Ruskin's account, 'to stay the cloud in its fading, the leaf in its trembling, and the shadows in their changing'.

Summing up what he had attempted to do in four years of teaching and writing manuals on drawing, Ruskin explained that he had been motivated by a desire to 'direct people's attention accurately to the beauty of God's work in the material universe'. It may be worth quoting in full a passage in which Ruskin demonstrated what exactly, at a concrete level, this strange-sounding ambition might involve: 'Let two persons go out for a walk; the one a good sketcher, the other having no taste of the kind. Let them go down a green lane. There will be a great difference in the scene as perceived by the two individuals. The one will see a lane and trees; he will perceive the trees to be green, though he will think nothing about it; he will see that the sun shines, and that it has a cheerful effect; and that's all! But what will the sketcher see? His eye is accustomed to search into the cause of beauty, and penetrate the minutest parts of loveliness. He looks up, and observes how the showery and subdivided sunshine comes sprinkled down among the gleaming leaves overhead, till the air is filled with the emerald light. He will see here and there a bough emerging from the veil of leaves, he will see the jewel brightness of the emerald moss and the variegated and fantastic lichens, white and blue, purple and red, all mellowed and mingled into a single garment of beauty. Then come the cavernous trunks and the twisted roots that grasp with their snake-like coils at the steep bank, whose turfy slope is inlaid with flowers of a thousand dyes. Is not this worth seeing? Yet if you are not a sketcher you will pass along the green lane, and when you come home again, have nothing to say or to think about it, but that you went down such and such a lane.'

7.

Ruskin did not only encourage us to draw on our travels, he also felt we should write, or as he called it 'word paint', so as to cement our impressions of beauty. However respected he was in his lifetime for his drawings, it was his word-paintings that captured the public imagination and were responsible for his fame in the late Victorian period.

Attractive places typically render us aware of our inadequacies with language. In the Lake District, while writing a postcard to a friend, I explained – in some despair and haste – that the scenery was pretty and the weather wet and windy. Ruskin would have ascribed such prose more to laziness than incapacity. We were all, he argued, able to turn out adequate word-paintings. A failure was only the result of not asking ourselves enough questions, of not being more precise in analysing what we had seen and felt. Rather than rest with the idea that a lake was pretty, we were to ask ourselves more vigorously, 'What in particular is attractive about this stretch of water? What are its associations? What is a better word for it than big?' The finished product might not then be marked by genius, but at least it would have been motivated by a search for an authentic representation of an experience.

Ruskin was throughout his adult life frustrated by the refusal of polite, educated English people to talk in sufficient depth about the weather: 'It is a strange thing how little people know about the sky. We never attend to it, we never make it a subject of thought, we look upon it only as a succession of meaningless and monotonous accidents, too common and too vain to be worthy of a moment of watchfulness or a glance of admiration. If in our moments of utter idleness and insipidity, we turn to the sky as a last resource, which of its phenomena do we speak of? One says it has been wet, and another, it has been windy, and another, it has been warm. Who, among the whole chattering crowd, can tell me of the forms and the precipices of the chain of tall white mountains that girded the horizon at noon today? Who saw the narrow sunbeam that came out of the south, and smote upon their summits until they melted and mouldered away in a dust of blue rain? Who saw the dance of the dead clouds when the sunlight left them last night, and the west wind blew them before it like withered leaves?'

The answer was, of course, Ruskin himself, who liked to boast, in another analogy between the function of art and that of eating and drinking, that he bottled skies as carefully as his sherry-importing father bottled sherries. Here are two diary entries of sky-bottling days in London in the autumn of 1857:

November 1st: A vermilion morning, all waves of soft scarlet, sharp at the edge, and gradated to purple. Grey scud moving slowly beneath it from the south-west, heaps of grey cumuli – between the scud and cirrus – at horizon. It issued in an exquisite day ... All purple and blue in distance, and misty sunshine near on the trees, and green fields ... Note the exquisite effect of the golden leaves scattered on the blue sky, and the horse-chestnut, thin and small, dark against them in stars.

November 3rd: Dawn purple, flushed, delicate. Bank of grey cloud, heavy at six. Then the lighted purple cloud showing through it, open sky of dull yellow above – all grey, and darker scud going across it obliquely, from the south-west – moving fast, yet never stirring from its place, at last melting away. It expands into a sky of brassy flaked light on grey – passes away into grey morning.

8.

The effectiveness of Ruskin's word-painting derived from his method of not only describing what places looked like ('the grass was green, the earth grey-brown'), but also of analysing their effect on us in psychological language ('the grass seemed *expansive*, the earth *timid*'). He recognized that many places strike us as beautiful not on the basis of aesthetic criteria – because the colours match or there is symmetry and proportion – but on the basis of psychological criteria, because they embody a value or mood of importance to us.

One morning in London, he watched some cumulus clouds from his window. A factual description might have said that they formed a wall, almost completely white, with a few indentations allowing some sun through. But Ruskin approached his subject more psychologically: 'The true cumulus, the most majestic of clouds ... is for the most part windless; the movements of its masses being *solemn*, continuous, *inexplicable*, a steady advance or retiring, as if they were *animated* by an *inner will*, or compelled by an unseen power [my italics].'

In the Alps, he described pine trees and rocks in similarly psychological terms: 'I can never stay long without awe under an Alpine cliff, looking up to its pines, as they stand on the inaccessible juts and perilous ledges of an enormous wall, in quiet multitudes, each like the shadow of the one beside it – upright, fixed, *not knowing each other.* You cannot reach them, cannot cry to them;– those trees never *heard* human voice; they are far above all sound but of the winds. No foot ever stirred fallen leaf of theirs. All *comfortless* they stand, yet with such *iron will* that the rock itself looks bent and shattered beside them – *fragile*, *weak*, *inconsistent*, compared to their dark energy of *delicate life* and *monotony of enchanted pride.*'

Through such psychological descriptions, we seem to come closer to answering the question of why a place has stirred us. We come closer to the Rnskinian goal of consciously understanding what we have loved.

9.

It would scarcely have been possible to guess that the man parked at the kerbside opposite a row of large office blocks was doing some word-painting. The only hint was a notepad pressed against the wheel, on which he occasionally scribbled something between long periods of staring.

It was eleven-thirty at night and I had been driving around the docks for several hours, stopping for coffee at London City Airport (where I had longingly watched the last flight, a Crossair Avro RJ85, take to the skies for Zurich – or for Baudelaire's 'Anywhere! Anywhere!'). On my way home, I came upon the giant illuminated towers of the West India Docks. The offices seemed to have no connection with the surrounding landscape of modest and weakly lit houses. They would have been more at home on the banks of the Hudson or to one side of the space shuttle at Cape Canaveral. Steam was rising from the top of two adjacent towers and the whole area had been painted with an even, sparse coating of fog. The lights were still on in most floors, and even from a distance one could see computer terminals, meeting rooms, pot plants and flip charts inside.

It was a beautiful scene, and along with the impression of beauty came the desire to possess its source, a desire which, to follow Ruskin, only art could properly satisfy.

I began word-painting. Descriptive passages came most readily: the offices were tall, the top of one tower was like a pyramid, it had ruby-red lights on its side, the sky was not black but an orangey yellow. But because a factual description seemed not to help me in pinning down why the scene was impressive, I attempted to analyse its beauty in more psychological terms. The power of the scene appeared to be located in the effect of the night and of the fog on the towers. Night drew attention to facets of the offices that were submerged in the day. Lit by the sun, the offices could seem normal, they repelled questions as effectively as their windows repelled glances. But night upset this claim to normality; it allowed one to see inside and wonder at how strange, frightening and admirable they were. The offices embodied order and cooperation between thousands and at the same time regimentation and tedium. A bureaucratic vision of seriousness was undermined, or at least questioned, by the night. One wondered in the darkness what the flip charts and office terminals were for: not that they were redundant, just that they might be stranger and more dubitable than daylight had allowed us to think.

At the same time, fog ushered nostalgia. Foggy nights may, like certain smells, carry us back to other times we experienced them. I thought of nights at university, walking home along illuminated playing fields; and of the differences between my life then and now, which led to a bittersweet sadness for difficulties that had beset me then and precious things that had since been lost.

There were bits of paper all over the car now. The standard of the word-painting was not far above that of my childlike drawing of an oak tree in the Langdale valley. But quality was not the point. I had at least attempted to follow one strand of what Ruskin judged to be the twin purposes of art: to make sense of pain and to fathom the sources of beauty.

And, as he had pointed out when presented with a series of misshapen drawings that a group of his pupils had produced on their travels through the English countryside: 'I believe that the sight is a more important thing than the drawing; and I would rather teach drawing that my pupils may learn to love nature, than teach the looking at nature that they may learn to draw.'

RETURN

IX On Habit

Place *Hammersmith, London*

Guide *Xavier de Maistre*

1.

I returned to London from Barbados to find that the city had stubbornly refused to change. I had seen azure skies and giant sea anemones, I had slept in a raffia bungalow and eaten a kingfish, I had swum beside baby turtles and read in the shade of coconut trees. But the home town was unimpressed. It was still raining. The park was still a pond, and the skies funereal. When we are in a good mood and it is sunny, it is tempting to impute a connection between what happens inside and outside of us, but the appearance of London on my return was a reminder of the indifference of the world to any of the events unfolding in the lives of its inhabitants. I felt despair to be home. I felt there could be few worse places on earth than the one I had been fated to spend my existence in.

2.

The sole cause of man's unhappiness is that he does not know how to stay quietly in his room.

Pascal, *Pensées*, 136

3.

From 1799 to 1804, Alexander von Humboldt undertook a journey around South America, later entitling the account of what he had seen *Journey to the Equinoctial Regions of the New Continent.*

Nine years earlier, in the spring of 1790, a twenty-seven-year-old Frenchman, Xavier de Maistre, undertook a journey around his bedroom, later entitling the account of what he had seen *Journey around My Bedroom.* Gratified by his experiences, in 1798, De Maistre undertook a second journey. This time, he travelled by night and ventured out as far as the window-ledge, later entitling his account *Nocturnal Expedition around My Bedroom.*

Two approaches to travel: *Journey to the Equinoctial Regions of the New Continent*, *Journey around My Bedroom.* The first required ten mules, thirty pieces of luggage, four interpreters, a chronometer, a sextant, two telescopes, a Borda theodolite, a barometer, a compass, a hygrometer, letters of introduction from the King of Spain and a gun. The second, a pair of pink and blue cotton pyjamas.

Xavier de Maistre was born in 1763 in the picturesque town of Chambéry at the foot of the French Alps. He was of an intense, romantic nature, was fond of reading, especially Montaigne, Pascal and Rousseau, and of paintings, especially Dutch and French domestic scenes. At the age of twenty-three, De Maistre became fascinated by aeronautics. Etienne Montgolfier had, three years before, achieved international renown by constructing a balloon that flew for eight minutes above the royal palace at Versailles, bearing as passengers a sheep called Montauciel (Climb-to-the-sky), a duck and a rooster. De Maistre and a friend fashioned a pair of giant wings out of paper and wire and planned to fly to America. They did not succeed. Two years later De Maistre secured himself a place in a hot air balloon and spent a few moments floating above Chambéry before the machine crashed into a pine forest.

Then in 1790, while he was living in a modest room at the top of an apartment building in Turin, De Maistre pioneered a mode of travel that was to make his name: room-travel.

Introducing *Journey around My Bedroom*, Xavier's brother, the political theorist Joseph de Maistre, emphasized that it was not Xavier's intention to cast aspersions on the heroic deeds of the great travellers of the past: 'Magellan, Drake, Anson and Cook'. Magellan had discovered a western route to the Spice Islands around the southern tip of South America, Drake had circumnavigated the globe, Anson had produced accurate sea charts of the Philippines and Cook had confirmed the existence of a southern continent. 'They were no doubt remarkable men,' wrote Joseph; it was just that his brother had discovered a way of travelling that might be infinitely more practical for those neither as brave nor as wealthy as they.

'Millions of people who, before me, had never dared to travel, others who had not been able to travel and still more who had not even thought of travelling will now be able to follow my example,' explained Xavier as he prepared for his journey. 'The most indolent beings won't have any more reason to hesitate before setting off to find pleasures that will cost them neither money nor effort.' He particularly recommended roomtravel to the poor and to those afraid of storms, robberies and high cliffs.

4.

Unfortunately, De Maistre's own pioneering journey, rather like his flying machine, did not fly very far.

The story begins well. De Maistre locks his door and changes into his pink and blue pyjamas. Without the need for luggage, he travels to the sofa, the largest piece of furniture in the room. His journey having shaken him from his usual lethargy, he looks at it through fresh eyes and rediscovers some of its qualities. He admires the elegance of its feet and remembers the pleasant hours he has spent cradled in its cushions, dreaming of love and advancement in his career. From his sofa, De Maistre spies his bed. Once again, from a traveller's vantage point, he learns to appreciate this complex piece of furniture. He feels grateful for the nights he has spent in it and takes pride that his sheets almost match his pyjamas. 'I advise every man who can to get himself pink and white bedlinen,' he writes, for these are colours to induce calm and pleasant reveries in the fragile sleeper.

But thereafter De Maistre may be accused of losing sight of the overall purpose of his endeavour. He becomes mired in long and wearing digressions about his dog, Rosinne, his sweetheart, Jenny, and his faithful servant, Joannetti. Travellers in search of a specific report on room-travel risk closing *Journey around My Bedroom* feeling a little betrayed.

And yet De Maistre's work springs from a profound and suggestive insight: that the pleasure we derive from journeys is perhaps dependent more on the mindset with which we travel than on the destination we travel to. If only we could apply a travelling mindset to our own locales, we might find these places becoming no less interesting than the high mountain passes and butterfly-filled jungles of Humboldt's South America.

What, then, is a travelling mindset? Receptivity might be said to be its chief characteristic. We approach new places with humility. We carry with us no rigid ideas about what is interesting. We irritate locals because we stand on traffic islands and in narrow streets and admire what they take to be strange small details. We risk getting run over because we are intrigued by the roof of a government building or an inscription on a wall. We find a supermarket or hairdresser's unusually fascinating. We dwell at length on the layout of a menu or the clothes of the presenters on the evening news. We are alive to the layers of history beneath the present and take notes and photographs.

Home, on the other hand, finds us more settled in our expectations. We feel assured that we have discovered everything interesting about a neighbourhood, primarily by virtue of having lived there a long time. It seems inconceivable that there could be anything new to find in a place which we have been living in for a decade or more. We have become habituated and therefore blind.

De Maistre tried to shake us from our passivity. In his second volume of room-travel, *Nocturnal Expedition around My Bedroom*, he went to his window and looked up at the night sky. Its beauty made him frustrated that such ordinary scenes were not more generally appreciated: ' How few people are right now taking delight in this sublime spectacle which the sky lays on uselessly for dozing humanity! What would it cost those who are out for a walk or crowding out of the theatre, to look up for a moment and admire the brilliant constellations which gleam above their heads?' The reason they weren't looking was that they had never done so before. They had fallen into the habit of considering their universe to be boring – and it had duly fallen into line with their expectations.

5.

I attempted to travel around my bedroom, but it was so small, with barely enough space for a bed, that I concluded that the De Maistrean message might prove more rewarding if it was applied to the neighbourhood as a whole.

So on a clear March day, at around three in the afternoon, several weeks after my return home from Barbados, I set out on a de Maistrean journey around Hammersmith. It felt peculiar to be outside in the middle of the day with no particular goal in mind. A woman and two small blond children were walking along the main road, which was lined with a variety of shops and restaurants. A double-decker bus had stopped to pick up passengers opposite a small park. A giant billboard was advertising gravy. I walked along this particular road almost every day to reach my Underground station and was unused to considering it as anything other than a means to my end. Information that assisted me in my goal attracted my attention, what did not was judged irrelevant. I was therefore sensitive to the number of people on the pavement, for they might interrupt my path, whereas their faces and expressions were invisible to me, as invisible as the shapes of the buildings or the activity in the shops.

It had not always been thus. When I had first moved to the

area, my attention had been less jealously focused. I had at that time not settled so firmly on the goal of reaching the Underground quickly.

On entering a new space, our sensitivity is directed towards a number of elements, which we gradually reduce in line with the function we find for the space. Of the 4,000 things there might be to see and reflect on in a street, we end up actively aware of only a few: the number of humans in our path, the amount of traffic and the likelihood of rain. A bus, which we might at first have viewed aesthetically or mechanically or as a springboard to thoughts about communities within cities, becomes simply a box to move us as rapidly as possible across an area which might as well not exist, so unconnected is it to our primary goal, outside of which all is darkness, all is invisible.

I had imposed a grid of interests on the street, which left no space for blond children and gravy adverts and paving stones and the colours of shop fronts and the expressions of businesspeople and pensioners. The power of my primary goal had drained me of the will to reflect on the layout of the park or on the unusual mixture of Georgian, Victorian and Edwardian architecture along a single block. My walks along the street had been excised of any attentiveness to beauty, of any associative thoughts, any sense of wonder or gratitude, any philosophical digressions sparked by visual elements. And in its place, there was simply an insistent call to reach the Underground posthaste.

However, following De Maistre, I tried to reverse the process of habituation, to disassociate my surroundings from the uses I had found for them until then. I forced myself to obey a peculiar kind of mental command: to look around me as though I had never been in this place before. And slowly, my travels began to bear fruit.

Under the command to consider everything as of potential interest, objects released latent layers of value. A row of shops which I had known as one large, undifferentiated reddish block acquired an architectural identity. There were Georgian pillars around one flower shop, and late Victorian Gothic-style gargoyles on top of the butcher's. A restaurant became filled with diners rather than shapes. In a glass-fronted office block, I noticed some people gesticulating in a boardroom on the first floor. Someone was drawing a pie chart on an overhead projector. At the same time, just across the road from the office, a man was pouring out new slabs of concrete for the pavement and carefully shaping their corners. I got on a bus and, rather than slipping at once into private concerns, tried to connect imaginatively with other passengers. I could hear a conversation in the row ahead of me. Someone in an office somewhere, a person quite high up in the hierarchy apparently, didn't understand. They complained of how inefficient others were, but never reflected on what they might have been doing to increase that inefficiency. I thought of the multiplicity of lives going on at the same time at different levels in a city. I thought of the similarities of complaints – always selfishness, always blindness – and the old psychological truth that what we complain of in others, others will complain of in us.

The neighbourhood did not just acquire people and defined

buildings, it also began to collect ideas. I reflected on the new wealth that was spreading into the area. I tried to think why I liked railway arches so much, and why the motorway that cut across the skyline.

It seemed an advantage to be travelling alone. Our responses to the world are crucially moulded by whom we are with, we temper our curiosity to fit in with the expectations of others. They may have a particular vision of who we are and hence subtly prevent certain sides of us from emerging: 'I hadn't thought of you as someone who was interested in flyovers,' they might intimidatingly suggest. Being closely observed by a companion can inhibit us from observing others, we become taken up with adjusting ourselves to the companion's questions and remarks, we have to make ourselves seem more normal than is good for our curiosity. But I had no such concerns, alone in Hammersmith in mid-afternoon. I had the freedom to act a little weirdly. I sketched the window of a hardware shop and word-painted the flyover.

6.

De Maistre was not only a room-traveller. He was also a great traveller in the classic sense. He journeyed to Italy and Russia, he spent a winter with the royalist armies in the Alps and fought a Russian campaign in the Caucasus.

In an autobiographical note written in 1801 in South America, Alexander von Humboldt had written of his motives for travelling: 'I was spurred on by an uncertain longing to be transported from a boring daily life to a marvellous world.' It was this dichotomy, 'boring daily life' pitted against 'marvellous world', that De Maistre had tried to redraw with greater subtlety. He would not have told Humboldt that South America was dull, he would merely have urged him to consider that his native Berlin might have something to offer too.

Eight decades later, Nietzsche, who had read and admired De Maistre (and spent much time in his room), picked up on the thought:

When we observe how some people know how to manage their experiences – their insignificant, everyday experiences – so that they become an arable soil that bears fruit three times a year, while others – and how many there are! – are driven through surging waves of destiny, the most multifarious currents of the times and the nations, and yet always remain on top, bobbing like a cork, then we are in the end tempted to divide mankind into a minority (a minimality) of those who know how to make much of little, and a majority of those who know how to make little of much.

We meet people who have crossed deserts, floated on icecaps and cut their way through jungles – and yet in whose souls we would search in vain for evidence of what they have witnessed. Dressed in pink and blue pyjamas, satisfied within the confines of his own bedroom, Xavier de Maistre was gently nudging us to try, before taking off for distant hemispheres, to notice what we have already seen.

图书在版编目 (CIP) 数据

旅行的艺术：中英双语插图本：英汉对照/(英)德
波顿(de Botton,A.)著；南治国，彭俊豪，何世原译.
上海：上海译文出版社，2010.1 (2024.8 重印)

书名原文：The Art of Travel
ISBN 978-7-5327-4938-6

Ⅰ. 旅…　Ⅱ. ①德… ②南… ③彭… ④何…　Ⅲ. ①英语—
汉语—对照读物②散文—作品集—英国—现代　Ⅳ. H319.4：I

中国版本图书馆 CIP 数据核字（2009）第 209646 号

Alain de Botton
The Art of Travel
Penguin Group, 2002
This edition arranged with INTERCONTINENTAL LITERARY AGENCY (ILA)
through BIG APPLE TUTTLE-MORI AGENCY, LABUAN, MALAYSIA.

作者个人网站：www.alaindebotton.com

图字：09-2009-616 号

旅行的艺术
〔英〕阿兰·德波顿/著　南治国　彭俊豪　何世原/译
责任编辑/衷雅琴　装帧设计/张志全工作室

上海译文出版社有限公司出版、发行
网址：www.yiwen.com.cn
201101 上海市闵行区号景路 159 弄 B 座
安徽新华印刷股份有限公司印刷

开本 787×1092　1/32　印张 14.5　插页 5　字数 230,000
2010 年 1 月第 1 版　2024 年 8 月第 17 次印刷
印数：75,401-77,400 册

ISBN 978-7-5327-4938-6/I·2765
定价：65.00 元

本书如有质量问题，请与承印厂质量科联系。T:0551-65859480